Alf Nicholson Gráinne O'Malley

GDY*dziecko* ZACHORUJE

Przekład: Joanna Kuliś

PORADNIK dla rodziców

Co możesz zrobić, aby mu pomóc

Tytuł oryginału: *When Your Child Is Sick. What you can do to help*

Redakcja merytoryczna: Marek Biernat, pediatra, specjalista chorób noworodka i wcześniaka, Ordynator Oddziału Noworodków Specjalistycznego Szpitala w Kościerzynie
Redakcja: Magdalena Sibila
Projekt graficzny: Graham Thew Design
Skład i łamanie: kaziki.pl
Projekt okładki: Katarzyna Preyss-Zacharuk
Zdjęcie na okładce: Fotolia.com (© Vladimir Melnik)
Ilustracje: Renata Kosowska
Tabele: kaziki.pl

Redakcja i Biuro Handlowe

ol

Informacje zawarte w tej książce mają pomóc w rozmowie z lekarzem, ale nie mogą jej zastąpić. Autorzy i wydawca nie ponoszą odpowiedzialności prawnej za jakiekolwiek problemy zdrowotne wynikające z wykorzystania lub nieprawidłowego zastosowania porad zawartych w publikacji. Należy zawsze zasięgnąć porady lekarza w celu otrzymania konkretnych informacji na temat stanu zdrowia dziecka.

ISBN 978-83-7744-010-0

Gdańsk 2012 – Wydanie I

Poprosiłem wielu kolegów pediatrów o recenzję roboczej wersji tej książki i dziękuję im za poświęcony czas oraz cenne uwagi. Dziękuję przede wszystkim mojej żonie Helen oraz dzieciom: Katie, Markowi, Marie Louise i Alfiemu, za wsparcie udzielone w trakcie pisania tej książki. Dedykuję ją mojej rodzinie, matce i nieżyjącemu już ojcu.

Alf Nicholson

Książkę tę przeczytało i przetestowało wielu rodziców. Jestem wdzięczna im, jak również wydawcy Gill & Macmillan (w szczególności Sarze Liddy) za ich pomoc w czasie pisania. Dziękuję przede wszystkim mojemu mężowi Frankowi, i dzieciom: Eoin i Lii, za niewyczerpaną cierpliwość. Książkę tę dedykuję im.

Gráinne O'Malley

Spis treści

CZĘŚĆ 2. ZDROWE DZIECKO

CZĘŚĆ 3. TABELE I WYKRESY

UWAGA! INFORMACJE ZAWARTE W TEJ KSIĄŻCE NIE MAJĄ NA CELU ZASTĄPIENIA LEKARZA. ZAWSZE SKONSULTUJ SIĘ Z TWOIM PEDIATRĄ W RAZIE WYSTĄPIENIA JAKICHKOLWIEK NIEPOKOJĄCYCH OBJAWÓW.

Wstęp

Po przeszło 20 latach pracy jako pediatra w Europie i Australii zastanawiałem się, dlaczego dzieci częściej niż w przeszłości trafiają do lekarza i szpitala. Nie chorują przecież bardziej niż niegdyś. W rzeczywistości dzięki czystej wodzie, lepszemu odżywianiu oraz szczepieniom społeczeństwo jest zdrowsze niż kiedykolwiek. Dlaczego więc lekarze są tak zajęci?

Rodzice mają obecnie większy dostęp do porad medycznych, głównie dzięki Internetowi. I mimo to (a może właśnie dlatego) są o wiele bardziej niespokojni. Sądzę, że straciliśmy rozeznanie, które objawy są normalne, gdy dziecko jest chore. Jak przyzna większość lekarzy:

- dolegliwości dziecka są zazwyczaj niewielkie,
- w przeważającej liczbie przypadków rodzic może wyleczyć dziecko w domu,
- pospolite choroby występują często; istnieje około 20 najczęstszych dolegliwości.

Napisałem tę książkę, ponieważ wierzę, że rodzice mogą i chcą odegrać większą rolę w leczeniu swych chorujących dzieci, tak jak robili to przed nimi dziadkowie oraz poprzednie pokolenia – z dużą dawką zdrowego rozsądku. Mam również nadzieję, że książka ta pomoże w pewien sposób lekarzom w wykonywaniu ich trudnego zawodu. Chociaż nie ma ona zastąpić wizyty u pediatry, to dzięki niej doinformowany i wrażliwy rodzic będzie prawdziwym sprzymierzeńcem lekarza.

Książka ta spełnia swe zadanie, ponieważ mogą z niej z łatwością korzystać rodzice i opiekunowie, a także dlatego, że jest napisana przede wszystkim z ich perspektywy. Wraz ze współautorką, jako doświadczeni rodzice, rozumiemy, jak wielkie obawy wzbudza choroba dziecka w rodzinie. Wszystkie informacje zawarte w publikacji oparte są na wiedzy medycznej i mają odpowiedzieć na twoje pytania.

Książka ta nie jest zwykłym poradnikiem służącym do zrozumienia dolegliwości dziecka. Sięga ona do sedna każdej choroby, ilustrując rodzicom jej mechanizmy i sposoby zapobiegania powtórnemu zachorowaniu. Jeśli dziecko zachoruje o 3. nad ranem, szybko dotrzesz do pilnych informacji. W mgnieniu oka dowiesz się, jak leczyć dziecko w domu i rozpoznać niebezpieczne objawy wymagające pomocy lekarza.

Istnieje 20 powodów, dla których rodzicie przyprowadzają dzieci do lekarza. Książka jest skonstruowana wokół tych 20 dolegliwości. Będziesz zaskoczony, jak wiele z nich napotkasz, wychowując potomstwo, i jak wielu będziesz potrafił zaradzić. Prawdopodobieństwo, że dziecko zachoruje na którąś z wymienionych chorób wynosi od 1 do 10. Książka wyjaśnia, czego można się spodziewać, gdy maluch rośnie, i odpowiada na odwieczne pytanie wszystkich rodziców zatroskanych o zdrowie dziecka: czy to normalne?

Napisałem tę książkę, żeby uspokoić was, rodziców, i sprawić, że będziecie potrafili z większą pewnością siebie pomóc chorującemu dziecku.

prof. Alf Nicholson

Część 1

20 najczęstszych chorób dziecięcych

Jak leczyć dziecko w domu i kiedy wezwać lekarza?

ROZDZIAŁ 1

Astma

„Wydaje się, że dziecko łatwo się męczy, a teraz zaczęło kaszleć, także w nocy. Po każdym przeziębieniu długo dochodzi do siebie. Być może jest podatne na infekcje dróg oddechowych? Po zażyciu antybiotyków następuje w końcu poprawa, ale sytuacja powtarza się po kilku tygodniach. Proszę nie mówić, że to astma".

Wszechobecne inhalatory

Szkolne klasy są pełne inhalatorów. Czy przypadkiem nie jesteśmy przewrażliwieni? Odpowiedź brzmi: nie. Musimy wziąć pod uwagę to, że do niedawna w krajach uprzemysłowionych na astmę chorowało 5% dzieci, a obecnie jest ich aż 20%. Fakt ten powinien nas martwić.

Trudno lekceważyć astmę, gdyż jej ciężki atak może być śmiertelny. Na szczęście nowoczesne metody leczenia umożliwiają astmatykom normalne życie i uprawianie sportów – bez kaszlu i duszności. Pamiętaj, że:

- astma to czasowe zwężenie dróg oddechowych w płucach,
- atak astmy występuje zazwyczaj równocześnie z infekcją wirusową,
- astmę można kontrolować, zwłaszcza prawidłowo stosując inhalatory,
- większość dzieci wyrasta z astmy około 10. roku życia.

Nie powinieneś obawiać się ani ignorować diagnozy.

CZY TO **ASTMA?**

Odpowiedź rzadko jest łatwa lub szybka. Zawsze będę podejrzewał astmę, gdy rodzice mówią, że dziecko regularnie kaszle. Sprawdzam, czy występują następujące objawy:

- suchy kaszel (nie wilgotny) w nocy i wczesnym ranem,
- świszczenie (wysokie, świszczące dźwięki) przy wydechu,
- brak tchu lub kaszel podczas ćwiczeń fizycznych,
- częste uczucie ściskania w klatce piersiowej,
- alergie, takie jak egzema lub katar sienny,
- potencjalny alergen.

Wszystkie opisane powyżej dolegliwości zakłócają sen i rytm codziennego życia. Dziecko może być podatne na infekcje dróg oddechowych i może kaszleć za każdym razem, gdy choruje, szczególnie jeśli leży. Jego klatka piersiowa może być wypukła podobnie jak u gołębi (płuca nie są opróżniane całkowicie i powietrze pozostaje w maleńkich pęcherzykach płucnych). Świszczący oddech jest częstym objawem, ale nie każde astmatyczne dziecko świszcze.

Obawiam się, że nie istnieje „złoty" test, który potwierdzałby astmę u małych dzieci. Diagnozę stawia się na podstawie przebiegu choroby oraz, w znacznym stopniu, objawów opisanych przez rodziców. Badanie na wydolność płuc za pomocą testów laboratoryjnych można wykonać, gdy dziecko ma 6 lat. Testy naskórne na alergie są popularne, ale nie potwierdzą jednoznacznie astmy.

CZY **COŚ INNEGO?**

Nie możemy zawsze zakładać, że przyczyną dolegliwości dziecka jest astma.

Dolegliwości, które udają **astmę**

DOLEGLIWOŚĆ	OBJAWY
ŚWISZCZĄCY ODDECH O PODŁOŻU WIRUSOWYM	Dziecko ma świszczący oddech, gdy przechodzi infekcję wirusową. Większość dzieci wyrasta z tej dolegliwości, zanim zacznie chodzić do szkoły.
WDYCHANY ALERGEN	Dziecko czuje się dobrze i nagle zaczyna gwałtownie świszczeć.

DOLEGLIWOŚĆ	OBJAWY
MUKOWISCYDOZA	Dziecko nie przybiera wystarczająco na wadze i ma polipy w nosie.
NAWYKOWY KASZEL	Dziecko regularnie kaszle, wydając dźwięki przypominające szczekanie foki, kaszel zawsze ustępuje w nocy.

W przypadku powyżej opisanych dolegliwości inhalatory przeciw astmie zazwyczaj nie pomagają. Jeżeli kaszel występuje od urodzenia, prawdopodobnie dziecko choruje na coś innego.

„Główne alergeny wywołujące astmę to substancje wdychane. Alergeny pokarmowe nie są częstą przyczyną".

(Brytyjski Instytut Badań nad Chorobami Serca, Płuc i Krwi, 2007)

Co wywołuje ataki astmy?

Wiele alergenów, głównie tych wdychanych, wywołuje ataki astmy. U każdego dziecka jednak przyczyny mogą być różne:

- alergeny domowe, na przykład sierść zwierząt, pleśń,
- alergeny środowiskowe, na przykład pyłki drzew, traw i chwastów,
- wysiłek fizyczny,
- infekcja dróg oddechowych,
- substancje zanieczyszczające środowisko, takie jak dym papierosowy, spaliny, aerozole,
- stres i silne emocje,
- zimne, suche powietrze,
- leki (na przykład aspiryna),
- roztocza kurzu domowego (zdecydowanie najczęstszy alergen, który uwielbia nasze przegrzane domy).

Hipoteza higieny

Co kryje się za ciągłym wzrostem zachorowań na astmę? Powszechnie akceptuje się tak zwaną hipotezę higieny autorstwa dr. Davida Strachana, według której kontakt z brudnym otoczeniem zmniejsza ryzyko wystąpienia choroby alergicznej. W przeszłości ludzie byli przyzwyczajeni do infekcji, wilgoci i kurzu, bo mieszkali (lub egzystowali) w 10 osób w jednym domu razem ze zwierzętami. Obecnie od urodzenia jesteśmy otoczeni czystością, a przez to mniej narażeni na kontakt z bakteriami. Nasz układ odpornościowy zmienił się i gorzej radzi sobie z alergenami, które wywołują silniejsze reakcje alergiczne. Co gorsza, domy stały się wydajnymi energetycznie, szczelnie zamkniętymi wraz z nami pudełkami.

„Hasło »jedz brud i bądź zdrowy« brzmi jak sprzeczność, ale być może stanowi klucz do odwrócenia epidemii chorób atopowych (alergii)".

(dr P. D. Arkwright i prof. T. J. David, University of Manchester, *Recent Advances in Paediatrics* [*Ostatnie osiągnięcia w pediatrii*], 2004)

Mimo wszystko stare podejście miało swoje zalety. Zabieraj dziecko na spacer bez względu na pogodę (z wyjątkiem mglistych dni), starannie je wcześniej ubrawszy. Pozwól małemu dziecku ubrudzić ręce. Weź je do ogrodu, na wieś, niech ma kontakt z bakteriami. Trzymanie dziecka pod kloszem zarówno w domu, jak i przedszkolu – w szczelnych, przegrzanych środowiskach – na pewno nie pomoże zapobiec astmie.

Co ciekawe, ostatnie badania wykazują, że jeśli w pierwszych latach życia dziecka w domu mieszka pies, może to zapobiec wystąpieniu u dziecka alergii, w tym astmy. Naukowcy z Wisconsin udowodnili, że dzieci z gospodarstw rolnych rzadziej chorowały na astmę niż inne dzieci z terenów wiejskich, ale tylko jeśli mieszkały na farmie w początkowych latach życia. Po przekroczeniu 5, 6 lat fakt ten nie dawał im żadnej przewagi.

„Brud stał się smaczny, od kiedy zaczął być reklamowany jako »probiotyk«".

(dr P. D. Arkwright i prof. T. J. David)

Jak to działa?

Astma przypomina trochę uśpiony wulkan, zawsze gotowy wybuchnąć.

Dziecko oddycha bez żadnych problemów, dopóki nie pojawi się stan zapalny i obrzęk ścian dróg oddechowych (tchawicy, oskrzeli i pęcherzyków płucnych). Zazwyczaj to następuje, gdy dziecko łapie infekcję wirusową. Drogi oddechowe reagują wtedy na najmniejszy alergen, którym są często roztocza kurzu domowego. Mięśnie ścian dróg oddechowych zaciskają się i kurczą oraz wydzielają śluz, dlatego dziecko zaczyna mieć problemy z oddychaniem. I wtedy właśnie następuje atak astmy.

Kaszel astmatyczny jest suchy, ponieważ organizm nie jest w stanie usunąć śluzu zalegającego w zwężonych drogach oddechowych. Ma on również bardziej gwałtowny i uporczywy przebieg niż inne rodzaje kaszlu. Nie ustępuje ot tak. A świszczący oddech? To odgłos powietrza przeciskającego się przez ściśnięte drogi oddechowe.

Wiemy, że atak astmy jest zawsze związany z ostrym stanem zapalnym płuc. Najnowsze badania potwierdzają, że w płucach astmatyków ciągle panuje lekki stan zapalny, co powoduje, że są one bardzo podatne na alergeny. Astma to choroba wysoce zróżnicowana (kombinacja przyczyn wywołujących ataki choroby różni się u poszczególnych dzieci), ale zazwyczaj towarzyszy jej kilka alergii, między innymi katar sienny i egzema.

Wiemy także, że jest to choroba genetyczna. Jeśli jedno z rodziców choruje, istnieje większe prawdopodobieństwo wystąpienia choroby niż w przypadku rodziców zdrowych. Odkryto, że jeden z genów ma związek z tendencją do zachorowania na astmę, chociaż wciąż niewiele na ten temat wiadomo.

NIEPRAWIDŁOWE ODDYCHANIE

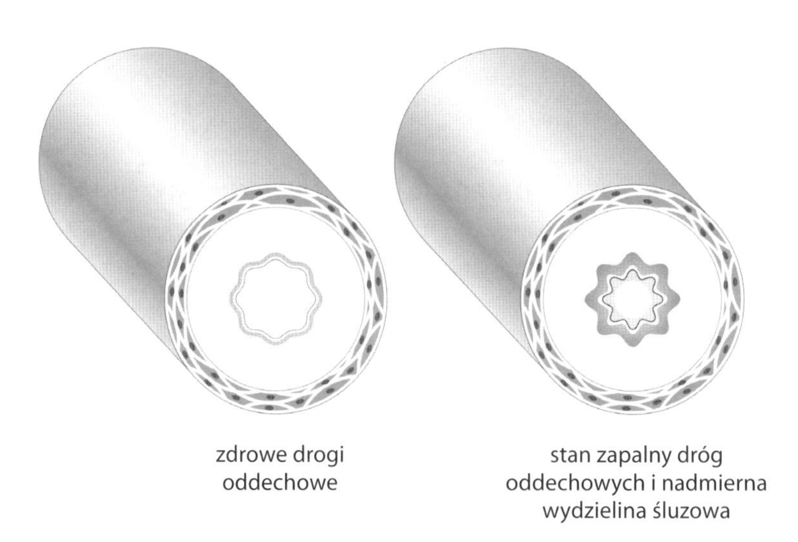

zdrowe drogi oddechowe

stan zapalny dróg oddechowych i nadmierna wydzielina śluzowa

Leki stosowane w leczeniu astmy

Największe wyzwanie w leczeniu astmy to zapobieganie stanom zapalnym płuc. Większość leków stosowanych w leczeniu tej choroby jest inhalowana do dróg oddechowych. Dziecko używa jednego bądź dwóch typów inhalatorów: łagodzącego objawy i zapobiegającego ich pojawieniu się. Ten ostatni zawiera sterydy, ten pierwszy – nie. Informacje na temat stosowania inhalatorów znajdują się na s. 301–303.

„Prawdopodobieństwo wystąpienia astmy u dzieci przed 5. rokiem życia jest o połowę wyższe, jeżeli ich rodzice palą papierosy".

(Szpital Dziecięcy w Westmead, Australia, 2008)

INHALATOR ŁAGODZĄCY OBJAWY wystarcza, jeżeli świszczący oddech występuje u dziecka od czasu do czasu. Inhalator ten otwiera drogi oddechowe, gdy pojawiają się problemy z oddychaniem lub przed intensywnym wysiłkiem fizycznym.

Standardowe inhalatory zawierają salbutamol, który dziecko wziewa bezpośrednio do płuc (substancja ta jest w większości połykana i jedynie niecałe 30% trafia do płuc, ale ilość ta w pełni wystarcza). Skutki działania są widoczne w ciągu kilku minut i dają pacjentowi kilkugodzinną ulgę (do 4 godzin). Inhalator tego rodzaju powoduje rozkurcz oskrzeli: zawarta w nim substancja chemiczna oddziałuje na znajdujące się w drogach oddechowych receptory β2, co prowadzi do rozkurczu. Lek ten jest bezpieczny i ma niewiele skutków ubocznych (przyspieszone tętno i drżenie rąk), występujących wyłącznie w przypadku przyjęcia przez dziecko wysokiej dawki leku.

Niekiedy astma nie ustępuje. Dziecko potrzebuje wtedy silnej dawki doustnych sterydów podawanych przez kilka dni. Ich działanie nie będzie natychmiastowe: nastąpi dopiero po ponad 4 godzinach, ale są one równie skuteczne, co sterydy podawane wlewem kroplówkowym. Należy je jednak stosować wyłącznie okazjonalnie.

„Aż 75% przypadków hospitalizacji pacjentów można by zapobiec dzięki lepszej profilaktyce".

(N. Churchill, przewodniczący Brytyjskiej Organizacji Zwalczającej Astmę, 2008)

INHALATOR ZAPOBIEGAJĄCY POJAWIENIU SIĘ OBJAWÓW dziecko powinno stosować w przypadku przewlekłej astmy. Zadanie tego inhalatora polega na zapobieganiu stanom zapalnym płuc. W miarę potrzeby dziecko powinno korzystać także z inhalatora łagodzącego objawy choroby.

Przy profilaktycznym stosowaniu inhalatora (na przykład beklometazonu albo budezonidu) dziecko wziewa 2 razy dziennie kortykosteroidy. Średnia dawka tych leków jest mała i zupełnie bezpieczna. Jeżeli leczenie nie przynosi poprawy, kolejnym zalecanym krokiem jest inhalator o podwójnych właściwościach. Jest to połączenie wziewnych kortykosteroidów i salbutamolu o dłuższym działaniu.

Istnieje także lek przeciwleukotrienowy nowszej generacji, którym można leczyć przewlekłą astmę u dzieci powyżej 2. roku życia. Zmienia on chemię dróg oddechowych i ułatwia ich odblokowanie. Dzieci lubią ten lek, bo jest łatwy w stosowaniu (przed pójściem spać), rodzice – bo nie należy do sterydów.

Czy kontrolujesz astmę?

Astma zaczyna mnie niepokoić, gdy dziecko:

- regularnie zapomina o stosowaniu inhalatora,
- przeszło więcej niż 2 kuracje sterydowe w minionym roku,

- było hospitalizowane z powodu silnych duszności,
- było poddane leczeniu szpitalnemu,
- często bierze antybiotyki,
- regularnie odwiedza lekarza,
- oraz gdy rodzice niechętnie chcą stosować leki na astmę.

Częstym problemem jest spoczywanie na laurach: „Dziecko czuło się lepiej, dlatego odstawiliśmy leki".

LECZENIE **W DOMU**

Kontrola astmy zależy w dużej mierze od rodzica. Musisz dobrze znać objawy dziecka, żeby rozpoznać znaki ostrzegawcze choroby. Twoim zadaniem jest wczesna interwencja (przy zachowaniu minimalnej ilości leków), tak by dziecko mogło prowadzić normalne życie i kaszlało rzadko albo wcale.

Nie ma powodów, by ograniczać styl życia dziecka. Denerwuje mnie, gdy słyszę, że dziecko rezygnuje ze szkoły lub zajęć sportowych z powodu astmy.

KONTROLOWANIE ASTMY

+ Sporządź wspólnie z lekarzem plan leczenia: dziennik, w którym będziesz notować wszelkie objawy i zażywane przez dziecko leki. Powinien on obejmować plan kryzysowy na okres ostrzejszego ataku (na przykład zwiększoną dawkę leku w zależności od szczytowego przepływu wydechowego).

+ Stosuj miernik szczytowego przepływu wydechu (u dzieci powyżej 6. roku życia mających regularne ataki), żeby obserwować stan płuc. Korzystaj z urządzenia 2 razy dziennie, a jeśli wystąpią problemy – częściej.

+ Naucz się obsługiwać inhalatory dziecka i pokaż wszystkim jego opiekunom jak z nich korzystać (zob. s. 301–303). Używaj spejsera (bez niego do płuc trafia do 5% leku, a z nim – ponad 20%; w większości przypadków jest równie skuteczny co nebulizator). Dzieci do 3. roku życia powinny korzystać ze spejsera z komorą powietrzną, a dopiero później ze spejsera o większym przepływie. Myj urządzenie 2 razy w miesiącu i susz bez wycierania.

- Inhalator łagodzący objawy wystarcza większości chorych i najlepiej, gdy dziecko potrzebuje go rzadko bądź wcale. Inhalator należy podać, gdy pojawiają się pierwsze objawy, a gdy astmatyk przechodzi infekcję dróg oddechowych, należy zwiększyć dawkę leku. Podaj lek także przed kontaktem z czynnikiem wywołującym chorobę (takim jak wysiłek fizyczny lub sierść zwierząt). Zostaw zapasowy inhalator w samochodzie, szkole czy przedszkolu.

- Dzieci z przewlekłą astmą muszą codziennie stosować również inhalator prewencyjny. Nie odstawiaj leku, gdy objawy będą rzadsze lub znikną, bo choroba powróci. Dziecko nie powinno stosować inhalatora w celach profilaktycznych ani inhalatora o podwójnym działaniu, jeśli astma nie ma postaci przewlekłej.

- Nie stosuj leków na kaszel do leczenia przewlekłego kaszlu. Łyk wody będzie równie skuteczny.

- Nie zmieniaj diety, gdyż pokarm (włącznie z mlekiem) niemal na pewno nie jest przyczyną astmy.

- Pozwól dziecku bawić się jak najwięcej na powietrzu i wietrz mieszkanie codziennie, z wyjątkiem dni, kiedy stężenie pyłów jest wysokie.

- Próbuj unikać czynników wywołujących u dziecka astmę. Jeżeli wywołuje ją sierść zwierząt, weź pod uwagę oddanie pupila albo trzymanie go na zewnątrz, zwłaszcza z dala od pokoju dziecka. Jeśli wywołuje ją pleśń, unikaj zawilgoconych domów, placów budowy i remontów. Zarodniki wilgotne są często uwalniane do powietrza w trakcie remontowania, czyszczenia starych ścian.

- Nigdy nie pal papierosów w pobliżu dziecka, gdyż może to wywoływać astmę. Pilnuj, aby dziecko samo nie zaczęło palić (jeżeli jesteś palaczem, może to utrudniać sytuację). Staraj się unikać pieców na drewno, sprayów i innych substancji zanieczyszczających powietrze.

- Walcz w miarę możliwości z roztoczami kurzu domowego:
  - usuń z pokoju dziecka wykładzinę i dywany,
  - stosuj specjalną pościel niepochłaniającą kurzu,
  - raz na tydzień pierz pościel i powłokę materaca w wysokiej temperaturze (zniszczenie roztoczy następuje w temperaturze co najmniej 54°C), a jeśli masz suszarkę bębnową, susz pościel w gorącym cyklu,
  - co tydzień ścieraj kurz wilgotną ściereczką,
  - w oknach sypialni załóż zasłony, które można prać,

- kupuj dziecku wyłącznie zabawki i pluszowe misie, które można prać, i pierz je raz na tydzień,
- stosowanie odkurzacza z filtrem HEPA nie pomoże (działa on wyłącznie w przypadku alergenów powstałych w powietrzu, a nie roztoczy); spraye oczyszczające powietrze także nie eliminują roztoczy kurzu domowego ani ich odchodów.

+ Rozwijającą się, aczkolwiek nie do końca zbadaną dziedziną jest immunoterapia, która okazała się dość skuteczna w przypadku kataru siennego, ale jak do tej pory nie przyniosła rezultatów w leczeniu astmy.

+ Jeśli astma wymyka się spod kontroli, sprawdź, czy dziecko prawidłowo korzysta z inhalatorów. Czy dostrzegasz u dziecka znaki ostrzegawcze i stosujesz leki odpowiednio wcześnie? Czy zwiększasz dawkę, gdy stan dziecka tego wymaga? Czy dziecko korzysta z właściwego rodzaju inhalatora? Porozmawiaj z lekarzem, jeżeli kontrolowanie astmy wciąż stanowi problem.

Zachowaj czujność, gdy dziecko wejdzie w okres dojrzewania. Istnieje ryzyko, że zacznie lekceważyć chorobę, a objawy niepostrzeżenie powrócą.

GDY DZIECKO MA ATAK ASTMY

+ Należy skorzystać z normalnego inhalatora ze spejserem.

+ Posadź dziecko na łóżku, ułóż za nim kilka poduszek, żeby ułatwić oddychanie.

+ Stosowanie tabletek sterydowych może przynieść pewną poprawę, o ile masz doświadczenie w posługiwaniu się nimi, ale zanim zaczną działać, minie kilka godzin.

+ Otwórz okno, żeby wpuścić świeże powietrze.

+ Uspokój dziecko, powiedz mu, że za chwilę poczuje się lepiej. Włącz światło, podaj mu ulubiony napój lub zrób delikatny masaż – wszystko, co pomoże mu się zrelaksować, gdyż niepokój pogarsza jedynie sytuację.

+ Nie podawaj dziecku środków uspokajających, bo mogą one spowolnić naturalne oddychanie i stworzyć zagrożenie.

+ Powiedz dziecku, żeby oddychało powoli i głęboko. Jeżeli ataki astmy występują regularnie, dziecko powinno się nauczyć dowolnego prostego ćwiczenia oddechowego.

+ Bądź przy nim cały czas.

+ Jeśli nie nadejdzie poprawa, wezwij pomoc (zob. Sygnały alarmowe, s. 26).

CZY TO **KATAR SIENNY?**

Dzieci chorujące na astmę często cierpią także na katar sienny, ponieważ nos i płuca są częścią tego samego układu oddechowego. Katar sienny to reakcja alergiczna występująca w okolicach nosa i powiek. Objawy to:

- nieustanne pociągania nosem i wydmuchiwanie go, przy czym wydzielina jest bezbarwna i wodnista,
- odczuwanie swędzenia w nosie, pocieranie dłonią jego czubka od góry do dołu (tzw. salut alergiczny),
- regularne długotrwałe ataki kichania,
- swędzące i łzawiące oczy,
- oddychanie przez usta.

Objawy kataru siennego ustępują na kilka miesięcy, a potem powracają. Dzieje się tak dlatego, że wczesną wiosną alergia jest zazwyczaj wywoływana przez pyłki drzew, a późną wiosną i wczesnym latem – przez pyłki traw.

LECZENIE **W DOMU**

+ Jeśli dziecko choruje na katar sienny, przy wysokim stężeniu pyłków nie otwieraj okien i ogranicz czas, który spędza ono na świeżym powietrzu. Niech unika, o ile to możliwe, kontaktu z pyłkami, czyli przebywania w pobliżu stert kompostu, siana, skoszonej trawy, liści i wszelkich innych roślin pylących. Niekiedy ulgę przynoszą częste kąpiele.

- Leczenie rozpocznij od leków antyhistaminowych. Są skuteczne w zwalczaniu kichania i swędzenia, a także problemów z oczami, ale niewiele pomogą na zablokowany nos (leki antyhistaminowe najnowszej generacji nie wywołują senności).
- Jeśli dziecko ma zatkany nos, ulgę przyniosą mu krople do nosa, które zmniejszają dopływ krwi do naczyń. Krople mogą być stosowane z lekami antyhistaminowymi.
- Sterydy donosowe są skuteczne, ale są drogie, wolno działają, a poprawa trwa krótko (krople do nosa są delikatniejsze niż leki w sprayu). Nie pomagają na swędzenie, dlatego dziecko może potrzebować także leków antyhistaminowych.
- Efekty może przynieść także immunoterapia.

CZY TO ZAPALENIE ZATOK?

Zapalenie zatok jest często mylone z katarem siennym, dlatego warto dokonać rozróżnienia między tymi dolegliwościami. Pierwsza to stan zapalny zatok (kanałów przynosowych wypełnionych powietrzem) spowodowany infekcją. W ostrym zapaleniu zatok występują zazwyczaj następujące objawy:

- gorączka i ból głowy,
- zablokowany nos z ciągłym wyciekiem gęstego, żółtawego śluzu,
- kaszel w ciągu dnia (bez świszczenia),
- niewielki obrzęk twarzy lub powiek,
- utrata węchu i smaku.

Pierwsze objawy zapalenia zatok są identyczne jak objawy przeziębienia, ale wydzielina z nosa nie zanika przez wiele dni, nawet przez miesiąc. Dziecko może w tym czasie wciągać z powrotem śluz albo go połykać, a tym samym drażnić innych.

LECZENIE W DOMU

- Leczenie zapalenia zatok wymaga zastosowania antybiotyków, ponieważ jest to infekcja bakteryjna: preparaty odblokowujące nos nie będą szczególnie skuteczne, ale inhalacje mogą pomóc w oczyszczaniu. Możesz także posadzić dziecko w łazience i odkręcić kurek z gorącą wodą, ale sprawdź, czy woda nie jest zbyt gorąca!
- Przez pierwszych kilka dni możesz zakraplać do nosa sól fizjologiczną, co udrożni kanał nosowy.
- Podaj dziecku paracetamol na obniżenie gorączki i bólu.
- Nie zaleca się stosowania sterydów donosowych, z wyjątkiem przypadków nawracającego zapalenia zatok.

PYTANIA i ODPOWIEDZI

Bardzo niechętnie podaję tak małemu dziecku leki. Jestem pewna, że na dłuższą metę nie wyjdą mu na dobre. Wolałabym stosować naturalne środki.

Rozumiem ten punkt widzenia. Nikt nie lubi podawać dziecku leków przez długi czas i wielu rodziców ucieka się do leczenia akupunkturą, preparatami ziołowymi i homeopatycznymi. Jeśli jednak dziecko cierpi na astmę, tego rodzaju kuracje nie przyniosą pożądanych rezultatów, co potwierdzają badania naukowe (stan rzeczy na rok 2007).

Najbardziej skuteczne w leczeniu astmy u dzieci okazały się dotychczas leki przeciwzapalne. Szkopuł tkwi w ustaleniu minimalnej dawki, która utrzyma w ryzach chorobę. Ilość sterydów wdychanych przez dziecko z inhalatora jest bardzo niewielka (około 10% trafia bezpośrednio do dróg oddechowych), a skutki uboczne – minimalne. Wysoka dawka (800 mikrogramów leku dziennie) byłoby już problemem, gdyż wtedy niewielka ilość sterydu wchłaniałaby się do organizmu. Średnia dawka leku wdychana za pomocą inhalatora profilaktycznego wynosi jedynie 200 mikrogramów. Powinieneś jednak próbować ograniczać doustne leki sterydowe, które dziecko zażywa, ponieważ mają one długotrwałe skutki.

Nie lekceważ inhalatorów astmowych. Często spotykam dzieci, które przez lata opuszczały szkołę i rezygnowały z normalnych zajęć, a których życie zmieniło się właśnie dzięki inhalatorom. Te niewielkie urządzenia mogą bardzo pomóc.

Mleko wydaje się być przyczyną świszczącego oddechu mojego dziecka, dlatego zacząłem ograniczać produkty mleczne. Czy syn ma astmę i czy to pomoże?

Produkty żywnościowe nie są przyczyną zachorowań na astmę – nie udało się ustalić żadnego powiązania między nimi. Nie dowiedziono też, aby mleko powodowało powstawanie nadmiernej wydzieliny śluzowej, mimo że jest to częsty pogląd. Alergie pokarmowe występują u astmatyków, ale dzieci te mają tendencje do alergii.

Czy moje dziecko wyrośnie z astmy?

Rodzice oczekują, że odpowiedzią na to pytanie będzie zdecydowane „tak". Rzeczywiście ludzie zwykle wyrastają z astmy. W gruncie rzeczy na astmę choruje 20% dzieci, ale tylko 5% dorosłych. Precyzyjne, wieloletnie badania wykazały, że chorzy z umiarkowaną formą astmy zazwyczaj z niej wyrastają. Jeżeli jednak choroba jest ciężka i długotrwała, szanse na jej ustąpienie z czasem maleją. Spróbuj nie dopuścić, by dziecko zaczęło palić w okresie dojrzewania, gdyż tytoń ma druzgocący wpływ na astmatyków.

DZIECKO, KTÓRE ŚWISZCZE

Lekarze zwykle wstrzymują się od postawienia diagnozy o astmie aż do momentu, gdy dziecko ma 2 lata. Dzieci ze świszczącym oddechem nie są rzadkością. Wiele z nich ma świszczący oddech podczas infekcji wirusowej (albo ząbkowania), a jeśli matka pali, są do tego predysponowane. Świszczenie nie jest objawem astmy i inhalator łagodzący objawy przyniesie niewielkie efekty. Czy dziecko, które ma świszczący oddech, zachoruje na astmę? Zwykle trudno to przewidzieć. Prawdopodobieństwo, że tak się stanie, jest wyższe, jeśli dziecko cierpi także na egzemę lub ma inne objawy alergii oraz gdy świszczący oddech ustaje po zastosowaniu inhalatora.

SYGNAŁY ALARMOWE

Szybko reaguj na atak astmy.

NATYCHMIAST ZADZWOŃ DO LEKARZA LUB SZPITALA, JEŚLI:

oddech dziecka jest szybki i płytki,

brakuje mu tchu i nie może dokończyć zdania,

ciągle kaszle,

skóra dziecka zmieniła kolor; jeśli dziecko ma sine usta, udaj się prosto do szpitala.

Zaufaj instynktowi. Gdy masz wrażenie, że sytuacja wydaje się poważna, zapewne masz rację.

ROZDZIAŁ 2

Kolka

„Przez pierwszych kilka tygodni dziecko było bardzo pogodne, miało apetyt i łatwo zasypiało. Czuliśmy się szczęściarzami. Teraz jest zupełnie innym dzieckiem. Córeczka dużo płacze, głównie wieczorem, i nic jej nie pomaga. Wydaje się, że odczuwa tak silny ból, że to nie może być po prostu kolka".

Gdy mały aniołek nagle się zmienia

Każde dziecko płacze, ale czy to normalne, gdy z dnia na dzień niemowlę zamienia się w małą wrzeszczącą istotkę? Dla wielu dzieci (a dokładnie co czwartego) jest to normalne.

Kolka jest namacalnym, bardzo trudnym do zwalczenia problemem, który może doprowadzić cię do granic wytrzymałości. Lekarze się nią fascynują, ale ja współczuję każdemu, kto musi codziennie stawiać jej czoła. Jeśli cię to pocieszy, pamiętaj, że:

- dziecko, które ma kolkę, jest zazwyczaj zupełnie zdrowe,
- bez względu na to, jak ciężki kolka ma przebieg, powinna ustąpić w ciągu czterech miesięcy,
- leki i zmiany w składzie mleka nie robią prawie żadnej różnicy,
- mimo że nie istnieje jeden skuteczny środek na wyleczenie kolki, dziecku można pomóc.

Będziesz potrzebował pomocy: kogoś, kto podzieli się z tobą obowiązkami i nie pozwoli odejść od zmysłów przez tych kilka tygodni; kogoś, kto ci przypomni, że dziecko niedługo dojdzie do siebie. Tylko upewnij się wcześniej, że to rzeczywiście kolka.

Dlaczego dzieci (zwykle) płaczą?

Gdyby niemowlęta mogły mówić! Niestety – swoje potrzeby komunikują płaczem, który jest początkowo ekspresywny: dziecko odczuwa dyskomfort i wydaje jeden głośny, uniwersalny krzyk. Około 3. miesiąca życia centralny układ nerwowy dziecka jest już trochę lepiej rozwinięty i dziecko zaczyna „mówić" płaczem. Teraz, gdy odczuwa dyskomfort, woła cię.

Czy dzieci zawsze płaczą, gdy coś jest nie tak? Tak, nie manipulują tobą – to zadanie dla trzylatka. Dyskomfort może oznaczać po prostu zmęczenie lub chęć bycia przytulonym. Zdrowe dzieci mają własny cykl płaczu. Niektóre po prostu płaczą częściej (i głośniej) niż inne i trudniej je uspokoić.

Większość dzieci płacze z tych samych powodów bez względu na kulturę, do której przynależą, i jej stosunek do wychowania dzieci. Zazwyczaj okres szczytowy płaczu przypada na okres pomiędzy 4. a 6. tygodniem życia dziecka i łagodnieje około 12. tygodnia (nieco wcześniej, jeśli dziecko jest karmione z butelki). To normalne.

Płacz spowodowany kolką

Nadmierny, spowodowany kolką płacz nie jest normalny. Dziecko cierpiące na kolkę zanosi się, wydaje dźwięki wyższe niż podczas normalnego płaczu i sprawia wrażenie, że odczuwa ból. Może również płakać dłużej, do godziny za jednym razem, i nie poddawać się próbom uspokojenia ze strony rodziców, włącznie z karmieniem. Dziecko zaciska niekiedy piąstki, sztywnieją mu nogi i ma grymas na twarzy. Może wymiotować mlekiem i mieć wiatry. Podczas silnej kolki dziecko wygina się w tył.

Wrzeszczący tyran pojawia się zwykle około 2. tygodnia, a znika około 4. miesiąca życia. Napady kolki zaczynają się i kończą bez wyraźnych przyczyn, niestety dla was, zazwyczaj wieczorem, gdy jesteście już zmęczeni.

Sytuacja ta jest szczególnie trudna do zniesienia dla rodziców przyzwyczajonych do uporządkowanego trybu życia. Pamiętaj jednak: dziecko płacze, ponieważ odczuwa dyskomfort, ale nie wie, co jest nie tak.

CZY TO **KOLKA?**

Kolka nie jest łatwa do zdiagnozowania. Lekarze zazwyczaj stosują w diagnozie „regułę trzech" sformułowaną przez Wessela: jeśli dziecko płacze ponad

3 godziny dziennie przez ponad 3 dni w tygodniu przez 3 kolejne tygodnie, to cierpi na kolkę. Tylko który rodzic wytrzyma tak długo?

Podejrzewam kolkę, jeśli w ostatnim tygodniu dziecko płakało intensywnie 3 godziny dziennie przez 3 dni bez żadnej innej przyczyny. Badam występowanie typowych objawów płaczu spowodowanego kolką.

Do postawienia diagnozy rzadko konieczne są badania.

CZY COŚ INNEGO?

Przeważająca większość dzieci, które nadmiernie płaczą, miewa kolki. Jeśli jednak dziecko głośno płacze i ma temperaturę albo inne niepokojące objawy, należy najpierw wykluczyć poważną infekcję bakteryjną, taką jak zapalenie opon mózgowo-rdzeniowych, posocznicę lub infekcję dróg moczowych (zob. s. 100).

Istnieją również inne dolegliwości imitujące kolkę, ale są one stosunkowo rzadkie.

Dolegliwości imitujące **kolkę**

DOLEGLIWOŚĆ	PRAWDOPODOBIEŃSTWO WYSTĘPOWANIA
ALERGIA NA BIAŁKO MLEKA KROWIEGO (DZIECKO KARMIONE SZTUCZNIE)	mniej niż 5% dzieci z kolką
SKUTKI ZAŻYWANIA LEKÓW PRZEZ MATKĘ	coraz częstszy problem
REFLUKS ŻOŁĄDKOWO-PRZEŁYKOWY	rzadki
NIETOLERANCJA LAKTOZY	rzadka

Przyjmowanie leków przez matkę karmiącą piersią może wpływać na dziecko. Niektóre leki (szczególnie uspokajające i przeciwdepresyjne) mogą powodować objawy przypominające kolkę. Do oznak wskazujących na inną dolegliwość należą bardzo głośny płacz i wygięty kręgosłup, kolka w innych porach dnia niż wieczór, płacz, który rozpoczyna się około 3. miesiąca życia dziecka lub znacznie się wzmaga, gdy przechodzisz od karmienia piersią do karmienia z butelki.

„Kolka dziecięca jest częsta w pierwszych miesiącach życia, ale jej przyczyna jest nieznana".

(Badania nad skutecznością metod leczenia kolki dziecięcej, *British Medical Journal*, 1998)

Jak to działa?

Mimo że zajmujemy się kolką od lat, wciąż pozostaje ona swego rodzaju zagadką. Nikomu, jak dotąd, nie udało się ustalić konkretnej przyczyny ani konkretnej metody leczenia.

U około jednej trzeciej niemowląt poprawa następuje w wyniku leczenia, choć nie wszystkie są leczone tak samo, a płacz może się jedynie zmniejszyć, a nie zupełnie ustać.

Fakt ten wskazywałby na istnienie więcej niż jednego czynnika wywołującego kolkę. Większość najnowszych badań wylicza 3 powody (mogące występować w różnych konfiguracjach):

- wzdęcia,
- trudny temperament,
- sposób karmienia.

Przyczynę kolki upatruje się często we wzdętych jelitach, choć jak dotąd tego nie udowodniono i niewielka liczba dzieci z kolką płacze z powodu wiatrów, ale badania wciąż trwają. Uważa się, że niedojrzały układ trawienny niemowląt próbuje się nauczyć, jak uwalniać wiatry. W ciągu 3 pierwszych miesięcy życia dzieci produkują w jelicie grubym wiele gazu, ponieważ nie radzą sobie dobrze z wchłanianiem laktozy. Nie ma jednak jasnych dowodów na to, że to właśnie ten dodatkowy gaz powoduje kolkę. Poza tym zanosząc się płaczem i łapczywie łapiąc oddech, dziecko połyka powietrze i tak rozpoczyna się błędne koło. Istnieją przesłanki wskazujące, że właściwy sposób karmienia może pomóc zwalczyć kolkę.

Teoria wymagającego dziecka zyskuje coraz więcej zwolenników. W pierwszych tygodniach życia jedynym celem dziecka jest przetrwanie (po opuszczeniu przytulnego łona matki). Kiedy mu się uda, próbuje zrozumieć nowy świat i w tym czasie może być bardziej wrażliwe (albo zwyczajnie wymagające) niż inne niemowlęta. Do czynników drażniących należą hałas, zmęczenie, zbyt mało albo zbyt dużo uwagi. Gdy dziecko jest zaniepokojone, zaczyna płakać. Dzięki temu tworzy wokół siebie barierę jednostajnego szumu, którym odgranicza się od świata. Może minąć sporo czasu, zanim maluch się uspokoi, a dzieje się tak dlatego, że wszystko dla niego jest zupełnie nowe. Jeśli dziecko jest zestresowane, zaczynasz się denerwować i twoje zdenerwowanie wpływa na dziecko – jedno nakręca drugie.

Sposób karmienia (czyli co i jak dziecko je) również może być przyczyną kolki. Być może wkładasz butelkę do jego buzi za każdym razem, gdy zaczyna płakać. Maluchy zazwyczaj same wiedzą, ile pokarmu im trzeba, i wypluwają nadmiar mleka, ale jeśli niemowlę jest niespokojne i ma silny odruch ssania, łatwo możesz je przekarmić. Niewielki procent dzieci będzie reagować na sam pokarm (czy to mleko krowie czy pokarmy spożywane przez karmiącą matkę).

Do której grupy należy twoje dziecko? Być może nigdy się nie dowiesz, ale ważne jest, żebyś znalazła sposób na polepszenie jakości waszego życia.

Czy jestem dobrym rodzicem?

Bardzo ważne jest uświadomienie sobie, że dziecko ma kolkę nie dlatego, że jesteś złym rodzicem. Nie wynika ona z twojego braku doświadczenia, metod wychowawczych, osobowości albo depresji. Nawet najbardziej doświadczone matki mogą mieć dziecko z kolką po tym, jak wychowały czworo pogodnych, dobrze sypiających dzieci.

Twoje samopoczucie będzie się gwałtownie zmieniać w czasie kolki dziecka. Być może ledwo przetrwasz dzień i będzie ci się wydawać, że dziecko cię kontroluje. Co gorsza, możesz nawet zacząć powątpiewać w swoje uczucia rodzicielskie. „Daję mojemu dziecku miłość i opiekę, co więcej mogę zrobić?" Przypomnij sobie, że robisz wszystko, co w twojej mocy, i miej nadzieję, że kolka szybko minie.

LECZENIE **W DOMU**

Zacznij od wykluczenia innych możliwych przyczyn płaczu, takich jak głód, zmęczenie albo znudzenie. Następnie wyklucz poważniejsze przyczyny. Jeżeli lekarz stwierdzi, że to kolka, możesz pomóc dziecku ją przejść.

+ Załóż zeszyt, w którym będziesz zapisywać, kiedy dziecko płacze, co wywołuje, a co łagodzi płacz. Pokaż notatki lekarzowi.

- Ustal zasady postępowania w radzeniu sobie z kolką i przestrzegaj ich, jakkolwiek byłyby one niedoskonałe. Pomoże to tobie i dziecku się zrelaksować. Jeśli kolka występuje codziennie mniej więcej o tej samej porze, zarezerwuj czas na stawienie jej czoła. Bez względu na to, jak jest to trudne, musisz codziennie odpoczywać.

- Przestrzegaj zalecanych czasów karmienia. Jeśli dziecko ma kolkę, nie daj się skusić karmieniu go, gdy tylko zaczyna płakać. Niektóre niemowlaki można nakłonić do ssania smoczka w przerwach między karmieniem, innym można podać niewielkie ilości przegotowanej, ostudzonej wody (rodzice niekiedy ją słodzą, ale nie jest to zdrowe). Spróbuj karmić, trzymając dziecko w pozycji półpionowej, i dbaj, żeby mu się odbiło. Jeśli karmisz piersią, staraj się, by dziecko wyssało całe mleko z jednej piersi, zanim przystawisz je do drugiej. Próbuj też odpoczywać po południu (być może dziecko płacze, bo masz wieczorem mało mleka) i przed snem nakarm je do syta (na wszelki wypadek miej w pogotowiu mleko modyfikowane). Jeśli karmisz piersią, zrezygnuj z pikantnych potraw, kofeiny i pokarmów wywołujących alergie, na przykład orzechów, jaj czy owoców morza, bo mogą powodować u dziecka uczulenie.

- Jeśli karmisz butelką, nie rezygnuj z mleka w proszku – dziecko go potrzebuje. Zmiana mleka zazwyczaj nie przynosi efektów. Jeśli podejrzewasz u dziecka alergię na mleko, porozmawiaj z lekarzem. Tygodniowa próba podawania mleka hipoalergicznego stanowi niekiedy część testu, ale należy ją przeprowadzić pod kontrolą lekarza.

- Stosowanie leków przez matkę karmiącą może powodować u dziecka objawy zbliżone do kolki, dlatego poinformuj lekarza o zażywanych farmaceutykach.

- Zapomnij o lekach na kolkę dostępnych na rynku. Zamiast w nie zainwestuj w opłacenie niani na godzinę.

- Spróbuj rozładować stres. Niektórym rodzicom pomagają ćwiczenia fizyczne albo joga.

- Każde dziecko jest inne. Niektóre spośród wymienionych poniżej sposobów przynoszą dzieciom ulgę:
  - herbatki ziołowe (zwłaszcza mieszanka rumianku, kopru włoskiego i melisy lekarskiej) oraz olej z ziaren kopru mają pewne właściwości łagodzące; pamiętaj, żeby nie zmniejszać porcji karmienia,
  - niektórym dzieciom pomagają probiotyki,
  - unikaj soków owocowych zawierających sorbitol,

- stosuj butelki oraz smoczki zapobiegające kolce,
- owiń dziecko w cienki koc i trzymaj je blisko siebie,
- uspokój maluszka masażem bądź kąpielą,
- idź z dzieckiem na wieczorny spacer,
- włącz urządzenie, które wydaje jednostajny szum, na przykład suszarkę albo taśmę z nagraniem bicia serca,
- pozwól dziecku ssać smoczek (nawet jeśli nie złagodzi kolki, może odwrócić uwagę maluszka),
- kładź malucha w pozycji kolkowej: połóż go na brzuszku na swoich przedramionach, tak by zwiększyć ucisk na żołądek.

+ Nadmierna stymulacja może pogorszyć sytuację, dlatego lepiej nie stosować zbyt wielu sposobów leczenia jednocześnie. Znam rodziców, którzy kładą się co wieczór spać z książką i opatulonym dzieckiem.

+ Nie licz na to, że znajdziesz cudowny środek uzdrawiający, znajdź natomiast własną metodę postępowania i uzbrój się w cierpliwość. Będzie lepiej.

PYTANIA i ODPOWIEDZI

Czy dziecko odczuwa ból w czasie ataków kolki?

Bardziej prawdopodobne, że dziecko jest przejęte, głodne, bardzo zmęczone lub zbyt pobudzone, a płacz jest jedynym sposobem, żeby to wyrazić. Jeśli dziecko ma wiatry, może odczuwać dyskomfort, ale nie silny ból.

Zwierzęta dostają niebezpiecznej kolki. Czy może ona wystąpić u ludzi?

Kolka u zwierząt (głównie koni) znacznie różni się od kolki ludzkiej. Konie są roślinożerne i ich układ trawienny jest stworzony do tego, by radzić sobie z celulozą zawartą w trawie. Trawią one pokarm w jelicie grubym, a nie w żołądku jak ludzie. Gdy nadmiar metanu pozostaje w jelitach zwierzęcia, staje się bardzo niebezpieczny, o ile nie znajdzie ujścia. Na szczęście my nie jemy trawy i nie wytwarzamy metanu. Kolka występująca u ludzi nie jest niebezpieczna.

Karmię dziecko piersią. Czy to nie powoduje kolki? Być może mój sposób odżywiania się wpływa na dziecko. Powinnam na wszelki wypadek zacząć karmić butelką?

Nie przestawaj karmić piersią. To dobre dla dziecka i nie ma właściwie żadnych dowodów na to, że odstawienie od piersi przyniesie efekty. Kolka występuje zarówno u dzieci karmionych piersią, jak i karmionych butelką. Istnieją jednak pewne dowody na to, że matki karmiące piersią przekazują dzieciom własne alergie. Dlatego możesz ograniczyć spożywanie pokarmów uczulających, takich jak orzechy, jaja czy owoce morza.

Powiedziano mi, że kolka to tylko kwestia regularnego planu dnia. Czy nastąpi poprawa, jeśli będę ściśle przestrzegać pór karmienia i snu?

Niektórzy rodzice rygorystycznie trzymają się ustalonych pór spania i karmienia, ale nie każdemu będzie to odpowiadać. Dla małych dzieci taki rozkład dnia może okazać się za mało elastyczny. Ja sam nie polecam takiego podejścia.

„Dicyklomina była skuteczna w leczeniu kolki, ale wywoływała silne działania niepożądane".

(Badania nad skutecznością leczenia kolki niemowlęcej, *British Medical Journal*, 1998)

Czy istnieją leki albo preparaty ziołowe, które można zastosować w leczeniu kolki?

Jak dotąd badania nie wykazały, aby którekolwiek leki czy krople na kolkę okazały się skuteczne i bezpieczne w użyciu, włącznie z kroplami z enzymem laktazy, wodą koperkową, simetikonem, dicyklominą i metyloskopolaminą. Dicyklomina zmniejsza płacz wywołany kolką, ale zaprzestano podawania jej małym dzieciom z powodu poważnych skutków ubocznych. Metyloskopolamina nie jest ani bezpieczna, ani skuteczna. Inne leki mogą zawierać alkohol.

W leczeniu kolki stosuje się również zioła, które łagodzą skurcze. Należą do nich rumianek, koper włoski i melisa. Przeprowadzono badania kliniczne z grupą kontrolną i wykazano, że herbatka na bazie tych ziół z dodatkiem lukrecji powodowała znaczne zmniejszenie płaczu u dzieci.

Czy kolka jest spowodowana refluksem i nadkwasotą żołądka? Jeśli tak, jak można temu zaradzić?

Niegdyś modne było tłumaczenie kolki refluksem kwasu żołądkowego. Istotnie, niektóre dzieci cierpią na refluks – słaby mięsień przełyku powoduje powrót mleka i kwasu żołądkowego w górę, wywołując ból. Poproś lekarza, żeby wykluczył tę dolegliwość, ale pamiętaj, że jest mało prawdopodobne, aby refluks był przyczyną dolegliwości dziecka.

Nie wiem, co myśleć. Niektórzy radzą, żeby pozwolić dziecku płakać, inni, żeby od razu wziąć je na ręce.

Nie ignoruj płaczu dziecka z założenia, ale w swoich reakcjach kieruj się zdrowym rozsądkiem. Krótkie epizody płaczu są normalne, o ile dziecko nie płacze głośno albo nie jest bardzo zdenerwowane. Nie ma potrzeby czuwać przez całą noc, aż maluch zapłacze, ani też biec, żeby szybko wziąć go na ręce przy pierwszym kwileniu. W istocie ciągłe podnoszenie i odkładanie może doprowadzić do nadmiernego pobudzenia. Gdy kwilenie przekształci się w silny płacz, dziecko potrzebuje pociechy z twojej strony. Nie jestem zwolennikiem stosowania metody kontrolowanego płaczu wobec dzieci do 6. miesiąca życia.

SYGNAŁY ALARMOWE

Jeśli kolka staje się zbyt uciążliwa, zaprowadź dziecko do lekarza. Lekarze traktują tę dolegliwość bardzo poważnie.

NATYCHMIAST ZADZWOŃ DO LEKARZA, JEŚLI DZIECKO:

ma mniej niż 3 miesiące i gorączkuje,

ma ponad 3 miesiące, ale wystąpiła gorączka z innymi objawami (zob. s. 99),

jest bardzo blade, krzyczy i ma krew w stolcu (może to oznaczać problem z jelitami zwany wgłobieniem jelita).

Jeśli martwisz się, że dziecko może ucierpieć z powodu stresu twojego lub twojego partnera, od razu zgłoś się po pomoc.

ROZDZIAŁ 3

Infekcje dróg oddechowych

„Zaczęło się od zatkanego nosa i lekkiego przeziębienia. Teraz dziecko ma gorączkę, silny kaszel i ciężko oddycha. Zastanawiam się, czy infekcja nie rozszerzyła się na klatkę piersiową. Czy antybiotyki będą konieczne?"

Uwagi ogólne

Większość rodziców nazywa tę dolegliwość infekcją dróg oddechowych, a lekarze – chorobą układu oddechowego.

Wizyta u lekarza związana z infekcją dróg oddechowych nie sprowadza się wyłącznie do przepisania kuracji antybiotykowej. Przyczyny dolegliwości mogą być wielorakie, a odpowiedź nie musi znajdować się w układzie oddechowym. (Czy zauważyłeś, że objawy za każdym razem nieznacznie się różnią?)

- Ponad 90% infekcji dróg oddechowych ma podłoże wirusowe i nie wymaga przyjmowania antybiotyków (nawet w przypadku choroby utrzymującej się przez dłuższy czas), o ile dziecko nie złapie również infekcji bakteryjnej, która może znacznie pogorszyć sytuację.
- Ogólna zasada brzmi: jeśli dziecko ma gorączkę, oddycha szybko i ciężko, ma najprawdopodobniej infekcję dróg oddechowych. Jeśli pociąga nosem i kicha – nie.
- Nieustępujący kaszel to często objaw astmy.

Śledź, czy objawy dziecka nie ulegają pogorszeniu. Większość infekcji dróg oddechowych ustępuje samoistnie, ale niekiedy wirus przechodzi na płuca albo następuje nadkażenie bakteryjne (zob. Sygnały alarmowe, s. 47–48).

„Wyniki trzydziestu badań klinicznych z udziałem 11 350 uczestników sugerują, że regularne spożywanie witaminy C nie ma żadnego wpływu na częstość zachorowań na zwykłe przeziębienie w przeciętnej populacji".

(Badania nad witaminą C autorstwa R. M. Douglasa, H. Hemila, E. Chalker, B. Treacy w Cochrane Review, 2007)

CZY TO **ZWYKŁE PRZEZIĘBIENIE?**

Zwykłe przeziębienie to infekcja górnych dróg oddechowych (nosa i gardła). Do objawów należą:

- pociąganie nosem i kichanie,
- nieznaczny kaszel i ból gardła,
- lekko podwyższona temperatura,
- nieznaczne pogorszenie humoru dziecka, niemające wpływu na jego funkcjonowanie.

Poprzez kaszel i kichanie organizm próbuje pozbyć się wirusa (przeważnie rinowirusa). Bez stosowania jakichkolwiek leków przeziębienie ustępuje po około 2 dniach. W miarę rozwoju malucha układ odpornościowy wzmacnia się i produkuje przeciwciała uodparniające go na wiele wirusów. Dziecko nie uodporni się jednak na przeziębienia, ponieważ wirusy występujące najczęściej na zamieszkiwanym przez was obszarze nieustannie mutują (zmieniają się).

LECZENIE **W DOMU**

Przeziębienie ustępuje samoistnie, w czym pomaga odrobina czułości i opieki ze strony rodziców.

- Dziecko powinno leżeć wygodnie i odpoczywać, popijając gorący napój (do tego sprowadza się zresztą działanie większości środków na przeziębienie).
- Na zatkany nos niekiedy pomaga skropienie piżamy kilkoma kroplami mentolu (albo w przypadku starszych dzieci jego wdychanie).
- Niewielka dawka paracetamolu pomoże dziecku zasnąć, jeśli jest niespokojne.
- Środki udrażniające (antyhistamina) nie przynoszą dzieciom ulgi. Badania wykazały, że działają one na przeziębienie nie lepiej od placebo.

- W leczeniu infekcji górnych dróg oddechowych nigdy nie stosuje się antybiotyków.
- Leki na przeziębienie niwelują objawy, ale nie leczą przeziębienia. Witaminy nie zapobiegną przeziębieniu (choć mogą skrócić czas jego trwania).
- Dziecko może iść do szkoły, chyba że czuje się bardzo źle. Wirus i tak prawdopodobnie już tam trafił.

CZY TO **GRYPA?**

Objawy grypy są zupełnie inne niż przeziębienia:

- dziecko jest zbyt słabe, żeby wstać z łóżka,
- pojawia się gorączka, zwykle ponad 39°C,
- występuje ból głowy i bóle mięśniowe,
- pojawia się suchy kaszel,
- dziecko nie wykazuje żadnego zainteresowania jedzeniem i zabawą.

Grypa ma podłoże wirusowe. Dzieci w wieku szkolnym z pewnością prędzej czy później się nią zarażą. Każdej zimy pojawia się inny szczep wirusów, dlatego szczepionka będzie działać tylko w jednym sezonie. W przypadku znacznych mutacji może dojść do epidemii albo (na szczęście rzadziej) pandemii.

Grypa ustępuje zwykle bez leczenia, ale może utrzymywać się przez ponad tydzień.

LECZENIE **W DOMU**

- Porozmawiaj z lekarzem, żeby sprawdzić, czy to rzeczywiście grypa.
- Obniż gorączkę za pomocą ibuprofenu albo paracetamolu.
- Jeśli to konieczne, obniż temperaturę ciała dziecka, rozbierając je do podkoszulka. Możesz też przecierać ciało malucha ściereczką nasączoną chłodną (ale nie zimną!) wodą.
- Podawaj dziecku regularnie niewielkie ilości wody. Dobrze działają również lody wodne.

+ Obserwuj, czy nie występują inne objawy i czy temperatura nie wzrasta.

+ Antybiotyki nie są potrzebne w przypadku infekcji o podłożu wirusowym.

+ Nie posyłaj dziecka do szkoły. Niech leży w łóżku, dopóki nie spadnie gorączka i chory nie poczuje się lepiej. Może to potrwać 5 dni lub dłużej.

Większość dzieci nie potrzebuje szczepionki przeciw grypie, ale jeśli maluch ma problemy zdrowotne, należy je szczepić każdej jesieni.

CZY TO ZAPALENIE OSKRZELIKÓW?

Zapalenie oskrzelików to infekcja występująca głównie u niemowląt i prawdziwa zmora pierwszego roku życia. Co roku w czasie chłodniejszych miesięcy dochodzi do epidemii.

- Pierwsze objawy są identyczne jak w przeziębieniu: gorączka, katar i kaszel.
- Następnie kaszel się wzmaga. Może także pojawić się świszczący oddech.
- Oddech staje się szybszy i cięższy niż zwykle.
- Dziecku może być trudno jeść, ponieważ nie może oddychać.
- Niekiedy dziecko może cię przestraszyć krótkimi przerwami w oddychaniu.

W czasie badania płuc dziecka lekarz usłyszy trzeszczenie i świsty. To znak, że infekcja wirusowa (wywołana zazwyczaj przez wirus RSV) rozprzestrzeniła się na płuca i objęła oskrzela oraz oskrzeliki – najmniejsze kanaliki, przez które przepływa powietrze. Doszło w nich do obrzęku, co utrudnia dziecku oddychanie. Większość chorych wraca do zdrowia w ciągu 2 tygodni, chociaż kaszel może utrzymywać się dłużej.

„Około jednej trzeciej niemowląt przechodzi zapalenie oskrzelików (wywołane różnymi wirusami) w 1. roku życia".

(Szkockie wytyczne międzyuczelniane, 2006)

ALE

Obserwuj, czy stan dziecka się nie pogarsza.

LECZENIE **W DOMU**

„Większość niemowląt z ostrym zapaleniem oskrzelików łagodnie przechodzi chorobę i może być leczona w domu pod kontrolą lekarza”.

(Szkockie wytyczne międzyuczelniane, 2007)

+ Czy cera dziecka jest lekko zaróżowiona, dziecko wciąż się uśmiecha i pije z butelki? Jeśli tak, zapalenie oskrzelików ma łagodny przebieg i można je leczyć w domu.

+ Podawaj dziecku dużo płynów, gdyż może mieć gorączkę.

+ Jeśli jedzenie sprawia mu trudność, spróbuj karmić je piersią lub z butelki – często i w niewielkich ilościach.

+ Obniż gorączkę ibuprofenem bądź paracetamolem.

+ Jeśli dziecko dużo kaszle, podnieś je odrobinę, kładąc zwinięty koc pod materacem. Nie podawaj dziecku leków na kaszel – równie skuteczne i o wiele bezpieczniejsze jest podanie kilku łyków wody. Kąpiele parowe ani mentol nie pomogą.

+ Antybiotyki nie pomogą ani nie zapobiegną pogorszeniu stanu ogólnego.

+ Myj często ręce, gdyż dziecko rozsiewa zarazki (spraye dezynfekujące są bezużyteczne).

+ Nie posyłaj dziecka do przedszkola, dopóki nie wróci do pełni zdrowia.

+ Zazwyczaj drugiego dnia infekcja osiąga największe natężenie i stan dziecka jest najcięższy, następnie stopniowo się poprawia.

+ Uważnie obserwuj, czy stan dziecka nie ulega pogorszeniu. Jeśli dziecko już pierwszego dnia czuje się gorzej, skontaktuj się z lekarzem. Jeśli dziecko ma poważne trudności w oddychaniu lub przełykaniu, wezwij pogotowie.

+ Ciężki stan dziecka będzie wymagał pobytu w szpitalu, podania tlenu i kroplówki (jeśli dziecko nie przyjmuje pokarmu).

+ Oprócz tlenu, który podaje się w ciężkich przypadkach, nic nie ułatwi oddychania, dopóki organizm sam nie zwalczy wirusa. Dlatego nie zalecam sterydów, inhalatorów astmowych, kuracji przeciwwirusowych ani fizjoterapii klatki piersiowej.

„W badaniach klinicznych żaden lek dostępny w Stanach Zjednoczonych nie okazał się skuteczny w leczeniu kaszlu u dzieci”.

(dr M. Simasek i dr D. A. Biandino, University of Pittsburgh Medical Centre, AAFP, 2007)

Ciężki stan zapalenia oskrzelików trudno jest odróżnić od zapalenia płuc.

CZY TO **ZAPALENIE PŁUC?**

Każdy rodzic drży na myśl o zapaleniu płuc u dziecka. Oznaki świadczące o tym, że infekcja zajęła klatkę piersiową, to:

- szybki oddech (pamiętaj jednak, że małe dzieci oddychają szybciej),
- gorączka powyżej 38,5°C,
- ciągły kaszel,
- mocno zapadnięta klatka piersiowa; niekiedy także rzężenie podczas oddychania,
- czasami bóle w klatce piersiowej,
- nozdrza rozchylone, by wpuścić więcej powietrza,
- sine lub purpurowe usta i język (skutek braku tlenu),
- w przypadku ciężkiego stanu dziecko będzie wiotkie (nie je, nie pije) i rozkojarzone (nie zauważa, co się wokół niego dzieje).

Dziecko może mieć niektóre (ale nie wszystkie) wymienione objawy. Przyspieszony oddech jest jedynym pewnym symptomem. Jeśli maluch nie oddycha szybko, prawdopodobnie nie ma zapalenia płuc.

U dzieci w wieku przedszkolnym najczęstszą przyczyną jest bakteria *Streptococcus pneumoniae*, a w przypadku dzieci w wieku szkolnym zwykle jest to rzadziej występująca atypowa bakteria *Mycoplasma pneumoniae*. Zapalenie płuc wywołane przez tę ostatnią zwane jest często wędrującym zapaleniem płuc, gdyż mimo względnie dobrego samopoczucia dziecka jego RTG klatki piersiowej pokazuje znaczne zmiany. Najnowsze szczepionki przeciw pneumokokom zapewniają pełną ochronę.

LECZENIE **W DOMU**

+ Skontaktuj się z lekarzem. W przypadku ostrego zapalenia płuc dziecko będzie hospitalizowane. Częściej przebieg choroby jest łagodny i leczenie prowadzi się w domu pod opieką lekarza.

+ Antybiotyki będą konieczne.

+ Ze względu na gorączkę należy podawać paracetamol i dużo płynów.

Dzieci wracają zazwyczaj całkowicie do zdrowia i choroba nie ma żadnych długotrwałych skutków. Wykonanie kontrolnego prześwietlenia klatki piersiowej nie jest zwykle konieczne, jeśli dziecko doszło całkowicie do siebie, a choroba przebiegała bez powikłań. Warto też skorzystać z nowych szczepionek przeciw pneumokokom, gdyż są one bardzo skuteczne.

CZY TO **BŁONICA?**

Dorośli chorują na zapalenie krtani – dzieci na błonicę. Objawy choroby są bardzo niepokojące (pierwszy raz pamięta się do końca życia), a najgorsze często przychodzi w nocy, gdy wszyscy śpią.

U większości dzieci przebieg choroby jest łagodny. Objawy nie utrzymują się długo, mogą się jednak nasilać; trudno je przeoczyć. Należą do nich:

- charakterystyczny kaszel przypominający szczekanie (podobny do odgłosów wydawanych przez fokę),
- świst krtaniowy przy wdychaniu powietrza.

Błonica nie jest infekcją dróg oddechowych. Jest wywołana wirusem grypy rzekomej, który powoduje tymczasowy obrzęk ścian tchawicy, co prowadzi do jej zwężenia. Odgłos wydawany przez chorego jest spowodowany próbą wdychania większej ilości powietrza. Choroba najczęściej atakuje małe dzieci, ponieważ ich tchawica jest wąska i delikatna. Z wiekiem błonica występuje coraz rzadziej.

A może to koklusz? Jeśli masz wątpliwości, to raczej nie koklusz (krztusiec). Ataki kaszlu w tej chorobie są dość przerażające i bardzo charakterystyczne.

„Nawilżanie powietrza jest często zalecane, ale nie ma dowodów, że to łagodzi objawy błonicy. W istocie ryzyko poparzeń gorącą wodą lub parą jest potencjalnie bardziej niebezpieczne dla dziecka niż sama błonica".

(Szpital Dziecięcy w Westmead, Australia, 2007)

LECZENIE **W DOMU**

+ Tradycyjną metodą leczenia błonicy były kąpiele parowe. Wierzono, że krótkie sesje w łazience z odkręconymi kurkami gorącej wody otwierają drogi oddechowe (bez wątpienia mogły działać uspokajająco!). Niestety, dokładniejsze badania wykazały, że praktyki te nie mają żadnego wpływu na stan dróg oddechowych, dlatego nie są obecnie zalecane. Leczenie szpitalne przy użyciu specjalnych pomieszczeń z parą należy już do przeszłości.
+ Podeprzyj leżące w łóżku dziecko kilkoma poduszkami. W przypadku niemowlęcia, włóż zwinięty koc pod materac.
+ Zostań z dzieckiem i uspokajaj je, dopóki nie zacznie lepiej oddychać.
+ Nie podawaj antybiotyków.
+ Dziecko może pójść do żłobka lub przedszkola, gdy oddychanie wróci do normy i zmęczenie minie. Ataki duszności zwykle pojawiają się w nocy i przechodzą do rana.

+ W razie niepokojącego pogorszenia świstu wezwij lekarza. Podaj dziecku steryd doustny lub w nabulizacji.

+ Jeżeli dziecko ciężko oddycha, nie może pić albo jego skóra ma inny niż zwykle kolor, wezwij pogotowie.

CZY TO **KRZTUSIEC?**

Krztusiec (potocznie koklusz) jest obecnie rzadki dzięki szczepieniom, ale wciąż spotyka się pojedyncze przypadki zachorowań. To choroba o dość dramatycznym przebiegu, nieprzyjemna do oglądania. Chorego trzeba uważnie obserwować.

- Dziecko przez tydzień lub dwa jest przeziębione, a następnie pojawiają się klasyczne objawy krztuśca.
- Pojawiają się ataki niekontrolowanego kaszlu i zaczerwieniona twarz.
- Po każdym ataku kaszlu następuje chrapliwy dźwięk (dziecko próbuje złapać powietrze) i wymioty.
- Dziecko ma zazwyczaj stan podgorączkowy.
- Pomiędzy atakami dziecko wygląda na zdrowe (choć osłabione).
- Ataki kaszlu mogą się utrzymywać przez co najmniej 6 tygodni, po czym zaczynają zanikać.
- Krztusiec jest bardzo zaraźliwy, ale głównie zanim pojawi się kaszel. Dziecko może zarażać, dopóki antybiotyki nie zaczną działać. Choroba ta jest wywołana przez pałeczkę krztuśca (*Bordetella pertussis*). Lekarz może postawić diagnozę samodzielnie lub wysłać wymaz z nosa do badania laboratoryjnego.

LECZENIE **W DOMU**

Krztusiec to długa i uciążliwa choroba, a leczenie może trwać nawet 3 miesiące. Nie obędzie się bez wizyty u lekarza. Chorobie można zapobiec dzięki szczepieniom.

CZY COŚ INNEGO?

- Specjalnością małych dzieci jest wdychanie do płuc różnego rodzaju ciał obcych – szczególnie malutkich klocków lego i orzeszków ziemnych.
- Dziecko, u którego regularnie występują napady kaszlu (zwykle ze świszczeniem), może chorować na astmę.
- Gruźlica wciąż stanowi problem w Europe Zachodniej, ale dzieci zaszczepione szczepionką BCG powinny być na nią odporne albo, w najgorszym wypadku, przejść łagodną postać choroby. Dziecko chorę na gruźlicę ma przewlekły kaszel, poci się i gorączkuje w nocy, traci na wadze i zwykle (aczkolwiek nie zawsze) bardzo źle się czuje.
- Mukowiscydoza i choroby układu odpornościowego nie występują często. Jednak w przypadku gdy problemy z górnymi drogami oddechowymi nie mijają i dziecko nie przybiera na wadze, lekarz będzie musiał wykluczyć także i te dolegliwości.

Jak to działa?

Za każdym razem, gdy dziecko bierze wdech, powietrze wchodzi do organizmu i przemieszcza się w dół drogami oddechowymi. Układ oddechowy dzieli się na 3 części: jama nosowa i gardło (czyli górne drogi oddechowe), krtań, tchawica (środkowe drogi oddechowe, które możesz wyczuć na szyi) i oskrzela oraz płuca (czyli dolne drogi oddechowe). Powietrze wchodzi do płuc przez oskrzela rozgałęziające się na mniejsze oskrzeliki, na końcu których znajdują się maleńkie woreczki zwane pęcherzykami płucnymi. To właśnie one spełniają niezwykle ważne zadanie: dostarczają tlen do krwiobiegu i odprowadzają dwutlenek węgla.

Ogólnie rzecz ujmując, pociąganie nosem i kichanie oznacza infekcję górnych dróg oddechowych, a kaszel i świszczenie – infekcję dolnego odcinka układu oddechowego. Kaszląc lub kichając, dzieci oczyszczają drogi oddechowe i wydalają zbędną wydzielinę śluzową. Jest to zwykle sygnał, że ich układ odpornościowy walczy z czymś – wirusami lub bakteriami – co zainfekowało drogi oddechowe. Węzły chłonne wytwarzają przeciwciała mające zabić zarazki i uodpornić dziecko na przyszłe zakażenia, dlatego puchną (dotknij szyi po bokach, a zauważysz, że są powiększone). Obrzęk mija, gdy tylko zarazki zostaną zlikwidowane.

UKŁAD ODDECHOWY CZŁOWIEKA

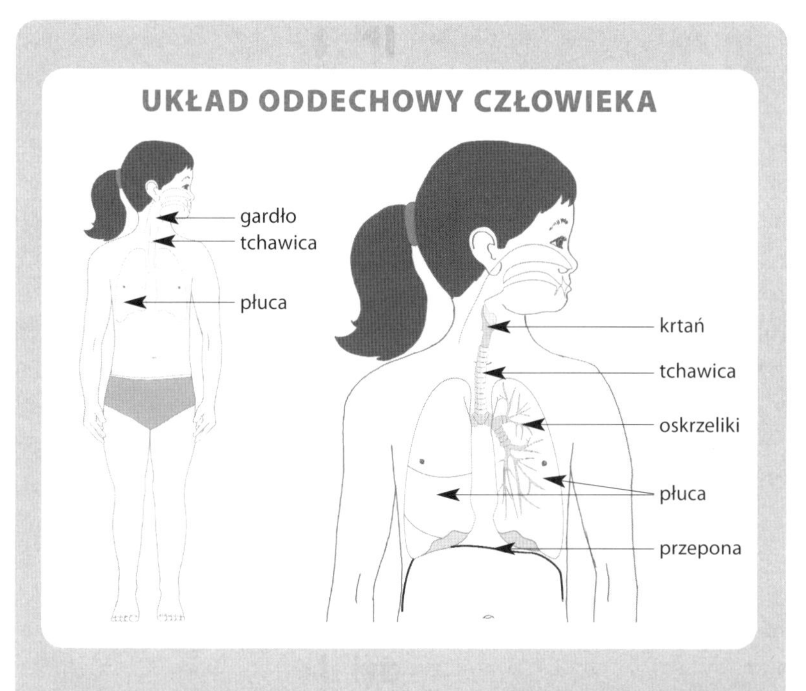

Czy rentgen klatki piersiowej jest potrzebny? Badanie to może rodziców rozczarować, gdyż często nie wykazuje, co spowodowało infekcję: wirus czy bakterie. Dlatego zwykle kieruję na prześwietlenie wyłącznie w przypadku poważnych trudności z oddychaniem. Pamiętaj, że infekcje oddechowe są zakaźne i łatwo przenoszone drogą kropelkową. Zachowaj odpowiedni dystans i często myj ręce.

PYTANIA i ODPOWIEDZI

Moje dziecko jest podatne na infekcje dróg oddechowych. Czy powinnam mu podawać profilaktycznie immunostymulatory?

Immunostymulatory to leki najnowszej generacji opracowane z myślą o zwalczaniu infekcji poprzez profilaktykę. Stymulują one naturalne reakcje układu odpornościowego organizmu i są obecnie stosowane w celu zapobiegania poważnym infekcjom dróg oddechowych.

Badania kliniczne dowiodły, że leki te znacznie zmniejszają liczbę zarażeń u dzieci podatnych na infekcje. Należy jednak zachować pewną dozę ostrożności, ponieważ nie przeprowadzono dotychczas szeroko zakrojonych badań klinicznych z placebo, a działanie immunostymulantów nie jest

„Nie istnieją szczegółowe badania dotyczące dawkowania i bezpieczeństwa podawania dzieciom jeżówki. Kojarzy się ją zwykle ze zwiększonym ryzykiem wystąpienia wysypki”.

(Medline Plus, usługa udostępniana przez Krajową Amerykańską Bibliotekę Medycyny i Krajowe Instytuty Zdrowia, 2008)

w pełni jasne (choć potwierdzono, że są bezpieczne w użyciu). Zalecałbym ostrożność w ich stosowaniu.

W tym roku dziecko poszło do szkoły i od tej pory bez przerwy pociąga nosem. Czy powinnam mu podawać witaminy lub inne środki, na przykład jeżówkę?

Klasyczny obraz uczniów z zapchanym nosem nie wziął się znikąd. Dzieci w wieku szkolnym przechodzą od 6 do 8 infekcji wirusowych rocznie (układ odpornościowy ma pełne ręce roboty, ale po roku czy dwóch wzmacnia się), z których większość ustępuje samoistnie.

Jeśli dziecko ma często katar, ale poza tym czuje się dobrze, zalecałbym zawierzenie naturze. To zapewne przejściowa infekcja górnych dróg oddechowych, która sama minie.

Nie ma wiarygodnych dowodów na to, jakoby preparaty witaminowe i środki ziołowe zapobiegały przeziębieniom. Jeżówka (*Echinacea*) stała się popularna i promowana w mediach, jednak lekarze wciąż czekają na przełomowe badania potwierdzające jej skuteczność. Korzyści płynące z przyjmowania witaminy C są niejasne. Wiemy, że dzienne spożywanie 200 miligramów lub więcej witaminy C w trakcie trwania przeziębienia daje niewielkie efekty, choć zażywana przed pojawieniem się objawów może skrócić czas trwania przeziębienia. Oczywiście witaminy zawarte w diecie dziecka przyniosą takie same rezultaty.

O wiele bardziej pożyteczne niż przyjmowanie dodatkowych witamin jest spędzanie czasu na świeżym powietrzu oraz ćwiczenia fizyczne – jest to ważne zwłaszcza w zimie, gdy dzieci są przez długi czas zamknięte w domach i muszą walczyć z krążącymi wirusami. Jeśli ktoś pali w domu, dziecko będzie częściej przechodziło przeziębienia i infekcje dróg oddechowych. I zapomnij o syropach na kaszel. Wydasz na nie majątek, a korzyści z ich zażywania są doprawdy znikome.

Dziecko często miewa bóle gardła. Zastanawiam się, czy mogę mu jakoś pomóc?

Bóle gardła najczęściej mają podłoże wirusowe. U dziecka ta dolegliwość powinna minąć bez leczenia w przeciągu tygodnia. Ból gardła rzadko przeradza się w poważniejszą dolegliwość. Zwykle przez kilka dni ból się nasila, po czym przychodzi poprawa.

Ból gardła przejawia się trudnościami w przełykaniu, niekiedy także kaszlem, gorączką lub bólem głowy. Węzły chłonne na szyi mogą być powiększone. Najlepszym zaleceniem jest podawanie dziecku dużej ilości płynów, a także paracetamolu lub ibuprofenu w regularnych odstępach czasu (a nie tylko wtedy, gdy ból się nasila). Płukanie gardła przynosi nieznaczną poprawę. Antybiotyki nie będą potrzebne, chyba że ból nie ustąpi po kilku dniach.

Bóle gardła są dość częste i dzieci z nich wyrastają. Jednak jeśli dziecko regularnie opuszcza szkołę z powodu silnego bólu gardła i wysokiej gorączki albo ma powiększone migdały, zalecałbym ich usunięcie.

INFEKCJE DRÓG ODDECHOWYCH U NIEMOWLĄT

- Najprawdopodobniej twoje dziecko w którymś momencie zachoruje na zapalenie oskrzelików – być może nawet więcej niż raz.
- W przypadku wystąpienia u niemowlęcia jakichkolwiek trudności w oddychaniu porozmawiaj z lekarzem, zwłaszcza jeśli pojawiły się one tuż po urodzeniu. Dzieci karmione przez 3 pierwsze miesiące życia piersią lepiej radzą sobie z późniejszymi infekcjami.
- Świszczący oddech u dzieci jest zjawiskiem bardzo częstym. Może on być po prostu skutkiem przebytej wcześniej infekcji, ale także zapowiedzią astmy lub świadectwem tego, że twój maluch jest biernym palaczem.

SYGNAŁY ALARMOWE

WEZWIJ LEKARZA, JEŚLI STAN DZIECKA CIĘ NIEPOKOI.

Pomożesz lekarzowi, dokonując wcześniej w domu oceny sytuacji.

Jaka jest częstotliwość oddechów u dziecka? (Może być różna w zależności od wieku, ale gdy dziecko wykonuje więcej niż 40 oddechów na minutę, wymaga pomocy lekarskiej).

Czy klatka piersiowa unosi się w górę i w dół, a przepona i mięśnie ciężko pracują?

Czy skóra wokół ust lub język nabrały niebieskawego odcienia?

Czy dziecko wydaje charczące odgłosy?

Czy ma wysoką temperaturę?

ZWRÓĆ SIĘ PILNIE O POMOC, GDY:

dziecko mające mniej niż 3 miesiące oddycha szybko i kaszle, szczególnie gdy ma sine usta i wydaje ci się, że co jakiś czas przestaje oddychać,

ma poważne trudności w oddychaniu,

klatka piersiowa gwałtownie opada przy każdym oddechu.

ROZDZIAŁ 4

Zaparcia

„Być może powinnam była bardziej uważać na to, co córka je. Przez ostatnich kilka tygodni byliśmy zajęci organizowaniem świąt Bożego Narodzenia. Wiem tylko, że w poniedziałek córka miała trudności z wypróżnieniem się i chyba czuła ból, ale nie przywiązywałam do tego większej wagi. Teraz mała w ogóle nie może się załatwić. Wiem, że ma zablokowane jelita i odczuwa zapewne silny dyskomfort".

Codzienne bitwy

Zaparcia u dziecka mogą mieć znaczący wpływ na życie całej rodziny, nie należy ich więc lekceważyć. Nie są one niebezpieczne, lecz niekiedy skupiają całą uwagę rodziców. Łazienka może przekształcić się w efekcie w pole bitwy, gdzie nikt nie wygrywa i wszyscy się złoszczą. Dlatego pamiętaj, że:

- zaparcia to częsta dolegliwość u dzieci,
- można im zapobiec,
- przyzwyczajenia związane z wypróżnianiem się są bardzo ważne, ważniejsze niż dieta,
- najlepsze efekty przyniesie pełna zrozumienia postawa wobec dziecka.

Zaparcia to problem, który może stać się bardzo uciążliwy, jeśli nie zostanie skutecznie rozwiązany. Rutynowo leczę dzieci z przewlekłymi zaparciami. Aż 10% wizyt u pediatry dotyczy zaparć.

Najczęstszy scenariusz

Zazwyczaj w szpitalu lub przychodni spotykam się z trzema rodzajami przypadków:

TYP 1 Dziecko w wieku od 4 do 6 tygodni ma trudności z wypróżnianiem się (z trudem oddaje normalny stolec). Zarówno matka, jak i dziecko są bardzo zaniepokojeni. Najprawdopodobniej matka przestała karmić piersią, a zaczęła butelką albo zmieniła jeden rodzaj mleka modyfikowanego na inny. Dziecko wciąż się przyzwyczaja do zmiany diety. W 1. roku życia procesy trawienne nie są jeszcze w pełni uregulowane.

TYP 2 Rodzice przyprowadzają trzyletniego malucha. Dziecko umie korzystać z nocnika, ale raz nie zrobiło kupki i dlatego kolejny raz był bardzo bolesny. Teraz od dłuższego czasu nie może się załatwić, a rodzice nie wiedzą, co robić. To najtrudniejszy do rozwiązania przypadek, bo dziecko jest bardzo zestresowane i onieśmielone. Należy wykazać się dużą wrażliwością.

TYP 3 Siedmioletnia dziewczynka miała nieprzyjemne doświadczenie w szkole. Na bieliźnie pojawiły się plamy kału. Ona sama i rodzice są przerażeni, że może do tego dojść po raz kolejny. Dziecko przechodzi trudny moment, a negatywna reakcja w domu może sprawić, że straci (i tak już kruchą) pewność siebie.

Wyłącznie TYPY 2 i 3 to przypadki zaparć.

CZY TO ZAPARCIA?

Niekiedy trudno stwierdzić, czy dziecko ma zaparcia. Rodzice często utrzymują, że maluch nie ma żadnych objawów i źle odczytują nadmierną chęć prawidłowego wypróżniania się u dziecka. „Córka załatwia się kilka razy dziennie. Ma miękki stolec, więc jak mogą to być zaparcia?" Jednocześnie przyznają, że na bieliźnie dziecka są niewielkie wodniste plamy.

Przyjmuje się, że zaparcia to „rzadkie oddawanie twardego stolca, będące dla dziecka przyczyną stresu". Dla małego dziecka chęć prawidłowego wypróżniania się stanowi czasami swego rodzaju bieg po torze przeszkód.

- Sprawdź, czy po skorzystaniu z toalety w muszli klozetowej znajdują się drobne kulki kału. To jeden z najczęstszych objawów zaparć.
- Może być też, że kawałki kału są masywne i grube.
- Czy dziecko wierci się, a na jego twarzy pojawia się grymas?
- Zabrudzona bielizna to niezbity dowód zaparć.

„Zaparcia to częsty problem okresu dzieciństwa. Są one rzadko diagnozowane w początkowej fazie".

(L. A. B. McDonald, A. C. Rennie, D. M. Tappin, badania nad zaparciami, *Scottish Medical Journal*, 2004)

CZY COŚ INNEGO?

Czy to może być coś poważnego? Owszem, może, ale to mało prawdopodobne. Mniej niż 5% dzieci, u których występują zaparcia, cierpi na inne choroby, na przykład zespół Downa, niedoczynność tarczycy lub mukowiscydozę. Zazwyczaj choroby te są zdiagnozowane, zanim dojdzie do zaparć. Badania na chorobę Hirschsprunga (tzw. olbrzymie jelito grube) przejdą dzieci cierpiące na silne zaparcia oraz te, które po urodzeniu powoli wydalały smółkę (pierwszy kał), są apatyczne i mają znaczny obrzęk brzucha. U cierpiących na tę chorobę zaparcia występują ciągle, począwszy od urodzenia. Nie wpadaj jednak w panikę. Choroba ta jest niesłychanie rzadka i dotyka mniej niż 1 noworodka na 7 000 urodzonych.

Rodzice martwią się niekiedy, że problemy z wypróżnianiem się są spowodowane poważną barierą psychologiczną. W rzeczywistości do lekarza z tego powodu trafia niewielki odsetek małych pacjentów, chociaż część dzieci, które mają problemy z utrzymaniem kału, boryka się później z brakiem pewności siebie. Bardzo niewielki procent dzieci cierpi na enkoprezę – oddają normalny stolec w niezwyczajnych miejscach. Przypadki te najlepiej leczą psychiatrzy dziecięcy.

„Popuszczanie kału przez dziecko rodzi u rodziców frustrację. Mają często wrażenie, że dziecko robi to umyślnie. Ich negatywna postawa może pogorszyć problem".

(N. A. Afzal, M. A. Thomson, Royal Free Hospital and University College of London, *Management of Constipation in Children [Leczenie zaparć u dzieci]*)

Zabrudzona bielizna

Rodzice są czasami zdezorientowani, gdy cierpiące na zaparcia dziecko nagle ma wszystkie oznaki biegunki i brudzi bieliznę. W istocie jest to poważny przypadek zatwardzenia. Popuszczanie stolca następuje, gdy w nadmiernie rozszerzonej odbytnicy miękki kał przecieka zza twardego.

Jeśli dziecko brudzi bieliznę, ma zaparcia, a nie biegunkę. Do 5% dzieci we wczesnym wieku szkolnym popuszcza stolec (chłopcy częściej niż dziewczynki), przyczyną prawie zawsze są ostre zaparcia. Problem ten zaostrza się w wyniku reakcji otoczenia: wyśmiewania, odrzucenia i obrzydzenia, albo w wyniku zachowania rodziców, którym z trudem przychodzi ukrycie złości i bezsilności.

Ucząc młodych lekarzy, jak leczyć zaparcia, tłumaczę, żeby traktowali rodziców i dziecko z wielką wrażliwością. Sami spróbujcie być dla dziecka bardzo wyrozumiali, zwłaszcza jeśli chodzi o popuszczanie kału. To podejście ma największą szansę na przyniesienie rezultatu.

Mit odżywiania się

„Istnieje niewiele dowodów przemawiających za tym, że spożywanie przez dzieci większych ilości błonnika niż zalecana dawka pomoże zwalczyć zaparcia. Zmiany w diecie nie przyniosą rezultatów, jeśli główną przyczyną jest wstrzymywanie stolca".

(A. G. Catto-Smith, *Medical Journal of Australia*, 2005)

Rodzice zakładają zazwyczaj, że najważniejszą kwestią w zaparciach jest dieta. W rzeczywistości jednak największym problemem są nawyki związane z wypróżnianiem się.

W obecnych czasach zarówno my, jak i dzieci żyjemy na wysokich obrotach. Nie mamy czasu na wylegiwanie się na trawie i patrzenie w niebo. Dzieci często załatwiają się w pośpiechu i negatywne tego skutki zaczynają się nawarstwiać. Do pewnego stopnia zaparcia mogą stać się zachowaniem nabytym. Dziecko mające do nich tendencje zaczyna kojarzyć wizyty w toalecie z bólem. Strach narasta do momentu, w którym dziecko zaczyna unikać szkolnej toalety. Jest to zdradliwe przyzwyczajenie, niemające wiele wspólnego z jadłospisem.

Regularne wypróżnianie się jest konieczne, żeby rozwiązać problem zaparć. Daj dziecku więcej czasu w toalecie, pozwól mu się odprężyć przed skorzystaniem z ubikacji. Sprawdź, czy dziecko nie krępuje się osoby, która mu towarzyszy w wizytach w łazience w przedszkolu lub szkole – czy nie jest to przypadkiem zabiegana sekretarka lub wciąż zajęty dyrektor? Czy ty sama nie popędzasz dziecka przez cały dzień, począwszy od wyjścia do przedszkola poprzez zakupy aż do pójścia spać? Dziecko uczy się zapewne powstrzymywać stolec.

Jadłospis może pogorszyć albo polepszyć sytuację. Co ciekawe, nie przeprowadzono badań, które by stwierdziły, że zmiany w jadłospisie (zwiększone spożycie płynów, soków owocowych i błonnika) istotnie zmniejszają zaparcia. Pewne kontrolne badania porównawcze wykazały jednak, że dzieci cierpiące na zaparcia spożywają mało błonnika. Warto zatem wziąć pod uwagę zarówno nawyki związane z wypróżnianiem się, jak i nawyki żywieniowe.

Błonnik dla dzieci

Zalecane pokarmy:

- bogate w błonnik płatki śniadaniowe (na przykład otręby zbożowe, płatki żytnie, musli),
- suszone morele, śliwki i figi,
- fasola czerwona i gotowana,
- owsianka,
- soczewica,
- kukurydza konserwowa,

- ciemne pieczywo,
- jeżyny i maliny,
- marakuja i kiwi.

Jak często dziecko powinno się wypróżniać?

Nie ufaj ślepo statystykom – skup się na indywidualnych potrzebach twojego dziecka. W literaturze znaleźć można średnią częstotliwość wypróżniania się dla poszczególnych grup wiekowych, ale prawidłowy zakres jest bardzo szeroki. Oddawanie stolca nie musi odbywać się z żołnierską punktualnością.

„Źródłem błonnika są otręby, ale nie zaleca się podawania ich niemowlętom ani małym dzieciom. Zawsze lepiej podawać pokarm o wysokiej zawartości błonnika niż suplementy na bazie otrębów, ponieważ mogą one zakłócać wchłanianie minerałów, na przykład żelaza i cynku".

(Szpital Dziecięcy w Westmead, Australia, 2004)

Średnia częstotliwość wypróżniania się u dzieci

WIEK	LICZBA WYPRÓŻNIEŃ DZIENNIE
Pierwszych kilka tygodni	4
4 miesiące	2
4 lata	1

(Pamiętaj jednak, że zdrowy czterolatek może załatwiać się od 3 razy dziennie do 3 razy w tygodniu! A z kolei niemowlę może nie wypróżniać się przez 2 dni z rzędu).

Jak to działa?

Nie tylko dziewięcioletni chłopcy fascynują się naszym układem wydalniczym – dorosłych również interesuje jego stan i funkcjonowanie. Jeśli chcesz dowiedzieć się, na czym dokładnie polegają zaparcia, czytaj dalej.

Kiedy stolec przesuwa się do odbytnicy, rozciąga się ona i kurczy, co jest sygnałem o potrzebie wypróżnienia. To pociąga za sobą rozluźnienie ważnego mięśnia – zwieracza wewnętrznego odbytu. Następuje wydalanie. Jeśli człowiek chce sam decydować o tym, kiedy się wypróżnić, może zacisnąć 2 ważne mięśnie: zwieracz zewnętrzny odbytu oraz dźwigacz odbytu. Dzięki nim odbyt jest szczelnie zamknięty, a parcie do wydalenia maleje.

Po pewnym czasie utrata wody powoduje stwardnienie stolca, co znacznie utrudnia jego wydalenie. W efekcie nie ma się już ochoty iść do ubikacji. Kał jednak gromadzi się w odbytnicy i dochodzi do silnego obrzęku dolnego odcinka jelita grubego. Paradoksalnie zmniejsza to czucie w odbycie i sprawia, że potrzeba wypróżnienia jest jeszcze bardziej nieregularna.

Gdy odbytnica jest bardzo rozciągnięta, miękki stolec zaczyna wyciekać wokół zbitego. Ze względu na mniejsze czucie, zauważymy to dopiero na zabrudzonej bieliźnie. Takie plamki oznaczają silne zaparcia.

LECZENIE **W DOMU**

Większość problemów z zaparciami można rozwiązać w domu. Zawsze radzę wprowadzić nowe nawyki wypróżniania się, a także nowe zwyczaje żywieniowe, ale w sposób dyskretny (nie trzeba organizować narady rodzinnej nad zasadami korzystania z toalety). Należy ich przestrzegać co najmniej przez 6 miesięcy, żeby dziecko nabrało nowych przyzwyczajeń.

Niektórzy rodzice przesadzają, widząc w każdym wolnym momencie szansę na skorzystanie przez dziecko z toalety i analizując każdy spożywany produkt pod kątem zawartości błonnika. Są łatwiejsze metody.

+ Nie szukaj winnych. Wyrzuty sumienia nie pomogą ani tobie, ani dziecku, tym bardziej że żadne z was nie zrobiło nic złego.
+ Posadź dziecko na toalecie na 10, 15 minut po każdym większym posiłku. Postaraj się umilić ten moment na przykład ulubioną książką, zabawką czy muzyką. Pochwal dziecko dyskretnie, gdy uda mu się wypróżnić albo nie zabrudzić bielizny. Odruch żołądkowo-jelitowy jest najsilniejszy po śniadaniu i to najważniejszy moment dla

prawidłowego wydalania. Użycie podnóżka zapewni wygodę i pomoże dziecku zgiąć w pełni biodra. Sadzaj malucha na toalecie 3 razy dziennie bez względu na to, czy czuje potrzebę oddania stolca, czy nie. Technika ta może zdziałać cuda, o ile uda ci się przy niej wytrwać (rodzice, którym się udało, zarzekają się, że działa!).

+ Porozmawiaj dyskretnie z nauczycielem o czasie na skorzystanie z toalety w szkole.

+ Przeanalizuj jadłospis dziecka.
  - Podawaj mu dużo wody i rozcieńczonych soków owocowych.
  - Unikaj zbyt częstego picia mleka krowiego. Wypełnia ono żołądek, pozostawiając mało miejsca na inne pokarmy zawierające błonnik.
  - Spróbuj bezpiecznych, naturalnych środków przeczyszczających, takich jak suszone śliwki, rabarbar i lukrecja. Owoc kiwi poprawia pracę jelit i wydalanie.
  - Suszone morele, fasolka i inne pokarmy bogate w błonnik również pomagają w wypróżnianiu się (zob. ramkę Błonnik dla dzieci na s. 52).

+ Szukaj oznak pękania odbytu albo nitek krwi w stolcu. Mogą one być spowodowane twardym stolcem i zwiększać dyskomfort dziecka. Objawy te ustąpią samoistnie, gdy stolec zmięknie.

+ Podawaj dziecku przez pewien czas środek zmiękczający stolec (po uprzedniej konsultacji z lekarzem). Lek sprawi, że wizyty w toalecie staną się mniej stresujące, a ono nie będzie się ich tak obawiało. Podanie go dziecku to niekiedy wyzwanie, choć ma on raczej neutralny smak. Dodawaj go do posiłków, dopóki stolec nie wróci do normy. Nie przejmuj się, jeśli minie kilka miesięcy, zanim będziesz mógł zmniejszyć dawkę.

+ Jeśli dziecko brudzi bieliznę, niech lekarz ustali, czy to rzeczywiście zaparcia. Maluch będzie potrzebował środków przeczyszczających i (co ważniejsze) nowych zasad korzystania z toalety.

+ Nie ucz dziecka na siłę korzystania z ubikacji. Musi ono samo chcieć się tego nauczyć i musi mieć w tej kwestii pełną kontrolę. Dzieci najczęściej odwlekają wizyty w toalecie, gdyż obawiają się siedzenia na desce klozetowej. Nie ma sensu wywoływać napiętej sytuacji.

+ Badania nad biofeedbackiem (biologicznym stężeniem zwrotnym) u dzieci nie przyniosły satysfakcjonujących wyników.

„Niejadki to 29–48% dzieci, a 16–47% nie ma rzekomo apetytu. Apetyt zazwyczaj rośnie po wyleczeniu zaparć”.

(G. S. Clayden, *Management of chronic constipation* [*Leczenie przewlekłych zaparć*] Arch. Dis. Child, 1992)

Większość rodziców unika podawania dzieciom środków przeczyszczających w przekonaniu, że spowalniają one perystaltykę jelit. Nie ma dowodów na poparcie tej tezy i pewna dawka środków przeczyszczających może być pomocna, gdy nic innego nie działa. Jednym ze środków zmiękczających stolec, który można bezpiecznie stosować, są makrogole. Przechodzą one przez układ pokarmowy, ale nie są wchłaniane do organizmu. Zatrzymują wodę w jelitach, co zwiększa jej zawartość w stolcu i powoduje jego rozmiękczenie. (Dziecko może zażyć nawet 12 saszetek leku dziennie). Środki pobudzające pracę jelit działają inaczej – popychają stolec w kierunku odbytu, lecz mimo że są bezpieczne, nie zalecam ich długotrwałego stosowania.

Jeśli nie nastąpi zmiana w przyzwyczajeniach dotyczących wypróżniania się, problem szybko powróci. Zauważyłem, że największą przeszkodą w rozwiązaniu problemu jest zapominanie o regularnych piętnastominutowych wizytach w ubikacji po każdym posiłku.

ZALECANA POZYCJA PRZY WYPRÓŻNIANIU SIĘ

ODPOWIEDNIA POZYCJA DO WYPRÓŻNIANIA SIĘ

Pozycja w trakcie wypróżniania się jest kluczowa. Najlepsza jest (zilustrowana obok) pozycja kuczna, która umożliwia pełne rozwarcie odbytu. U małych dzieci stopy powinny opierać się na podnóżku.

PYTANIA i ODPOWIEDZI

Zaparcia stały się tak silne, że o ile siłą nie zaciągnę córki do ubikacji, to sama nie chce skorzystać z toalety. Czy mam ją zmuszać?

Nie, o ile nie chcesz, żeby problem trwał jeszcze dłużej. Będziesz potrzebowała dużo czasu, by go rozwiązać. Przez pierwszy tydzień zapomnij o wszystkich innych obowiązkach. (Pamiętasz męczarnię przy uczeniu dziecka, jak korzystać z nocnika?)

Spróbuj sprawić, by dziecko wchodząc do toalety, nie myślało automatycznie o bólu. Jeśli skojarzenie to utkwiło głęboko w psychice córeczki, być może będziecie musieli całkowicie zmienić wystrój łazienki. Przynieś do niej pluszowe misie, wstaw miękki fotel, zamontuj śmieszną deskę klozetową albo zawieś karuzelę z kolorowymi zabawkami i grzechotkami – zaskocz dziecko i odwróć jego uwagę. Zawsze też miej pod ręką zabawkę, którą dziecko może się zajmować, siedząc na toalecie, na przykład małe organki, zabawkę nakręcaną albo z pozytywką.

Na początku usiądź z dzieckiem w fotelu, przytul je, przeczytaj mu bajkę. Następnie możesz spróbować posadzić je na zamkniętym klozecie i nadal mu czytać. Gdy kończysz czytać, niech dziecko siedzi na otwartej desce.

Środek zmiękczający stolec może okazać się pomocny. Gdy dziecko się załatwi (a to w końcu nastąpi), nie będzie odczuwać takiego bólu. Przede wszystkim nie popędzaj malucha, nie zmuszaj go do siadania na toalecie. To on rozdaje karty.

Moje dziecko ma prawie 4 miesiące i karmię je piersią. Problem w tym, że załatwia się bardzo nieregularnie, niekiedy nie robi kupki nawet przez 3 dni. Skąd biorą się te zaparcia?

Dziecko najprawdopodobniej w ogóle nie ma zaparć. Jest jeszcze bardzo małe i wszystko może odbywać się nieregularnie, zanim organizm znajdzie swój rytm, także rytm wypróżniania się. Nieoddawanie stolca przez 2, 3 dni nie jest niczym niezwykłym. Możliwe jest również wypróżnianie się kilka razy dziennie – czyli częściej niż wynosi średnia dla tego wieku (2 razy dziennie). Nie ma powodów do zmartwień pod warunkiem, że dziecko rośnie i jest ogólnie zdrowe. Po jakimś czasie praca jelit malucha się ureguluje.

Czy do stwierdzenia, że to tylko zaparcia, konieczne jest wykonanie jakichś badań?

Postawienie diagnozy w przypadku zaparć jest stosunkowo łatwe i nie potrzeba do tego wielu badań. Czasami wykonuje się badania obrazowe –

rentgen lub USG jamy brzusznej – głównie po to, żeby przekonać rodziców (a także pacjenta), że istotnie są to zaparcia.

- **Dziecko dość często brudzi bieliznę i nie wiem, jak temu zaradzić.**

Pamiętaj, że brudzenie bielizny oznacza zaparcia i to je należy leczyć. Cudowny przepis na rozwiązanie tego problemu to zastosowanie w początkowej fazie odpowiednio wysokiej dawki środka zmiękczającego stolec i piętnastominutowe wizyty w ubikacji co najmniej 2 razy dziennie do czasu, gdy dziecko przestanie brudzić bieliznę i znowu zacznie wyczuwać potrzebę wypróżnienia. Wdrożenie nowych przyzwyczajeń i całkowite zaprzestanie brudzenia bielizny może zająć kilka miesięcy.

ZAPARCIA U NIEMOWLĄT

Zaparcia u niemowląt są rzadsze, choć się zdarzają. W końcu dziecko przyzwyczaja się do wielu zmian w diecie i jakieś problemy są nieuniknione.

Większość trudności wiąże się ze zmianą rodzaju mleka albo przejściem od karmienia piersią do mleka modyfikowanego. Niemowlę ma zaparcia, gdy rzadko i z wielkim trudem oddaje stolec.

- Spróbuj innej marki mleka modyfikowanego (ale nie zmieniaj jej co chwilę).
- Jeśli dziecko je już stałe pokarmy, podawaj mu więcej przecierów warzywnych i owocowych.
- W przerwach między jedzeniem dawaj dziecku regularnie wodę do picia.
- Jeśli dziecko się bardzo męczy, porozmawiaj z pediatrą o środkach zmiękczających stolec.
- Nie zmniejszaj porcji mleka – dziecko go potrzebuje. Przestrzegaj standardowych wytycznych.
- Nie przechodź na mleko sojowe. Dziecko będzie na nie reagować tak samo.
- Unikaj w miarę możliwości lewatyw i czopków.

ALE

Jeśli dziecko ma mniej niż 3 miesiące i nie przybiera na wadze, skontaktuj się z lekarzem.

SYGNAŁY ALARMOWE

Jeśli problemu nie udaje się rozwiązać w domu, należy zwrócić się do pediatry. Lekarze zazwyczaj stosują rozwiązanie dwustopniowe: na początek zalecą leki, żeby odblokować jelita, a potem powiedzą, jak wprowadzić nowe nawyki wypróżniania. Dzięki temu dziecko w przyszłości nie powinno mieć nawrotów zatwardzenia.

W skrajnych przypadkach dziecko może wymagać krótkiej hospitalizacji. Niektóre dzieci źle reagują na leczenie i nie potrafią rozluźnić zewnętrznego zwieracza odbytu.

Jeśli dziecko ma mniej niż 3 miesiące, ma zaparcia i nie przybiera na wadze, koniecznie zabierz je do lekarza.

ROZDZIAŁ 5

Egzema, czyli wyprysk

„Mój synek miał piękną skórę, ale teraz ma wysypkę na twarzy i klatce piersiowej. Skóra jest bardzo sucha, łuszczy się i chyba swędzi. Zaczął się przewracać w łóżeczku w nocy i bez przerwy się drapie. Próbowałam go smarować kremem, ale skóra wciąż wygląda nie najlepiej".

„A fuj!"

Najgorsze w egzemie jest chyba swędzenie. Dziecko leży w łóżeczku i drapie się, jakby zaatakowały je mrówki. Nie śpi (ty też nie) i dla wielu rodziców to właśnie jest prawdziwą udręką.

Wygląd skóry też nie należy do najprzyjemniejszych: czerwona i łuszcząca się – jest pierwszą rzeczą, którą wszyscy zauważają, patrząc na twoje dziecko. Lekarze traktują egzemę jak zwykłą chorobę skóry, lecz dla ciebie i dziecka oznacza ona oszpecenie. Pomijając dyskomfort, dziecko musi sobie radzić z reakcjami typu „a fuj!" i widokiem dezaprobaty na twarzach innych osób – zwłaszcza rówieśników.

Dziecko nie jest osamotnione w chorobie:

- co piąte dziecko cierpi na tak zwane atopowe zapalenie skóry,
- większość dzieci wyrasta z choroby w wieku przedszkolnym,
- choroba rzadko przyjmuje ciężką postać,
- połowa sukcesu to nawilżanie skóry.

Jeśli egzema nie ustanie we wczesnym dzieciństwie, będzie się pojawiać głównie w okolicach stawów (nadgarstków i kolan). Mniej niż 5% dzieci cierpi na ciężką postać egzemy, w której wysypka pokrywa, niestety, ponad 20% ciała.

CZY TO **WYPRYSK?**

Rozpoznanie egzemy jest zazwyczaj łatwe. Ostrzegawcze znaki choroby to:

- skóra jest sucha i swędząca,
- ktoś w rodzinie może być alergikiem,
- problemy skórne rozpoczęły się we wczesnym wieku (poniżej 2. roku życia),
- wysypka pojawiła się najpierw na twarzy, następnie w zagłębieniu łokci, wokół kostek oraz pod kolanami.

Wysypka może pojawić się także w innych miejscach. Skóra jest sucha i łuszcząca się, ale jeśli dojdzie do infekcji, stanie się wilgotna i lepka. Najostrzejsza postać egzemy jest nieprzyjemna pod wszelkimi względami: to sucha, zaczerwieniona i silnie swędząca skóra na całym ciele. Jeśli skóra nie swędzi, to zazwyczaj nie wyprysk.

Dziecko z egzemą częściej dostaje infekcji skórnych, które wzmagają stan zapalny.

CZY **COŚ INNEGO?**

ALERGIA POKARMOWA może objawiać się swędzącą, plamistą wysypką i niekiedy obrzękiem wokół oczu. Jest jednak rzadsza niż myślisz (u ponad 90% dzieci z egzemą alergie pokarmowe nie są przyczyną choroby), a wysypka zazwyczaj znika w ciągu kilkunastu minut od spożycia pokarmu.

Jeśli u dziecka pojawiły się małe swędzące pęcherzyki, zwykle pomiędzy palcami rąk i stóp oraz pod podeszwami, prawdopodobnie jest to **ŚWIERZB**, który lekarz bez trudu wyleczy.

LISZAJEC objawia się żółtą wysypką w postaci skorupy i nie powoduje silnego swędzenia.

Wiele dzieci choruje na **ŁOJOTOKOWE ZAPALENIE SKÓRY**. Skóra jest czerwona i łuszcząca (na czaszce zwana jest ciemieniuchą), ale nie swędzi mocno. Zwykle choroba ustępuje szybko, a kremy i kąpiele mogą pomóc.

ŁUSZCZYCA jest bardzo rzadka u dzieci. Na skórze pojawiają się zaczerwienione plamy, które będą się łuszczyć, ale nie swędzą.

Jak to działa?

Myśl o egzemie jak o czujniku skóry, który jest szczególnie wrażliwy na uczulenia i reaguje na najmniejszy alergen. Egzemę łatwo może objąć stan zapalny, co ma duży wpływ na jakość życia pacjenta.

Egzema jest w dużej mierze chorobą genetyczną. Powtarza się często w rodzinie i współwystępuje z innymi alergiami, na przykład astmą lub katarem siennym. Eksperci obecnie sądzą, że istnieje gen egzemy. Jeśli dziecko go posiada, prawdopodobieństwo, że zachoruje, jest większe. Czy rozpoznanie genu pomoże w rozwiązaniu problemu? Najprawdopodobniej nie.

Alergeny mogą zaostrzyć przebieg choroby. Mimo że nie powodują egzemy, na wysuszonej skórze wywołają wysypkę. Zazwyczaj mniej martwię się alergenami, a bardziej utrzymaniem dobrej kondycji skóry.

Skóra jest fizyczną barierą, która chroni ciało i zapobiega utracie wilgotności. U chorych na egzemę bariera ta nie działa prawidłowo i skóra nie może utrzymać wystarczającej wilgotności w komórkach skórnych. W efekcie staje się sucha i zaczyna pękać, co otwiera drogę alergenom.

Dlaczego tak się dzieje? Około 80% zewnętrznej warstwy skóry (czyli naskórka) zbudowane jest z białek keratynowych. Gdy komórki w naturalny sposób przesuwają się w kierunku powierzchni skóry, ilość zawartej w nich keratyny rośnie. Zanim komórki dotrą do zewnętrznej warstwy skóry, są martwe i składają się w całości z keratyny. Komórki naskórka złuszczają się bezustannie, a my tego zwyczajnie nie dostrzegamy, jeśli jednak skórze brakuje pewnych substancji, pękanie i łuszczenie się naskórka może być widoczne gołym okiem. Żeby skóra była elastyczna, oprócz keratyny potrzebuje wody. Gdy tej jest za mało, skóra zaczyna pękać i komórki odłączają się od siebie. Skóra traci też naturalny łój, a w rezultacie część nawilżenia.

Trzeba więc znaleźć sposób na utrzymanie wody w skórze. Kremy nawilżające wspierają naturalny łój skóry i dłużej utrzymują wodę.

Czynniki, które mogą zaostrzyć egzemę

- skrajnie wysokie i niskie temperatury,
- trawy i pyłki (zazwyczaj sezonowe),
- ząbkowanie,
- roztocza kurzu domowego,
- wełniana lub nylonowa odzież,
- sierść zwierząt domowych,
- proszek do prania,
- nietolerancja pokarmowa (rzadko),
- infekcja skóry.

„Większość dzieci z umiarkowanym zapaleniem atopowym skóry nie wymaga wykonania testów na alergie".

(Brytyjski Krajowy Instytut Zdrowia i Badań Klinicznych, Wielka Brytania, 2007)

Podejście pięcioetapowe

Kontrolowanie egzemy jest stosunkowo łatwe. Zaleca się stałe przestrzeganie następujących zasad:

1. STOSUJ OBFICIE KREMY NAWILŻAJĄCE

Sekret polega na nawilżaniu skóry. Im więcej kremu nawilżającego, tym lepiej. Mówię rodzicom, żeby włożyli palec do pudełeczka i nabrali dużo kremu. Nawilżanie należy kontynuować również po ustaniu wysypki. Umiarkowaną postać egzemy można kontrolować samym stosowaniem kosmetyków nawilżających.

2. UNIKAJ SUBSTANCJI DRAŻNIĄCYCH

Niektóre substancje (na przykład mydło) powodują zaostrzenie egzemy. Przestań je stosować w miarę możliwości albo ogranicz ich stosowanie do minimum.

3. ZASTOSUJ NIEWIELKIE ILOŚCI STERYDÓW

Jeśli nawilżanie nie przynosi poprawy, konieczne będzie wcieranie w skórę dziecka kremu ze sterydami. Należy wybrać możliwie najsłabszy krem, który jest skuteczny, i stosować go w niewielkich ilościach, gdyż sterydy powodują zmniejszenie grubości zewnętrznej warstwy skóry.

4. WCZEŚNIE WYKRYWAJ INFEKCJE SKÓRNE

Sprawdzaj, czy nie pojawiają się pęcherze, skorupa i czy z podrażnionej skóry nie sączy się żaden płyn. Infekcje będą dodatkowym zmartwieniem, o ile nie zostaną wyleczone od razu.

5. OGRANICZ SWĘDZENIE

Niektóre dzieci wpadają w błędne koło „swędzenie – drapanie – większe swędzenie", które trudno przerwać, zwłaszcza że skóra twardnieje (liszajowacenie), co wzmaga swędzenie. Spróbuj wcześnie zapanować nad swędzeniem.

Rodzice są zaskoczeni, gdy zalecam codzienne kąpiele. Czy kąpiel nie wysusza skóry? W rzeczywistości kąpiele nawilżają, łagodzą swędzenie i są świetnym sposobem na natłuszczenie skóry dziecka. Nie mam tu na myśli długiej kąpieli w wannie z kaczuszką i innymi zabawkami, ale szybką kąpiel w letniej wodzie. Po wyjęciu malucha z wanny posmaruj go obficie kremem.

Nowe metody leczenia

Jeśli zapoznasz się z popularnymi metodami leczenia i najnowszymi lekami na wyprysk, zauważysz, że olej z pierwiosnka wieczornego jest ceniony na równi ze zwykłymi kremami nawilżającymi. Chińskie leki ziołowe przynoszą czasem spektakularne rezultaty, ale mogą zawierać silne sterydy, dlatego omijaj je szerokim łukiem – mogą być toksyczne!

Nowsze leki, takrolimus i pimekrolimus, dają obiecujące wyniki w leczeniu wyprysku, chociaż do tej pory nie przeprowadzono badań nad ich długotrwałym stosowaniem. Dużą zaletą takrolimusu (w postaci maści) jest fakt, że nie jest on sterydem, dlatego skóra nie staje się cieńsza. Jego skuteczność jest potwierdzona badaniami, jednak lek ten wprowadza zmiany w układzie odpornościowym, więc należy stosować go ostrożnie. Jest przeznaczony dla dzieci, które nie reagują na leczenie sterydami. Nie zalecałbym przepisywania go maluchom do 2. roku życia.

Pimekrolimus zapobiega zaostrzeniu się objawów wyprysku, ale należy go używać z rozwagą. Ogranicz jego stosowanie do pomocniczego leczenia egzemy na głowie i szyi, gdzie sterydy nie pomagają.

LECZENIE **W DOMU**

Można zrobić wiele, by złagodzić objawy wyprysku, a także zapobiec ich ponownemu pojawieniu się.

+ Wyrzuć wszystkie mydła i płyny do kąpieli.

+ Stosuj od dziś środki zastępujące mydło. Poproś aptekarza o dobrą maść emulgującą lub emulsję nawadniającą. Jeśli dziecko nie ma roku, używaj emulsji zamiast szamponu.

+ Nakładaj krem nawilżający hojnie i możliwie jak najczęściej, najlepiej co kilka godzin. Smaruj całe ciało, nie tylko miejsce wyprysku. (Dziecko może nosić tubkę kremu do szkoły). Kontynuuj nakładanie kremu, gdy egzema ustąpi, nawet jeśli dziecko stosuje inne leki. Zwiększ dawkę kremu w okresie nasilenia choroby.

+ Nie wykluczaj z diety żadnych produktów. Niemal na pewno nie są one przyczyną wyprysku.

+ Kąp dziecko codziennie. Zrób mu ciepłą kąpiel z dodatkiem olejku nawilżającego zalecanego do skóry z wypryskiem. Zaraz po wyjściu dziecka z wody nasmaruj je kremem nawilżającym.

+ Oliwa z oliwek stanowi naturalną alternatywę dla dodatków do kąpieli, ale zalecałbym stosowanie raczej kremów nawilżających.

+ Dodaj do wody także oleje o działaniu odkażającym, jeśli na skórze jest stan zapalny.

+ Zawsze płucz dwukrotnie odzież (płucz ręcznie, a zobaczysz, ile wypłukuje się mydła). Środki do zmiękczania tkanin nie pomagają, a (wbrew ogólnemu przekonaniu) niebiologiczne proszki do prania są porównywalne z proszkami biologicznymi.

+ Wybieraj tkaniny bawełniane (albo bawełnę z poliestrem). Bawełna jest łagodna dla skóry, a niektóre inne tkaniny mogą ją podrażniać.

+ Regularnie zmieniaj dziecku pościel i korzystaj z powłoki na materac.

+ Obniż temperaturę w sypialni dziecka, ponieważ gorąco może zaostrzać objawy.

+ Szybko zapanuj nad swędzeniem. Stosuj łagodzące leki antyhistaminowe i gazę nasączoną kalaminą. Pomogą również kąpiele.

+ Mokre okłady przyniosą poprawę, jeśli swędzenie jest silne, a chcesz, żeby dziecko przestało drapać leczoną skórę. Po wtarciu kremu bądź sterydu owiń leczone miejsce kilkakrotnie bandażem (jak mumię). Jego zewnętrzna część powinna być sucha.

+ Obcinaj dziecku krótko paznokcie: weź pod uwagę bandażowanie skóry, jeśli nie zdołasz powstrzymać dziecka przed drapaniem się.
+ Szybko lecz infekcje skórne. Egzema uwielbia stany zapalne, więc nie dawaj jej pola do działania.
+ Jeśli wyprysk nie ustępuje, skontaktuj się z lekarzem.
+ Dziecko może wymagać raz dziennie miejscowego zastosowania sterydu na skórę (wyłącznie na objęty wypryskiem obszar). Wolę maści niż kremy (środki konserwujące w kremach mogą powodować podrażnienia). Nawilżaj skórę dziecka w trakcie stosowania sterydów, ale zachowuj godzinny odstęp między smarowaniem sterydami a kremem. Nie należy używać silnych sterydów na twarzy i szyi (sprawiają, że skóra staje się cieńsza).
+ Jeśli sterydy nie są skuteczne, lekarz może przepisać takrolimus (nie dla niemowląt) lub pimekrolimus. Leków tych nie należy stosować w leczeniu łagodnego wyprysku. Są wyłącznie ostatnią deską ratunku dla najcięższych przypadków. W czasie stosowania tych leków nie należy bandażować ciała, o ile dermatolog nie zaleci inaczej.
+ Odradza się zazwyczaj podawanie antybiotyków sterydowych.

Jestem za krótkotrwałym stosowaniem sterydów i długich przerw, w czasie których skóra jest po prostu nawilżana. Złota zasada brzmi: dużo kremu nawilżającego i odrobina kremu ze sterydami.

ALE

Wysypkę powinien zawsze zbadać lekarz, jeśli masz jakieś obawy albo gdy skóra dziecka wydaje się odbarwiona.

PYTANIA i ODPOWIEDZI

Zmieniłam dietę dziecka. Czy to pomoże?

Ludzie chcieliby udowodnić istnienie związku pomiędzy egzemą a alergiami pokarmowymi, ale pogląd ten nie znajduje poparcia w badaniach. Wyprysk wywołany jedzeniem jest rzadkością. Co więcej, naukowcy odkryli, że stan skóry większości dzieci z wypryskiem nie ulega poprawie po wyłączeniu części produktów z diety. Nawet w ciężkich przypadkach widoczna poprawa występuje u mniej niż 10% osób, u których zastosowano dietę eliminacyjną (to znaczy u tych, które przez pewien czas jadły kilka wybranych, niealergizujących pokarmów) – czyli u niewielkiego odsetka badanych.

Obsesja rodziców na punkcie diety jest czasem tak silna, że zapominają o leczeniu skóry, dlatego nie widać poprawy. Co ciekawe, badania wykazały, że gdy rodzice zaczynają leczyć skórę, mniej martwią się dietą i rzadziej donoszą o alergiach pokarmowych.

Dbałość o skórę jest o wiele ważniejsza niż zmiany w diecie, chyba że istnieje silny związek pomiędzy egzemą a konkretnym pokarmem. Jeśli taką zależność zauważysz, odstaw ten składnik na 6 tygodni i przekonaj się, czy wysypka ustąpi. Najczęściej wykluczane jest mleko krowie i jaja. Zawsze jednak powinnaś skonsultować tę zmianę z lekarzem. Nie zaniedbuj nawilżania.

W przypadku egzemy u dzieci, które mają mniej niż 6 miesięcy i są karmione z butelki, istnieje niewielkie prawdopodobieństwo, że mogą mieć one alergię na mleko krowie. Pediatra zaleci stosowanie mleka hypoalergicznego przez 6 tygodni. Dziecko zostanie też skierowane do dermatologa. Nie próbuj mleka koziego, ponieważ nie jest ono odpowiednie dla niemowląt.

Lekarz przepisał dziecku maść ze sterydami i kazał stosować jej niewielkie ilości. Ile maści mam nakładać?

Dobrą wskazówką, co do ilości, jest reguła koniuszków palców. Wyciśnij trochę maści na koniuszek palca wskazującego dziecka. Taka ilość wystarczy na posmarowanie obszaru skóry wielkości dwóch twoich dłoni. Jeśli będziesz przestrzegać tej reguły, smarowanie skóry 2 razy dziennie wystarczy, by utrzymać egzemę pod kontrolą. Istotne jest, by stosować najsłabszy skuteczny steryd w bardzo niewielkich ilościach.

Wybór kremów nawilżających w sklepach jest ogromny. Który należy kupić? Czy dziecko może mieć na któryś z nich uczulenie?

Najlepszy jest ten krem, który dziecko będzie stosować regularnie. Rzeczywiście, wybór jest szeroki, ale każdy z kosmetyków da efekty, jeśli będzie stosowany codziennie: maść emulsyjna, emulsje nawadniające, mieszanki płynnej parafiny z miękką białą parafiną. Szukaj kremów polecanych do suchej skóry lub atopowego zapalenia skóry.

Niektórzy dziwią się, że emulsje nawadniające są także stosowane zamiast mydeł. Otóż są i działają.

Czy wyprysk może być spowodowany stresem? Mój trzylatek poszedł do przedszkola i wtedy właśnie pojawiła się egzema.

Stres jest mało prawdopodobną przyczyną wyprysku u małych dzieci. Egzema pojawia się raczej w wyniku reakcji suchej skóry na jakiś czynnik zewnętrzny. Może to być pierwszy wełniany płaszcz, przegrzana klasa. Dziecko zapewne stresuje się swędzeniem, dlatego musisz szybko zacząć nawilżać i natłuszczać jego skórę.

Wyprysk był pod kontrolą, ale teraz się zaostrzył. Skóra jest zaczerwieniona i wilgotna. Co robić?

Prawie na pewno wystąpiła infekcja, co zaogniło skórę. Powinnaś udać się z dzieckiem do lekarza, który przepisze doustne antybiotyki, żeby złagodzić objawy. Infekcja była prawdopodobnie spowodowana drapaniem się. Jeśli jednak egzema jest mocno zaogniona i zaczerwieniona, należy wziąć pod uwagę zakażenie opryszczką i konieczność wizyty u dermatologa.

EGZEMA U NIEMOWLĄT

Egzema jest głównie chorobą dotykającą dzieci. Pierwszy raz występuje zazwyczaj przed 2. rokiem życia, a następnie wraca okresowo, zwłaszcza gdy skóra dziecka jest przesuszona. Ciemieniucha (łuszczenie się skóry na główce) ustępuje zwykle w pierwszych miesiącach życia.

SYGNAŁY ALARMOWE

Pęcherze, wysięki skórne, skorupy albo ogólne pogorszenie się stanu egzemy mogą oznaczać infekcję skórną. Przepisanie antybiotyków może okazać się konieczne.

Ciężka postać egzemy (wyprysk na ponad 20% ciała i silne łuszczenie się skóry) może wymagać wizyty u dermatologa.

Egzema nie jest chorobą zagrażającą życiu.

ROZDZIAŁ 6

Choroby oczu i uszu

„Dziecko obudziło się rozpalone i niespokojne, zaczęło płakać i łapać się za ucho. Dałam mu środek przeciwbólowy, ale wciąż płacze. To samo zdarzyło się kilka tygodni temu, ale tym razem sytuacja wydaje się poważniejsza".

Maź

Infekcje oczu i uszu mogą być prawdziwą udręką w pierwszych latach życia, chociaż rzadko są poważne. Dziecko przyszło na świat stosunkowo niedawno, więc jego układ odpornościowy potrzebuje czasu, żeby się rozwinąć.

- Ból ucha wywołujący u dziecka płacz to najczęściej objaw infekcji ucha środkowego.
- Zaczerwienienie oczu jest zazwyczaj (choć nie zawsze) spowodowane zapaleniem spojówek.
- Wysiękowe zapalenie ucha nie jest widoczne gołym okiem, ale może wpłynąć na słuch dziecka.
- Większość infekcji ustąpi samoistnie. Nie zawsze konieczne jest zastosowanie antybiotyków.

ALE

Gdy niemowlę jest bardzo niespokojne (albo występują inne niepokojące objawy), skontaktuj się z lekarzem.

CZY TO PROBLEM Z OCZAMI?

„Zapalenie spojówek to termin dość nieprecyzyjny, który obejmuje szereg schorzeń. Oznacza po prostu »zaczerwienione oczy«".

(prof. okulistyki L. M. T. Collum, Royal College of Surgeons in Ireland, 1994)

ZAPALENIE SPOJÓWEK Zaczerwienione oczy są zazwyczaj, choć nie zawsze, objawem zapalenia spojówek. To najczęściej występujący u dzieci problem z oczami. Rozpoznaje się go, gdy:

- oczy są zaczerwienione i łzawą,
- gałki oczne i wewnętrzna część powiek są zaczerwienione z widocznymi drobnymi naczynkami krwionośnymi,
- po przebudzeniu powieki są niemal całkowicie sklejone.

Zapalenie spojówek to stan zapalny błony śluzowej wyściełającej wewnętrzną część powiek i powierzchnię gałki ocznej (czyli spojówki). Może mieć ono dwojaką przyczynę: infekcję bądź alergię. Należy też zawsze sprawdzić, czy oko nie zostało podrażnione jakąś substancją chemiczną.

Podobnie jak przeziębienie, infekcja zazwyczaj ustępuje samoistnie. Poznanie jej przyczyny pomoże w uniknięciu zastosowania antybiotyku. Czy to wirus? Infekcja bakteryjna? Alergia? Główną wskazówką jest rodzaj wydzieliny z oka. Przyczyną jest zazwyczaj:

- wirus lub alergia, gdy oko łzawi i widać niewielkie nitki śluzu przy odchyleniu dolnej powieki; chory ma wrażenie, że pod powiekami ma piasek;
- alergia, jeśli zmiany i swędzenie obejmują oboje oczu (zwłaszcza jeśli dziecko cierpiało na nią wcześniej);
- infekcja bakteryjna, gdy wokół powiek i kącików oczu zbiera się gęsta, żółtawa ropa, która wycieka.

JĘCZMIEŃ Jeśli na powiece pojawił się nieznaczny obrzęk wypełniony ropą, jest to najprawdopodobniej jęczmień. W mieszku włosowym pojawia się stan zapalny, ale zwykle ustępuje on samoistnie. Można przyspieszyć leczenie, stosując gorące kompresy z nasączonej wodą waty.

ALE

Należy wykluczyć poważniejszy problem okulistyczny (zob. Sygnały alarmowe, s. 81).

ZEZ Niemowlę może początkowo zezować, ale nie należy się tym martwić. Do 6. miesiąca życia oczy dziecka nie wykonują w pełni skoordynowanych ruchów charakterystycznych dla widzenia obuocznego. Zez (albo tak zwane uciekające oko) u dzieci, które skończyły już 6. miesięcy, wynika z innych przyczyn.

Zez może być po prostu iluzją optyczną (szeroki nos albo zawinięte fałdy skórne wewnątrz oka), ale dla pewności należy zgłosić się do lekarza. Jest to częsta dolegliwość i powtarza się zazwyczaj w rodzinie. Wynika najczęściej z tego, że różne mięśnie kontrolujące ruchy oka nie pracują tak, jak powinny, dlatego gałki oczne nie zwracają się w tym samym kierunku.

Jak to działa?

Gdy dziecko patrzy, światło dostaje się do oka przez rogówkę – przezroczystą zewnętrzną powłokę na przedzie oka. Przechodzi następnie przez źrenicę i skupia się na siatkówce w tyle oka. Wszystkie informacje o widzianym obrazie wędrują następnie z siatkówki do mózgu, gdzie są interpretowane.

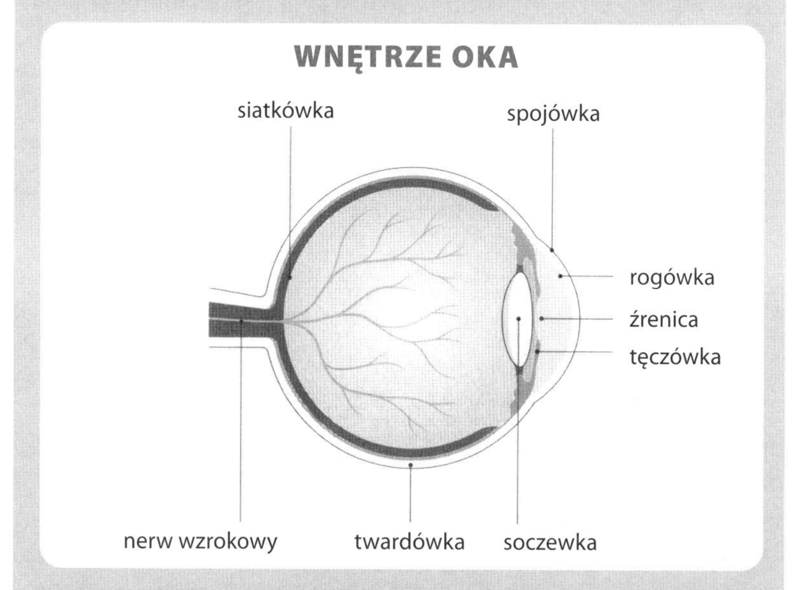

Oczy – do pewnego stopnia – mają wiele mechanizmów samoobrony. Powieki opadają przy najmniejszym podrażnieniu, łzy obmywają oczy i pomagają zwalczyć infekcje. A nos, policzki i czoło chronią przed urazami. Gałka oczna jest twardsza niż się zdaje, mimo to zewnętrzna część oka jest najbardziej narażona na urazy i tu właśnie często dochodzi do uszkodzeń.

Każdy ruch oczu (w górę, dół i na boki) jest kontrolowany przez 6 mięśni znajdujących się w gałce ocznej. Prawidłowe widzenie wymaga jednoczesnego przesunięcia obu gałek ocznych o dokładnie

„Czynniki społeczne (włącznie z uczęszczaniem przez dzieci do przedszkola lub szkoły, a rodziców do pracy) przyczyniają się do decyzji o przepisaniu antybiotyku dzieciom z ostrym zapaleniem spojówek”.

(badania przeprowadzone przez dr. P. Rose'a, Uniwersytet w Oxfordzie, 2005)

ten sam kąt i w dokładnie tym samym kierunku. To trudna operacja: nasz mózg musi dać instrukcje 2 grupom mięśni: jednym – żeby się naciągnęły, drugim – żeby się rozluźniły.

Jeśli mięśnie nie są skoordynowane, powstają problemy, na przykład podwójne widzenie.

PROBLEMY Z WIDZENIEM Jeśli dziecko nie spełnia poniższych kryteriów, porozmawiaj z lekarzem rodzinnym lub okulistą.

„Fajerwerki są co roku źródłem wielu urazów oczu, włącznie z całkowitą utratą wzroku".

(prof. okulistyki L. M. T. Collum, Royal College of Surgeons w Irlandii, 1994)

ETAPY **ROZWOJU WZROKU**

Do 3. roku życia dziecka każde badanie jego wzroku musi być przeprowadzone przez wykwalifikowany personel medyczny. Później możesz orientacyjnie sprawdzić widzenie dali za pomocą obrazków. Miejmy nadzieję, że dziecko spełnia poniższe kryteria dotyczące etapów rozwoju wzroku:

Od 1. tygodnia

Dziecko kieruje wzrok w stronę światła latarki.

Do 2. miesiąca

Dziecko podąża wzrokiem za twoją twarzą, jeśli się poruszysz, i uśmiecha się do ciebie. Oczy zwracają się w tym samym kierunku. Dziecko mruga oczami, gdy się czegoś przestraszy.

Do 3. miesiąca

Dziecko zaczyna odkrywać własne ciało i obserwuje ruchy swych rąk. Zaczyna wykazywać zainteresowanie otoczeniem.

Do 6. miesiąca

Dziecko obraca się z zainteresowaniem i sięga po drobne przedmioty. Umie skupić wzrok na rzeczy oddalonej nawet o 30 centymetrów. Obserwuj, czy dziecko nie ma objawów zeza – u dzieci mających ponad 6 miesięcy nie jest to już element zdrowego rozwoju.

Do 9. miesiąca życia

Dziecko dostrzega i próbuje chwycić rączką nawet tak małe przedmioty jak okruszki.

Do 12. miesiąca życia

Dziecko wskazuje na wszystko, o co poprosisz, i chwyta wszystko, co mu podasz. Rozpoznaje cię z drugiego końca pokoju i rozgląda się po świecie w wielkim skupieniu.

LECZENIE **W DOMU**

INFEKCJE OCZU (ZAPALENIE SPOJÓWEK)

Zazwyczaj ustępują samoistnie przy niewielkiej opiece w domu, ale obserwuj, czy stan dziecka się nie pogarsza.

+ Ciało obce. Zacznij od sprawdzenia, czy w oku nie znajduje się żadne ciało obce.

+ Dbaj o higienę oczu. Przemywaj je kilka razy dziennie przegotowaną, ostudzoną wodą (rozpuszczona szczypta soli może pomóc) od nosa do zewnętrznej krawędzi. Do każdego oka używaj osobnego wacika. Ten prosty zabieg pomaga lepiej niż jakiekolwiek maści z antybiotykami.

+ Przecieranie oka zimną, wilgotną szmatką powinno przynieść ulgę. Jeśli oko bardzo swędzi, to alergia, więc możesz spróbować podać dziecku leki antyhistaminowe lub krople przeciwzapalne.

+ Okulistyczne maści antybiotykowe przyniosą poprawę tylko w przypadku infekcji bakteryjnej – ale nawet wtedy przyspieszą poprawę tylko nieznacznie. Nie stosuj ich pochopnie. Odczekaj dzień lub dwa od zauważenia pierwszych objawów i jeśli nie ma poprawy, kup w aptece maść. Maści są lepsze dla dzieci niż krople, ponieważ dłużej pozostają na powiekach i łatwiej je dziecku zaaplikować.

+ Zapalenie spojówek jest bardzo zaraźliwe, dziecko powinno mieć oddzielny ręcznik i myjkę do twarzy, swój kubek i sztućce. Pamiętaj, żeby myć ręce po każdym dotknięciu twarzy malucha (chyba że to alergia – niezaraźliwa).

+ Czy dziecko może wrócić do szkoły? Dziecko zaraża, dopóki oczy łzawią, ale nie warto przeciągać nieobecności w szkole. Władze placówki mogą nalegać, żeby dziecko przeszło kurację maścią antybiotykową przed powrotem do szkoły.

+ Poprawa powinna nastąpić w ciągu 1, 2 dni. Wyzdrowienie trwa dłużej, jeśli dziecko jest przeziębione albo ma alergię. Stan malucha w takich sytuacjach może nawet ulec na kilka dni pogorszeniu.

+ Jeśli to alergia, unikaj mydła, kremu bądź czegokolwiek, co może ją powodować.

Jeśli u dziecka wystąpi którykolwiek z objawów przedstawionych w części Sygnały alarmowe na stronie 81, skontaktuj się z lekarzem.

Na temat zapalenia spojówek: „Badacze sugerują, że powinno się zachęcać rodziców do leczenia dzieci samemu, bez konsultacji z lekarzem, chyba że u dziecka wystąpią niespotykane objawy lub objawy utrzymują się ponad tydzień".

(dr P. Rose, Uniwersytet w Oxfordzie, The Lancet, 2005)

ZEZ

W leczeniu zeza stosuje się 4 metody.

- Zakrywanie zdrowego oka sprawi, że oko zezujące będzie mocniej pracowało.
- Być może dziecko potrzebuje jedynie okularów.
- Ćwiczenia oka przynoszą rezultaty.
- Zabieg chirurgiczny koryguje zeza i jest zazwyczaj przeprowadzany ze względów estetycznych.

CZY TO **PROBLEM Z USZAMI?**

INFEKCJA UCHA ŚRODKOWEGO (*otitis media*) jest najczęstszą chorobą ucha. Ryzyko zachorowania wzrasta, gdy dziecko idzie do żłobka lub gdy rodzice palą papierosy. Do objawów należą:

- silny ból ucha,
- pociąganie lub uderzanie ucha,
- gorączka,
- marudzenie, popłakiwanie, a nawet krzyk,
- utrata apetytu,
- utrata słuchu,
- zaburzenia snu,
- gęsta żółta wydzielina ropna wypływająca z ucha.

Nie u każdego dziecka wystąpią wszystkie wymienione objawy. Starsze dziecko może płakać z bólu, ale jest niewielkie prawdopodobieństwo, że młodsze będzie czuło ból – prędzej pojawi się temperatura. Infekcję potwierdzą oględziny bębenka usznego, co oznacza konieczność wizyty u lekarza. W większości przypadków natura rozwiąże problem sama, ale jeśli stan dziecka się pogorszy i będzie ono odczuwało silny dyskomfort, pomoc lekarska będzie konieczna.

Sprawdź, czy z ucha dziecka nie sączy się żółta ropa. To prawdopodobnie oznacza, że bębenek pękł, żeby uwolnić uwięziony w nim płyn. Wtedy najczęściej ból ustępuje. Nie jest to zwykle tak straszne, jak by się mogło zdawać, zazwyczaj przechodzi samoistnie w ciągu tygodnia, ale lekarz musi dziecko zbadać.

INFEKCJA UCHA ZEWNĘTRZNEGO jest rzadsza. Często zaczyna się od zadrapania, kąpieli w brudnej wodzie lub dostania się do ucha ciała obcego. Główne objawy to swędzenie ucha i ból przy ucisku. Zewnętrzna strona ucha wygląda nieestetycznie, jest pokryta żółtą lub zaschłą ropą.

WOSKOWINA W uchu zewnętrznym dziecko zawsze będzie miało trochę woskowiny. To część naturalnej higieny ucha. Woskowina ma ciemnobrązowy kolor, bardzo tłustą konsystencję i jest nieszkodliwa. Może sprawiać problem wyłącznie, jeśli powstanie duży czop, który spowoduje pogorszenie słuchu, ale można go łatwo usunąć.

WYSIĘKOWE ZAPALENIE UCHA Objawów nie widać gołym okiem, ale może zauważysz, że maluch nie słyszy tak dobrze jak zawsze. Czy dziecko pogłaśnia telewizor? Czy ma problem ze skupieniem się w szkole? Czy słyszy, gdy je cicho zawołasz? Jeśli dziecko przeszło ostatnio infekcję ucha, te objawy mogą wskazywać na wysiękowe zapalenie ucha.

To po prostu pozostałość po infekcji. Ucho środkowe jest wypełnione nadmierną ilością płynu (gęstego i lepkiego, podobnego do kleju) już sterylnego. Odsączenie tego płynu zajmuje dużo czasu. Gdy płyn nie może być samoistnie usunięty, bębenek uszny nie działa prawidłowo i fale dźwiękowe są zablokowane. Dziecko może stracić 30% słuchu, co może również opóźnić mowę.

Zapalenie wysiękowe ucha występuje okresowo, a objawy są najcięższe w miesiącach zimowych. W większości przypadków ucho zdrowieje bez leczenia, ale trwa to nawet do 3 miesięcy i może być prawdziwym problemem dla dzieci cierpiących na inne dolegliwości, na przykład rozszczep podniebienia, zespół Downa czy przewlekłe zapalenie zatok.

UTRATA SŁUCHU oznacza zazwyczaj infekcję ucha środkowego. Dziecko najpierw przechodzi infekcję dróg oddechowych i przez to blokują się różne funkcje organizmu (włącznie ze słuchem), a następnie wszystko wraca do normy na kilka miesięcy. Niekiedy utrata słuchu jest spowodowana po prostu nagromadzeniem się wosku, rzadziej powodem jest niedosłuch.

Monitoruj słuch dziecka, jeśli często miewa infekcje ucha lub jeśli w rodzinie były przypadki głuchoty. Problemy ze słuchem mogą opóźnić rozwój mowy. (W przypadku dzieci urodzonych przed terminem lub dzieci, które przeszły zapalenie opon mózgowo-rdzeniowych, ryzyko niedosłuchu jest wyższe). Zawierz własnemu instynktowi. Jeśli myślisz, że dziecko nie słyszy wszystkiego, zbadaj je.

„Coraz więcej badań wykazuje, że dzieci dochodzą do siebie w ciągu 10 dni bez względu na to, czy były leczone, czy nie. Zadziwia nas nieustannie liczba infekcji uszu, które przechodzą samoistnie".

(dr R. M. Jacobsen, Koordynator Wydziału Pediatrii i Medycyny Wieku Młodzieńczego, 2007)

Jak to działa?

Abyśmy mogli prawidłowo słyszeć, dźwięk musi docierać do bębenka ucha i wprawiać go w wibracje. Dźwięk następnie biegnie wzdłuż małych kości znajdujących się w uchu środkowym do ucha wewnętrznego, gdzie przekształca się w impulsy elektryczne, które docierają do mózgu.

Większość dolegliwości ucha wynika z nieprawidłowego odpływu płynów. W uchu środkowym zawsze znajduje się niewielka ilość płynu, a ucho wytwarza go jeszcze więcej, gdy pojawią się bakterie, a wraz z nimi stan zapalny. Zazwyczaj nadmiar płynów odpływa trąbką słuchową zwaną przewodem Eustachiusza, która łączy ucho środkowe z gardłem.

WNĘTRZE UCHA

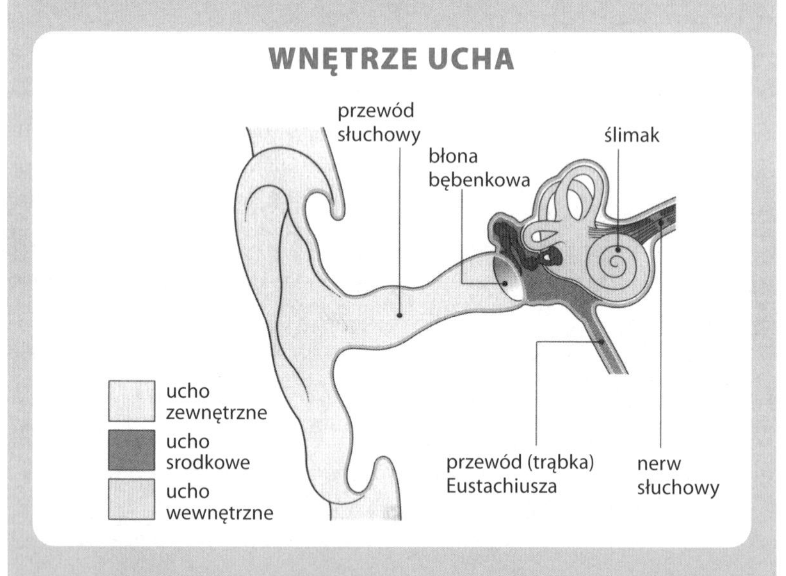

Gdy przewody są zablokowane, powietrze w uchu środkowym tworzy próżnię, która wciąga płyn z wyściółki ucha. Początkowo płyn ten jest rzadki i wodnisty, ale z czasem staje się gęsty i kleisty. W miarę jego gromadzenia się, słuch zaczyna się pogarszać (ponieważ bębenek oraz kości ucha środkowego nie mogą się swobodnie poruszać), a ucisk jest źródłem silnego bólu. Dzieci są bardziej podatne na infekcje ucha, ponieważ ich układ odpornościowy nie potrafi skutecznie zwalczyć infekcji, ich przewód Eustachiusza jest wąski i łatwo ulega zablokowaniu oraz krótki, przez co bakterie odpowiedzialne za przeziębienie łatwiej mogą się przedostać z gardła do ucha.

LECZENIE **W DOMU**

INFEKCJE UCHA

Infekcje ucha ustępują zazwyczaj samoistnie. Można odczekać kilka godzin, pamiętając jednak, że lepiej dmuchać na zimne. Jeśli dziecko jest widocznie podenerwowane, zawsze należy skontaktować się z lekarzem.

- Podaj środek przeciwbólowy. Skuteczne są paracetamol i ibuprofen. Możesz również w aptece kupić krople przeciwbólowe.
- Uśmierz ból za pomocą ciepłego okładu. Wypróbuj butelkę z gorącą wodą owiniętą w mały wilgotny ręcznik.
- Przepisanie antybiotyku nie jest automatyczne, ale zastosowanie go zaleca się, jeśli dziecko ma mniej niż rok albo wyraźnie cierpi. W przypadku starszych dzieci, które radzą sobie z bólem, odczekaj trochę. Po kilku godzinach może nastąpić poprawa.
- Leki antyhistaminiowe, środki udrażniające czy sterydy nie przyniosą żadnego efektu.
- Należy unikać pływania i kąpieli w wannie dopóki infekcja nie ustąpi całkowicie.
- Płyn może się utrzymywać w uchu przez kilka tygodni po ustąpieniu infekcji i wpływać na słuch. W przypadku ciężkich lub nawracających infekcji należy przebadać słuch dziecka po kilku miesiącach.
- W przypadku wystąpienia trzech lub więcej infekcji w ciągu ostatnich 3 miesięcy lekarz może przepisać dziecku krótką kurację antybiotykową, która utrzyma bakterie z dala od ucha.

Należy unikać zbyt częstego stosowania smoczka, ponieważ badania wykazały, że może on powodować infekcje ucha.

„Dzieciom z ostrym zapaleniem ucha środkowego nie powinno się przepisywać środków udrażniających ani leków histaminowych”.

(Szkockie wytyczne międzyuczelniane, 2003)

WYSIĘKOWE ZAPALENIE UCHA ŚRODKOWEGO

Wysiękowe zapalenie ucha środkowego ustępuje zwykle samoistnie, ale co kilka miesięcy należy wykonać dziecku badanie kontrolne słuchu.

- Obserwuj, czy dziecko dobrze słyszy, ale weź poprawkę na ewentualne czynniki zewnętrzne.

„U większości dzieci cierpiących na wysiękowe zapalenie ucha operacja czy leczenie farmakologiczne rzadko przynoszą poprawę".

(Wyniki badań przeprowadzonych przez G. Browninga opublikowane w *The American Academy of Physicians Journal*, 2003)

- Karm niemowlę w pozycji półpionowej, gdyż wydzielina z uszu nie osuszy się łatwo, jeśli dziecko leży.
- Nie pal przy dziecku.
- Na uśmierzenie wszelkiego bólu podawaj paracetamol lub ibuprofen.
- Zapomnij o lekach antyhistaminowych, udrażniających bądź rozrzedzających śluz. Nie pomogą.
- Odradza się stosowanie antybiotyków.
- Nie zaleca się podawania doustnych sterydów. Ich rola polega wyłącznie na przyspieszeniu naturalnego procesu wyzdrowienia. Działają tylko na jedną trzecią dzieci, a ich efekty uboczne są zbyt groźne.
- Dreny śródbębenkowe wszczepiane do uszu osuszą nagromadzony płyn, ale są wskazane tylko dla niektórych pacjentów. Zalecałbym je dzieciom cierpiącym na nawracające infekcje uszu, wpływające na słuch lub mowę.

WOSKOWINA

Niewielka ilość woskowiny jest normalna, ale czop oznacza problem.

- Rozpuść woskowinę, regularnie wpuszczając do ucha krople ciepłej oliwy z oliwek. Ogrzej łyżeczkę oliwy w dłoni i wpuść powoli do ucha dziecka. Nie próbuj niczym popychać czopa, bo przesunie się jeszcze głębiej.
- Jeśli problem nie ustąpi, lekarz zaleci krople lub przeczyszczenie ucha u pielęgniarki.

OCZY I USZY NIEMOWLĘCIA

- Niemowlęta częściej niż starsze dzieci cierpią na infekcje oczu i uszu. Obserwuj, czy dziecko nie ma zapalenia spojówek. Przez pierwszych kilka miesięcy przewody łzowe są bardzo niedojrzałe i łzy (naturalnie oczyszczające oczy) nie zawsze łatwo wypływają. Zapalenie spojówek można zazwyczaj leczyć w domu, normalnie pielęgnując oczy dziecka.

- Obserwuj, czy dziecko nie ma objawów infekcji ucha, zwłaszcza gorączki. Jeśli temperatura będzie podniesiona, zaprowadź malucha do lekarza. Większość infekcji ucha ma miejsce w ciągu 2 pierwszych lat życia dziecka. Gdy przewody Eustachiusza staną się większe i będą lepiej działać, infekcje nie będą tak częste. Wiadomo obecnie, że dzieci palaczy (i te, które nie mogą się obejść bez smoczka) są bardziej narażone na infekcje uszu.
- Dzieci karmione przez co najmniej 3 miesiące piersią rzadziej przechodzą infekcje uszu.

CZY DZIECKO **CIĘ SŁYSZY?**

Oto lista ogólnych oznak prawidłowego słuchu u dziecka. Powinny one pojawić się w pierwszym roku życia dziecka.

Wkrótce po urodzeniu

Dziecko powinno reagować na nagły głośny dźwięk, na przykład klaśnięcie w dłonie lub trzaśnięcie drzwiami; powinno mrugać lub otwierać szeroko oczy na tego rodzaju odgłosy.

Do 1. miesiąca życia

Dziecko powinno zauważać nagłe, przedłużające się dźwięki, takie jak hałas odkurzacza. Słysząc je, maluch powinien przerwać zabawę i nasłuchiwać.

Do 4. miesiąca życia

Niemowlę powinno uspokajać się lub uśmiechać na dźwięk twojego głosu. Może także obracać głowę lub kierować oczy w twoim kierunku, jeśli podchodzisz do niego z tyłu albo mówisz z boku.

Do 7. miesiąca życia

Dziecko, o ile nie jest zajęte czymś innym, powinno natychmiast obracać się, słysząc twój głos dobiegający z drugiego końca pokoju albo bardzo ciche dźwięki w pobliżu.

Do 9. miesiąca życia

Dziecko powinno uważnie słuchać znanych codziennych dźwięków i nasłuchiwać cichych dźwięków pochodzących z oddali. Powinno także okazywać zadowolenie, głośno i melodyjnie gaworząc.

Do 12. miesiąca życia

Dziecko powinno reagować w jakiś sposób na własne imię i inne znajome słowa. Może także odpowiadać, gdy mówisz „nie" i „pa, pa", nawet gdy nie widzi towarzyszących tym słowom gestów.

Źródło: dr B. McCormick, Centrum Badania Słuchu Dzieci, Nottingham; M. D. Sheridan, *From Birth to Five Years* [*Od urodzenia do piątego roku życia*]).

PYTANIA i ODPOWIEDZI

Za każdym razem, gdy dziecko dostaje infekcji ucha, lekarz przepisuje antybiotyk. Czy to nieuniknione?

W przypadku infekcji ucha istnieje pokusa przepisania antybiotyku jako najszybszego leczenia. To w gruncie rzeczy dylemat. Czy infekcja ma podłoże wirusowe czy bakteryjne? Wymaz z ucha rozstrzygnie tę kwestię, chociaż czas oczekiwania na wyniki jest długi. Może lepiej przepisać lek na wszelki wypadek.

Zbyt częste przepisywanie dzieciom antybiotyków jest szkodliwe. Krajowe badania przeprowadzone w Stanach Zjednoczonych wykazały, że 30% antybiotyków przepisywanych dzieciom miało leczyć infekcję ucha środkowego. To zbyt wysoki odsetek, zwłaszcza że większość infekcji ma podłoże wirusowe i leczenie antybiotykami nie pomoże. Nawet gdy infekcja jest spowodowana bakteriami, antybiotyki uśmierzą nieznacznie ból jedynie u około 5% dzieci. Musimy rozważyć korzyści płynące z leczenia farmaceutycznego wobec szkody wyrządzonej przez jego nadużywanie.

Dziecko przeszło kilka infekcji uszu i zastanawiam się, czy nie powinnam zapytać lekarza o dreny śródbębenkowe?

Dreny śródbębenkowe pomogą osuszyć ucho i zmniejszyć infekcje. Są to niewielkie przewody wszczepiane do bębenka pod narkozą. Przez długi czas uważano, że dreny zapobiegają opóźnieniu mowy u dzieci z wysiękowym zapaleniem ucha, ale najnowsze badania nie potwierdzają jednoznacznie tej tezy. Dreny są nietrwałe (wypadają lub przestają działać po 8–10 miesiącach), a ich założenie wymaga zabiegu operacyjnego. Zastosowanie drenów bierze się pod uwagę, jeśli dziecko często przechodzi infekcje ucha i ma to wpływ na jego słuch lub mowę. W innych wypadkach należy się głęboko zastanowić nad sensem takiej terapii.

Dziecko zaczęło ostatnio więcej mrugać, a jego powieki czasami drżą. Trwa to przez kilka dni, później ustaje i z powrotem wraca. Czy powinnam je zaprowadzić do lekarza?

Nieznaczne drżenie powiek jest u dzieci dość częste i zazwyczaj wiąże się ze zmęczeniem lub stresem. Zwane jest miokimią oczu i prawie nigdy nie oznacza jakiejkolwiek dolegliwości. Drżenie oczu zazwyczaj znika w ciągu kilku miesięcy, a w najgorszym wypadku – roku.

Tiki (takie jak drżenie oczu, skurcze twarzy lub wzruszanie ramionami) są o wiele częstsze u chłopców niż u dziewczynek. Drżenie zniknie najprawdopodobniej samoistnie, ale sprawdź, czy dziecko nie jest przemęczone lub niespokojne. Niewielka liczba dzieci doświadcza nawracającego drżenia i jeśli zacznie to wpływać na codzienne życie malucha, powiedz o tym lekarzowi.

Jeśli drżenie jest poważniejsze i powoduje całkowite zamknięcie powiek, może to być infekcja oczu. Przy zapaleniu spojówek oczy są podrażnione i wyglądają na chore. W razie wątpliwości zwróć się o pomoc do lekarza.

W czasie podróży samolotem dziecko miewa silne bóle uszu. Jak mogę mu pomóc w następnej podróży?

Zmiany ciśnienia atmosferycznego mogą powodować silne bóle, jeśli u dziecka przewody Eustachiusza nie działają prawidłowo. Barotrauma (tak, dolegliwość ta ma swoją nazwę!) polega na gromadzeniu się płynu za bębenkiem usznym. W czasie lotu na uszy wywierany jest dodatkowy ucisk powodujący ból oraz często utratę słuchu.

Zazwyczaj dolegliwość ta ustępuje samoistnie, chociaż może to potrwać tydzień lub dwa. Noworodkom można pomóc karmieniem, starszym dzieciom podaniem cukierka do ssania lub zachęcaniem do ziewania, zwłaszcza w trakcie startu i lądowania. Podanie środka udrażniającego przed wylotem również może okazać się pomocne. Jeśli jednak dziecko ma infekcję ucha środkowego, zdecydowanie nie powinno lecieć samolotem, gdyż istnieje ryzyko pęknięcia bębenka.

SYGNAŁY ALARMOWE

SKONTAKTUJ SIĘ Z LEKARZEM, JEŚLI:

dziecko jest w wieku niemowlęcym (albo bardzo źle się czuje) i podejrzewasz infekcję ucha,

po wycieku z ucha żółtej ropy ustał wszelki ból (prawdopodobnie doszło do pęknięcia błony bębenkowej),

oczy dziecka wyglądają źle (Czy cała gałka oczna z wyjątkiem wewnętrznych powiek jest zaczerwieniona? Czy dziecko czuje pod powiekami piasek, a oczy są podrażnione do tego stopnia, że nie można ich otworzyć?),

powieki bardzo spuchły (przewody łzowe mogą być zablokowane), a wydzielina wypływająca z oczu jest żółta, gęsta jak krem i są w niej ślady krwi (może to być inna choroba zakaźna),

dolegliwości oczu lub uszu nie ustępują w ciągu 24 godzin.

W przypadku nawracających infekcji należy dziecko skierować do lekarza specjalisty.

ROZDZIAŁ 7

Problemy z karmieniem

„Dziecko ma zaledwie 6 tygodni. Wymiotuje po każdym karmieniu z butelki. Moje ubrania są z tego powodu ciągle brudne. Jednak bardziej martwi mnie waga synka, bo jest bardzo niska jak na jego wiek".

Informacje ogólne

Otrzymuję regularnie telefony dotyczące problemów z karmieniem, często od rodziców mających pierwsze dziecko. Zazwyczaj niepokoi ich niedokarmianie, przekarmianie, refluks, podejrzenie alergii albo odmawianie jedzenia przez dziecko.

Problemy z karmieniem można zwykle rozwiązać z niewielką pomocą; mniej niż 5% z nich jest rzeczywiście poważnych.

- Refluks jest częsty u niemowląt, ale rzadko wymaga leczenia.
- Karmienie piersią (o ile matka ma pokarm) jest dla dziecka najlepsze, ale nie jest instynktowne i noworodek musi się go nauczyć.
- Niedobór żelaza jest poważnym problemem u dzieci do 2. roku życia.

W przypadku wojny o jedzenie pamiętaj, że ostatnie słowo należy do dziecka. Zawsze może ono zacisnąć zęby.

Masa ciała. Ogólne wytyczne

Nie powinnaś się martwić, o ile dziecko rośnie i przybiera na wadze. Niemowlęta często tracą wagę w 2 pierwszych tygodniach życia, ale później ciężar powinien rosnąć. Poniżej znajdują się ogólne wskazówki, które mogą się przydać w ocenie wagi dziecka:

do 3. miesiąca	Dziecko po 2 tygodniach wróciło do wagi, jaką miało po narodzeniu, a następnie przybiera 200 gramów na tydzień
3. –6. miesiąc	Przybiera 150 gramów na tydzień
6. –9. miesiąc	Przybiera 100 gramów na tydzień
9. –12. miesiąc	Przybiera 75 gramów na tydzień

Warto również porównywać masę ciała dziecka z danymi zawartymi w standardowych tabelach centylowych (zob. s. 298–300).

CZY TO PROBLEM Z KARMIENIEM?

REFLUKS ŻOŁĄDKOWO-PRZEŁYKOWY zawsze wydaje się być poważniejszy niż jest w rzeczywistości.

- Dziecko zwraca pokarm po każdym karmieniu.
- Może być rozdrażnione.

Do 50% dzieci ma zwyczajny refluks i mimo częstych wymiotów rozwija się prawidłowo (ilość wymiotów jest zwykle niższa, niż myślisz, zob. s. 142). Jeśli dziecko ma refluks, prawdopodobnie wyrośnie z niego przed ukończeniem pierwszego roku życia, a dolegliwość ta nie wyrządzi mu żadnej krzywdy. Lekarz rodzinny stawia diagnozę zwykle na podstawie dolegliwości, dlatego rentgen z kontrastem lub inne badania rzadko są konieczne.

Powodem refluksu jest słaby zwieracz przełyku, przez który mleko i kwas żołądkowy wracają do góry. Problem będzie trwał, dopóki mięsień ten się nie wzmocni. Dziecko w tym czasie się nie zagłodzi. Bardzo rzadko refluks może prowadzić do powikłań, na przykład niedostatecznego wzrostu masy ciała, rozdrażnienia (jeśli w przełyku wystąpi stan zapalny) lub nawracających infekcji górnych dróg oddechowych (jeśli mleko dostanie się do płuc).

„Większość dzieci z refluksem jest szczęśliwa i zdrowa, mimo że wypluwa pokarm lub wymiotuje".

(dr L. A. Heitlinger, Przewodniczący Amerykańskiej Akademii Pediatrów, Sekcja Gastroenterologii i Żywienia, 2007)

Niemowlęta często ulewają – trochę mleka wylatuje z ust maluszka prawie po każdym karmieniu – co bywa mylone z refluksem. Być może dziecko połknęło pokarm zbyt szybko albo, jak wszystkie dzieci, ma mechanizm samoregulacji i gdy naje się do syta, wypluwa nadwyżkę.

LECZENIE **W DOMU**

Refluks minie sam wraz ze wzmocnieniem się mięśni, ale możesz złagodzić dolegliwości dziecka.

+ Pozycja leżąca jest pomocna, ale bądź ostrożny. Najlepiej, gdy dziecko leży na plecach z głową uniesioną o 30° (włóż koc pod materac). Sadzanie dziecka w nosidełku albo foteliku samochodowym może zwiększyć refluks.

+ Zagęszczone mleko ogranicza ilość wymiotów i uspokaja rodziców.

+ Specjalne rodzaje mleka modyfikowanego wydają się łagodzić refluks i warto je wypróbować po wcześniejszym poradzeniu się lekarza.

+ Leki nie są właściwie potrzebne, ponieważ większość przypadków refluksu u dzieci to tak zwany refluks zwyczajny, który ustaje z czasem. (Na rynku dostępnych jest kilka leków, które zmniejszają produkcję kwasu żołądkowego – skuteczność części nie została dotąd dowiedziona, inne mają działania niepożądane).

Jeśli sytuacja wciąż cię martwi, porozmawiaj z lekarzem.

NIETYPOWA ZAWARTOŚĆ PIELUSZEK Zawartość pieluszki malucha może cię niekiedy zaskoczyć, ale nie ma się czym martwić. Wraz z rozwojem dziecka i zmianą diety wygląd kupki także się zmieni.

- W pierwszych 2 tygodniach życia dziecko wydala tak zwaną smółkę. Jest to zielony lub czarny, nieprzyjemnie pachnący stolec.
- Jeśli karmisz dziecko piersią, stolec stanie się normalny: rzadki, koloru pomarańczowo-żółtego, o niezbyt mocnym zapachu. Później (gdy dziecko zacznie jeść pokarm stały) zmieni się zarówno zapach, jak i kolor. Noworodek oddaje stolec w postaci małych wybuchów, do ośmiu na dzień.

- U dzieci karmionych z butelki wypróżnianie się wygląda zupełnie inaczej. Nie bądź zaskoczona, że gdy odstawisz dziecko od piersi, może ono oddawać rzadki stolec do 8 razy dziennie albo twardszy raz na 2 dni.

Uważaj na:

Zaparcia. W dwóch pierwszych miesiącach życia dziecko może wypróżniać się z niewielkim wysiłkiem, ale nie oznacza to zaparć (o ile dziecko nie jest bardzo rozdrażnione). Wraz z upływem czasu objawy zaparć stają się wyraźniejsze – są to niewielkie bądź duże kawałki stolca i niekiedy zabrudzona bielizna.

Biegunki. Jeśli dziecko wymiotuje, jest bardzo prawdopodobne, że cierpi na zapalenie żołądka i jelit. W połączeniu z biegunką może to oznaczać nietolerancję laktozy. Jeśli dziecko ma rok lub 2 latka, w biegunce może pojawić się niestrawiona marchewka lub fasola. To normalne i oznacza zazwyczaj, że pokarm przeszedł przez układ trawienny dziecka zbyt szybko.

Niedostateczny przyrost wagi. Czy dziecko jest zbyt szczupłe? Najlepszą miarą jest średnia waga dla wieku (zob s. 83). Jeśli sądzisz, że dziecko ma niedowagę, zwróć się do pediatry. Lekarz zapyta:

- Czy dziecko spożywa wystarczającą ilość mleka lub pokarmów stałych?
- Czy dziecko ma nietypowe wymioty bądź biegunkę?
- Czy ma objawy infekcji?
- Czy, pomijając wagę, rozwija się prawidłowo?

Jeśli wszystko wydaje się przebiegać prawidłowo, dziecko prawdopodobnie za mało je.

LECZENIE **W DOMU**

Jeśli dziecko przeszło ostatnio na mleko modyfikowane, stały pokarm lub na nowy rodzaj mleka – zawartość pieluchy będzie wyglądała inaczej. Ale:

+ Jeśli kupka jest płynna, ogranicz spożycie soków owocowych.

+ Zaparcia w przypadku niemowląt nie są problemem, ale można im zaradzić, podając więcej płynów i odrobinę cukru z trzciny cukrowej (brązowy cukier).

+ Jeśli coś cię niepokoi, wyklucz zapalenie żołądka i jelit (zob. s. 140) lub nietolerancję laktozy (s. 88–89).

„Jeśli rodzice podejrzewają, że dziecko ma zaburzenia pokarmowe, nie powinni odkładać wizyty u lekarza".

(dr D. Rosen, Clinical Professor, University of Michigan Medical School, AAP magazine, 2007)

ODMAWIANIE JEDZENIA Wiele dzieci zwyczajnie nie chce jeść. Jeśli dziecko rośnie i jest pełne energii, nie martw się tym zbytnio. Nie zagłodzi się. Jego zwyczaje żywieniowe powinny się poprawić z wiekiem i niewielką pomocą z twojej strony. Odmawianie jedzenia jest stresujące, ale martwiłoby mnie tylko w przypadku, gdy:

- waga dziecka jest niska w stosunku do jego wieku,
- podczas jedzenia dziecko jest zdenerwowane.

Jedynie niewielki procent dzieci ma poważne trudności z jedzeniem i prawie zawsze jest to kwestia zachowania. Inne mogły urodzić się przed terminem (i być karmione przez rurki) i będą reagować na wszystko, co dotyka ich warg. Mogą też mieć trudności z koordynacją ssania i oddychania.

Zawsze dyskretnie pytam o styl żywienia. Czy karmisz dziecko w niekonwencjonalny sposób? Jakie są twoje przekonania na temat odżywiania? Czy problemem dla ciebie lub dziecka może być chęć dominacji?

LECZENIE **W DOMU**

Nie zmuszaj dziecka do jedzenia. Maluch się nie zagłodzi. Spięcie za to pogorszy tylko sytuację. Spróbuj za to być kreatywny. Dieta może być mniej bogata, niż byś chciał, pod warunkiem że dziecko przybiera na wadze i otrzymuje wszystkie potrzebne witaminy i sole mineralne.

+ Stwórz zestaw pokarmów, które dziecko będzie jadło (zdrowa żywność). Możesz wtedy być bardziej elastyczna w ustalaniu diety, a nawet pór posiłków.

+ Nie nalegaj na 3 główne posiłki dziennie. Dziecko może zaspokajać potrzeby, przegryzając, pod warunkiem że przekąski i napoje są zdrowe (owoce i warzywa, sery, mleko, kanapki).

+ Kształć kubki smakowe dziecka. Idź o jeden krok dalej, oferując nowe dania (choćby do spróbowania).

+ Staraj się prowadzić urozmaiconą kuchnię, ale jeśli dziecko będzie chciało jeść wyłącznie naleśniki i kurczaka, niech tak będzie. To nudne, ale zdrowe jedzenie (możesz po kryjomu dodać do mięsa trochę warzyw). W końcu spróbuje czegoś nowego.

+ Jeśli dziecko nie chce jeść mięsa, dodawaj je ukradkiem na przykład do sosu bolońskiego, pokroiwszy je wcześniej na drobne kawałeczki.

Większość dzieci lubi makaron, chleb i płatki zbożowe, które dają solidną podstawę diety. Mięso to jednak inna kwestia.

- Monitoruj spożycie mleka. Jeśli dziecko ma 1,5 roku lub więcej, sprawdzaj, ile mleka dziennie wypija. Być może pije go zbyt dużo i dlatego czuje się najedzone. Pamiętaj tylko, że maluch potrzebuje wapnia, a mleko jest jego dobrym źródłem, ale jogurty i ser także.

- Warzywa to coś, do czego dziecko zwykle bardzo trudno przekonać. I tu dobrze sprawdzą się zupy. Jeśli maluch wypluwa zupę, podawaj mu ją od czasu do czasu na małej łyżeczce. Zamiast warzyw serwuj owoce, ale dawanie dziecku więcej soku owocowego to niedobry pomysł.

- Spróbuj gier związanych z jedzeniem – niektóre dzieci można nimi oszukać. Marchewki dostają imiona, a następnie są kolejno zjadane. Małe kwiatki brokułów mogą stać się magicznym lasem, który powoli znika. Po kilku próbach maluch może będzie chciał się przyłączyć do gry.

- Jeśli dieta dziecka jest bardzo uboga, upewnij się, że zawiera pokarmy bogate w witaminy i minerały (takie jak żelazo), których ono potrzebuje. Bez względu na to, jakim maluch jest niejadkiem, nie podawałbym suplementów witaminowych w postaci pastylek czy syropów. To nie zadziała.

Być może poczujesz się spokojniejszy, zapisując, co dziecko je i pije każdego dnia – prawdopodobnie jest w tym więcej zdrowego jedzenia niż myślisz. Jeśli jednak dziecko nie przybiera na wadze, powinieneś zwrócić się o pomoc do lekarza.

ANEMIA, czyli niedokrwistość, jest poważnym problemem. Niedobór żelaza wpływa na rozwój mózgu dziecka i może mieć nieodwracalne skutki. Do 10% dzieci do 2. roku życia ma anemię wynikającą z niedoboru żelaza.

- Czy dziecko jest spięte, wycofane i niespokojne?
- Czy dieta niemowlaka zawiera mleko krowie?
- Czy dziecko ma ponad rok i pije dużo mleka krowiego?
- Czy dziecko je mięso, ryby lub inne pokarmy bogate w żelazo?

Sam humor dziecka nie jest oznaką anemii, ale może nią być w połączeniu z ubogą dietą. Lekarz rodzinny powinien przeprowadzić badanie krwi w celu sprawdzenia poziomu hemoglobiny i żelaza (ferrytyny). Anemia stanowi największe zagrożenie w rodzinach o niskich dochodach, a także u dzieci, które piją zbyt dużo mleka krowiego. Dziecko ma wtedy mniej miejsca na inne bogate w żelazo pokarmy.

W jedzeniu znajdują się 2 rodzaje żelaza: hemowe i niehemowe. Żelazo hemowe jest w pokarmach mięsnych (na przykład kurczaku, czerwonym mięsie i rybach), a żelazo niehemowe w pokarmach roślinnych (płatkach zbożowych, niektórych warzywach i chlebie pełnoziarnistym). Organizm lepiej wchłania żelazo hemowe, a spożywanie pokarmów zawierających witaminę C w tym samym posiłku ułatwi wchłanianie żelaza niehemowego.

LECZENIE **W DOMU**

Jeśli dziecko ma anemię, musisz współpracować z lekarzem.

+ Trzymiesięczna kuracja żelazem powinna szybko poprawić humor dziecka i podnieść poziom hemoglobiny.
+ Zwróć uwagę na dietę dziecka. Nie powinno ono zażywać suplementów żelaza bez końca, dlatego upewnij się, że w jego diecie znajduje się wystarczająca ilość tego pierwiastka. Żelazo hemowe znajduje się w wielu często spożywanych produktach, zwłaszcza w mięsie i rybach. Innym źródłem żelaza są pokarmy zawierające żelazo niehemowe, głównie warzywa i płatki zbożowe. Organizm będzie potrzebował witaminy C, żeby wchłonąć ten minerał, dlatego nie zapominaj o owocach.
+ Mleko. Kontroluj, czy dziecko nie syci się mlekiem krowim.

ALERGIA NA MLEKO LUB NIETOLERANCJA LAKTOZY nie jest tak powszechna, jak mogłoby się zdawać – dotyczy mniej niż 1% dzieci.

Do objawów alergii na mleko należą:

- płacz w ciągu godziny od karmienia,
- wymioty i biegunka,
- dolegliwości górnych dróg oddechowych i katar,
- reakcje skórne,
- opuchnięte powieki.

Jeśli dziecko ma alergię na białko zawarte w mleku krowim, objawy znikają całkowicie po wykluczeniu mleka z diety – a powracają po jego ponownym wprowadzeniu.

Nietolerancja laktozy nie jest stała: trwa zazwyczaj kilka tygodni. Zauważysz:

- wodnisty, rzadki stolec,
- wzdęty brzuch,
- niedostateczny przyrost wagi ciała,
- zaczerwienienie pupy spowodowane kwasem w stolcu dziecka.

LECZENIE **W DOMU**

Lekarz może zalecić testy, by sprawdzić, czy dziecko jest uczulone na mleko.

+ W przypadku alergii wykluczenie białka mleka krowiego może zadziałać. Dziecko będzie pić mleko hypoalergiczne. Zastąpienie mleka krowiego sojowym lub kozim nie rozwiąże problemu, ponieważ oba zawierają białka bardzo podobne do tych w mleku krowim.

+ Jeśli dziecko nie toleruje laktozy, rozwiązaniem jest picie przez kilka tygodni mleka bez niej – a następnie powrót do zazwyczaj podawanego mleka.

(Zob. rozdział 9 Alergia pokarmowa)

Jak to działa?

MLEKO MATKI

Mleka modyfikowane przeszły znaczną ewolucję, ale nie mogą się równać z mlekiem matki. To napój gwarantujący idealny wzrost i wzmacniający odporność dziecka od samego urodzenia. Mleko z piersi podawane w ciągu pięciu pierwszych dni życia zawiera siarę (młodziwo), która jest wyjątkowo bogata w substancje odżywcze. Jeśli karmisz piersią, dziecko otrzymuje w pokarmie wszystko to, czego potrzebuje, czyli białka, tłuszcze i niezbędne kwasy tłuszczowe oraz węglowodany. Dlatego też zawsze zaleca się karmienie wyłącznie piersią przez 6 pierwszych miesięcy życia. Niestety, mniej

„W pierwszych 6 miesiącach życia większość niemowląt ma wystarczającą ilość żelaza z rezerw nagromadzonych przed urodzeniem i mleka z piersi lub mleka modyfikowanego wzbogaconego żelazem. Jednak po 6 miesiącach zapasy żelaza maleją. Wprowadzenie pokarmów stałych jest ważnym krokiem w utrzymaniu odpowiedniego poziomu tego pierwiastka".

(Szpital Dziecięcy w Westmead, Australia, 2008)

niż 50% matek karmi piersią, a tylko część z nich podaje pierś przez co najmniej 6 miesięcy. Przejście na butelkę to osobisty wybór matki, często jednak spowodowany brakiem wsparcia.

MLEKA MODYFIKOWANE

To mleka otrzymane z modyfikowanego mleka krowiego, których szeroka gama jest dostępna w sklepach. W ich wyborze dużą rolę odgrywa marketing. Jeśli jednak niemowlę jest zadowolone z pierwszego mleka, nie ma powodu, żeby wprowadzać inne. Zmienianie co chwilę mleka nie jest dobrym pomysłem.

- Mleka początkowe są przeznaczone dla dzieci, które nie są karmione piersią. Zawierają dużo serwatki i są zmodyfikowane na wzór mleka matki. Stosunek serwatki do kazeiny wynosi w nich 60 : 40.
- Mleka następne są reklamowane jako mleka dla głodniejszych dzieci. Są bogate w kazeinę (stosunek serwatki do kazeiny wynosi w nich 20 : 80) i zbliżone do pełnotłustego mleka krowiego. Kazeina jest trudniejsza do strawienia dla dziecka, dlatego nie zaleca się jej dzieciom do 6. tygodnia życia.
- Mleka kolejne zawierają dodatkowe minerały i witaminy. Są reklamowane jako mleka dla starszych, ponadpółrocznych dzieci. Zostały stworzone, żeby zniechęcić matki do podawania niemowlętom czystego mleka krowiego przed ukończeniem 1. roku życia.
- Mleka specjalne są przeznaczone dla dzieci z problemami. Wcześniaki są karmione mlekiem o podwyższonej wartości kalorycznej. Mleko zagęszczone jest reklamowane jako odpowiednie dla dzieci z refluksem – wygląda normalnie zaraz po przygotowaniu, ale gęstnieje, gdy miesza się z kwasem żołądkowym (czy to pomaga, pozostaje kwestią sporną). Istnieją także mleka niezawierające ani białka mleka krowiego, ani laktozy.

Czy dziecko pije wystarczająco dużo mleka?

Karmiąc mlekiem z butelki, łatwiej zmierzyć ilość zjedzonego przez dziecko pokarmu. Istnieją pewne zasady odwołujące się do zdrowego rozsądku.

KARMIENIE PIERSIĄ

- Po 2. tygodniu życia dziecko powinno wrócić do wagi urodzeniowej, a następnie przybierać od 150 do 200 gramów na tydzień przez kolejne 3 miesiące.
- Maluch moczy ponad 5 pieluszek dziennie.
- Stolec jest normalny (często dość wodnisty).
- Dziecko dobrze ssie pierś, jego usta przykrywają cały sutek i prawie całą brązową obwódkę wokół niego.

Dziecko karmione piersią samo zadecyduje, ile potrzebuje mleka i będzie odpowiednio dużo ssało. Bardzo ważne jest, żeby nie podawać dziecku mleka z suplementami w pierwszych dniach karmienia piersią. Może to podważyć twoją wiarę w zdolność karmienia.

Karmienie z butelki

WIEK	ILOŚĆ MLEKA	LICZBA KARMIEŃ DZIENNIE
1.–2. tydzień	60 ml	7–8
2.–6. tydzień	90–120 ml	6
2. miesiąc	120–180 ml	5–6
3. miesiąc	180–210 ml	5
6. miesiąc	210–240 ml	4

„Pierwsze stałe pokarmy powinny zawierać żelazo".

(Kanadyjskie Stowarzyszenie Pediatrów, 2008)

CZY DZIECKO JE WYSTARCZAJĄCO DUŻO POKARMÓW STAŁYCH?

Dziecko nie powinno jeść stałych pokarmów przed ukończeniem 4. (a nawet 6.) miesiąca życia.

Od 4. do 6. miesiąca życia

Zacznij od płaskich łyżeczek przecieru z marchewki lub kaszki, na przykład ryżowej zmieszanej z mlekiem z piersi lub mlekiem modyfikowanym (będzie miała konsystencję jogurtu). Jeśli dziecko będzie jadło chętnie, dodaj przecier z owoców lub warzyw.
Następnie spróbuj podać drobno zmielone mięso. Najlepiej na raz wprowadzać jeden rodzaj pokarmu, w odstępie 1 lub 2 dni. Dziecko może zacząć pić mleko zmodyfikowane z kubka począwszy od 6. miesiąca życia. Wycofuj stopniowo butelkę.

Od 7. do 8. miesiąca życia

Dziecko powinno dziennie zjadać 3 posiłki zawierające stałe pokarmy i pić mleko z piersi albo zmodyfikowane (najlepiej z kubeczka dziecięcego lub filiżanki). Może jeść papkę, a następnie grudki i pokrojone cząstki jedzenia. W okolicy 1. urodzin powinno jeść to samo (aczkolwiek w mniejszych ilościach), co reszta rodziny. Nie powinno pić produktów mlecznych z odtłuszczonego mleka do ukończenia 2. roku życia.

Od 1. do 2. roku życia

Dziecko będzie potrzebować więcej tłuszczów i mniej błonnika niż starsze dzieci (właściwie jego całe zapotrzebowanie na błonnik spełnią płatki zbożowe, owoce i warzywa). Powinno zjadać 3 główne małe posiłki, a między nimi przekąskę (owoce, krakersy, rodzynki lub jogurt z mlekiem).

Od 2. do 5. roku życia

Dieta powinna zacząć się zmieniać z niskotłuszczowej na wysokobłonnikową.
Właściwie zaplanowana dieta dziecka zawiera:

- chleb, ryż, makaron, płatki zbożowe lub ziemniaki w każdym posiłku,
- owoce lub warzywa przy każdym posiłku,
- mleko, ser lub jogurt 2 razy dziennie,
- mięso, ryby, jajka lub orzechy 2 razy dziennie,
- 6–8 szklanek płynów dziennie.

Zalecane dzienne porcje każdej grupy pokarmów

Pokarm	1. –3. rok życia	3. –5. rok życia
Węglowodany	**4 porcje**	**co najmniej 4–6 porcji**
Chleb	½–1 kromka	1 mała kromka
Ziarna zbóż	1–2 łyżki stołowe	2–3 łyżki stołowe
Płatki pełnozbożowe	10–20 gramów	30 gramów
Purée ziemniaczane	½–1 gałka	1–1½ gałki
Gotowane ziemniaki	½–1 ziemniak	1–1½ ziemniaka
Gotowany ryż bądź makaron	1–2 łyżki stołowe	2–3 łyżki stołowe
Owoce i warzywa	**2–4 porcje**	**co najmniej 4 porcje**
Jabłko/gruszka/banan	½ owocu	1 mały owoc
Śliwka/kiwi/mandarynka	½–1 owoc	1 owoc
Winogrona	6–8 sztuk	12 sztuk
Truskawki	4 sztuki	6 sztuk
Owoce z puszki	1 łyżka stołowa	2 łyżki stołowe
Marchewka	½ sztuki lub 1 łyżka stołowa	1 mała sztuka lub 2 łyżki stołowe
Inne warzywa gotowane	1 łyżka stołowa	1 łyżka stołowa
Warzywa sałatkowe	2 łyżki stołowe	3 łyżki stołowe
Pomidory	2 pomidorki koktajlowe lub ½ pomidora	3 pomidorki koktajlowe lub 1 mały pomidor
Zupa warzywna	1 miseczka	1 miseczka
Nabiał	**3 porcje**	**3 porcje**
Ser	30 gramów	30 gramów
Mleko	200 mililitrów	200 mililitrów
Jogurt	25 gramów	125 gramów
Białko	**2 porcje**	**2 porcje**
Mięso mielone	1–2 łyżki stołowe	2–3 łyżki stołowe
Mięso	1–1½ kawałka	1–2 kawałki
Filety rybne	¼–½ małego fileta	½–1 mały filet
Paluszki rybne / kiełbasa	1–2 sztuki	2–3 sztuki
Jaja	½–1 jajo	1 jajo
Fasola, soczewica	1–2 łyżki stołowe	2–3 łyżki stołowe
Masło orzechowe	1–2 łyżki stołowe	2–3 łyżki stołowe
Produkty bogate w tłuszcze i cukier	**Rzadko**	**Rzadko**
Słodycze, chrupki, napoje gazowane, ciastka, ciasto świeże i pakowane, jedzenie fast-food, jedzenie smażone	Okazjonalnie	Okazjonalnie

Źródło: *Feed Your Child Well* (*Karm dobrze swoje dziecko*) autorstwa dietetyków z Akademickiego Szpitala Dziecięcego w Dublinie.

PYTANIA i ODPOWIEDZI

„Niemowlęta należy karmić wyłącznie piersią przez 6 pierwszych miesięcy".

(Światowa Organizacja Zdrowia, 2008)

Bardzo chciałabym karmić dziecko piersią, gdy się urodzi, ale niektóre moje znajome próbowały i miały z tym problemy. W końcu rezygnowały.

Spróbuj karmić dziecko piersią, a w razie problemów jeszcze w szpitalu zwróć się o pomoc do dobrej pielęgniarki laktacyjnej. Musisz się nauczyć tej sztuki (dziecko także), a to zajmuje kilka dni. W cierpliwości tkwi tajemnica sukcesu. Gdy zostaniesz wypisana z oddziału położniczego (a tym samym odcięta od dostępu do pielęgniarek, które są najlepszymi nauczycielkami karmienia), będziesz musiała radzić sobie sama – często wyczerpana i zmuszona do stawienia czoła problemom z karmieniem, problemom, które są nieuchronne, łatwo więc się poddać.

Najlepiej zacząć karmienie jeszcze na sali porodowej. Ty i dziecko jesteście do tego naturalnie przygotowani. Twoje piersi zaczynają wówczas wytwarzać mleko (nawet jeśli nie planujesz karmić piersią), a odruch ssania u dziecka jest najsilniejszy w 2 pierwszych godzinach po urodzeniu. Nawet minuta czy dwie niezdarnego karmienia pomoże uruchomić dobre nawyki.

Naucz się podstawowych technik przystawiania dziecka jeszcze przed porodem, jeśli masz taką możliwość. I postaraj się, żeby wszyscy wiedzieli, że chcesz karmić piersią – zwłaszcza położne na oddziale poporodowym. To one będą twoimi największymi sprzymierzeńcami. Pielęgniarki będą pomocne w trudnych chwilach, gdy dziecko nie będzie potrafiło chwycić brodawki lub będzie zbyt zdenerwowane, by ssać.

Czy istnieje możliwość zostania w szpitalu trochę dłużej? Niestety, raczej nie. Na szczęście zawsze możesz prosić o pomoc swoją położną środowiskową, która odwiedzi cię zaraz po powrocie do domu.

Jeśli nie nauczysz się karmić piersią przed opuszczeniem szpitala, twoje szanse na wytrwanie przy tym rozwiązaniu są niewielkie. Jeśli jednak ci się uda, to fantastyczny prezent dla dziecka, który przynosi korzyść również tobie (pozwoli stracić część przybranej w ciąży wagi, jeśli nie będziesz podjadać kalorycznych przekąsek).

O ile to możliwe, nie podawaj dziecku mleka modyfikowanego na początku, bo może to utrudnić ci karmienie.

Karmienie piersią nie jest instynktowne, dlatego postaraj się, żeby ktoś cię tego nauczył. Może w twoich okolicach działa jakaś grupa wsparcia dla karmiących matek lub pogotowie laktacyjne. Oto wiedza i umiejętności, których będziesz potrzebować:

- odpowiednie przystawienie dziecka do piersi,
- ułożenie dziecka,
- jak radzić sobie z bólem i problemami z piersiami.

Wszystkie niemowlęta chcą po prostu ssać i rzadko zdarza się, że dziecko nie chce być karmione piersią. Jeśli tak się stanie, niech ktoś pomoże ci odciągnąć mleko i karm nim dziecko przez strzykawkę lub z kubeczka.

W przypadku urodzenia wcześniaka być może będziesz musiała karmić w ten sposób przez kilka tygodni, ale jest to warte zachodu. Mleko matki jest bardzo ważne dla dzieci urodzonych przed terminem. Dzięki temu będziesz też miała bliski kontakt ze swoim maleństwem na mało przytulnym oddziale intensywnej terapii.

Czy podawanie dziecku stałych pokarmów przed 4. miesiącem życia powoduje alergie pokarmowe?

Nie ma wystarczającej liczby badań, które dałyby nam całkowitą pewność w tej kwestii, ale zazwyczaj nie zalecam wprowadzania stałych pokarmów zbyt wcześnie. Układ trawienny dzieci jest wciąż stosunkowo niedojrzały i uważa się, że antygeny powodujące alergie mogą szybciej trafić do jelit i wywołać uczulenie. Niedawno przeprowadzone badania dowiodły, że opóźnianie wprowadzenia stałych pokarmów zmniejsza ryzyko egzemy u dzieci, w których rodzinach występują liczne przypadki alergii. Wyklucz też pokarmy uczulające z początkowej diety maluszka. Zdecydowanie powinnaś unikać podawania glutenu (pszenicy) przed ukończeniem 1. roku życia.

Dlaczego nie powinnam podawać niemowlęciu miodu?

Niemowlęta nie powinny jeść miodu przez 12 pierwszych miesięcy życia ze względu na zagrożenie niemowlęcym zatruciem jadem kiełbasianym. Choroba ta jest kojarzona z miodem i niektórymi odmianami syropów kukurydzianych. Miód może być zakażony laseczkami jadu kiełbasianego (*clostridium botulinum*), które mogą być szkodliwe, gdy dojdzie do kolonizacji jelit niemowlęcia i produkcji toksyn.

Czy moje dziecko wyrośnie z refluksu?

Dzieci zazwyczaj wyrastają z refluksu żołądkowo-przełykowego. Amerykańskie badania wykazały, że 50% dzieci wyrasta z niego przed ukończeniem 6 miesięcy, 75% – do 12 miesięcy, a 95% – do 18 miesięcy.

KARMIENIE DZIECKA

- Nie karm mlekiem krowim dziecka, które nie skończyło jeszcze roku. Dziecko potrzebuje żelaza, które wzmaga rozwój mózgu. Otrzyma je z mleka matki lub mleka modyfikowanego. Nie podawaj mu specjalnego mleka bez porady lekarskiej.
- Dziecko karmione piersią nie potrzebuje mleka modyfikowanego dla uzupełnienia diety. Będzie samodzielnie regulować ilość pokarmu i pić tyle, ile potrzebuje jego organizm.
- Nie wolno zastępować sokiem owocowym mleka z piersi czy modyfikowanego. Pomiędzy karmieniami najlepiej podawać dziecku przegotowaną, schłodzoną wodę.
- Nie zalecam podawania niemowlętom herbaty, wody mineralnej czy napojów gazowanych.

SYGNAŁY ALARMOWE

ZGŁOŚ SIĘ DO LEKARZA, JEŚLI:

dziecko tylko lekko zwilża pieluchy, a przy tym jest ospałe bądź bardzo niespokojne i zdaje się nie połykać podczas karmienia,

wygląda, jakby znacznie straciło na wadze (ponad 8% wagi urodzeniowej),

twoje sutki bolą lub piersi są nabrzmiałe (po 1. tygodniu karmienia).

ZWRÓĆ SIĘ PILNIE O POMOC, JEŚLI:

pojawiły się ciężkie objawy refluksu: dziecko wymiotuje całe wyssane mleko, jest bardzo rozdrażnione i nie przybiera na wadze,

wymiociny są ciemnozielone (koloru trawy). Może to świadczyć o niedrożności jelit,

dziecko bardzo gwałtownie wymiotuje, a wymiociny mogą pobrudzić ścianę oddaloną o ponad metr (może to oznaczać przerostowe zwężenie odźwiernika),

pojawiły się objawy zapalenia żołądka i jelit u niemowlęcia (wymioty i biegunka w połączeniu z gorączką).

ROZDZIAŁ 8

Gorączka

„O godzinie osiemnastej córka odmówiła zjedzenia obiadu. Wyglądała na zmęczoną i chciała ciągle siedzieć mi na kolanach, więc położyliśmy ją spać wcześniej niż zwykle i zmierzyliśmy temperaturę (miała 38,2°C). Podaliśmy małej lek, który zbił gorączkę. Dziecko zasnęło. O pierwszej nad ranem sprawdziliśmy, jak się czuje. Było o wiele bardziej rozpalone. Temperatura wynosiła 39,1°C. Nie chcieliśmy kłopotać lekarza o tej porze, ale byliśmy bardzo zaniepokojeni".

To objaw, a nie przyczyna

Być może znasz tę sytuację: termometr wskazuje 39°C, wysoką temperaturę, co oznacza, że dzieje się coś bardzo niedobrego, ale dziecko leży zadowolone na sofie i ogląda telewizję. Ty przekładasz terminy w pracy na drugi plan. Książki mówią, że powinnaś zadzwonić do lekarza.

Wysoka temperatura to objaw, który trudno właściwie zinterpretować. Ile razy zapracowani lekarze wzdychają, widząc kolejne dziecko z gorączką? Ilu rodziców łapie za telefon, gdy temperatura wzrasta? Podniesiona temperatura jest niczym prześwietlenie bagażu w ramach środków bezpieczeństwa na lotnisku: zdecydowana większość walizek jest nieszkodliwa. Podobnie większość gorączkujących dzieci przechodzi jedynie zwykłą infekcję wirusową. Ty jednak musisz być czujna na wyjątki.

Jedno jest pewne. Dziecko z pewnością prędzej czy później dostanie gorączki. Przeciętny maluch przejdzie od 6 do 8 infekcji wirusowych w latach przedszkolnych.

- W większości przypadków gorączka nie stanowi powodu do paniki.
- To bardzo pożyteczny objaw wskazujący na to, że dzieje się coś niedobrego.
- Skłania cię do uważnej obserwacji dziecka w celu wykrycia bardziej specyficznych objawów choroby.
- Sama gorączka dziecka nie stanowi zagrożenia dla życia.
- Nie martwię się zbytnio gorączką u dzieci, które się uśmiechają.

ALE

W przypadku gorączki u dziecka do 3. miesiąca życia należy natychmiast zwrócić się o pomoc do lekarza.

„Termometry uszne nie są wiarygodne w przypadku dzieci do 6. miesiąca".

(UpToDate, internetowe źródło informacji dla pielęgniarek dyplomowanych, 2008)

CZY TO GORĄCZKA?

- W praktyce za gorączkę uważa się temperaturę od 38°C wzwyż.
- Gdy małe dziecko cichnie i wydaje się rozpalone, musisz mu zmierzyć temperaturę.
- Najważniejszą decyzją jest zawsze skontaktowanie się z lekarzem. Nic nie zastąpi lekarskiej porady, ale mocno wierzę w instynkty mądrego rodzica. Gdy matka mówi mi, że bardzo się martwi, ja również się martwię.

Wymówka choroby wirusowej

W pośpiechu pakujesz do samochodu dziecko (wraz z dziećmi sąsiada i psem) tylko po to, żeby się dowiedzieć od lekarza, że dziecko ma chorobę wirusową, która minie sama. Niektórzy rodzice podejrzewają, że to wymówka lekarzy, którzy ją stosują, kiedy nie znają przyczyny dolegliwości. W rzeczywistości wiele przypadków gorączki jest wywołanych chorobą wirusową, jedną z setek. Trudno w tym wypadku postawić diagnozę poza laboratorium. W większości sytuacji choroba minie samoistnie pod warunkiem, że będziesz kontrolował temperaturę.

Światła drogowe

Jakie jest ryzyko poważnej choroby wirusowej, gdy dziecko gorączkuje?

ŚWIATŁO ZIELONE – NISKIE RYZYKO

Kolor
- skóra, wargi i język normalnego koloru

Reakcje
- zwyczajna reakcja na twoją obecność
- dziecko zadowolone, uśmiechnięte
- brak senności, dziecko łatwo obudzić
- zdrowy, głośny płacz lub jego brak

Nawodnienie
- skóra i oczy normalne
- usta wilgotne

Inne
- brak objawów oznaczonych światłem pomarańczowym lub czerwonym

ŚWIATŁO POMARAŃCZOWE – ŚREDNIE RYZYKO

Kolor
- skóra blada

Reakcje
- brak normalnej reakcji na twoją obecność
- dziecko trudno obudzić
- dziecko mniej aktywne
- nie uśmiecha się

Oddychanie
- rozwarte nozdrza
- przyspieszony oddech: ponad 50 oddechów na minutę (dziecko od 6 do 12 miesięcy), ponad 40 oddechów na minutę (dziecko mające ponad rok)

Nawodnienie
- suche język i wargi
- brak apetytu u niemowlęcia
- po uciśnięciu paluch u nogi staje się biały i nie wraca do normalnego koloru w ciągu 3 sekund (czas potrzebny do wypełnienia się naczyń włosowatych)
- rzadsze oddawanie moczu

Inne
- gorączka utrzymująca się przez ponad 5 dni
- obrzęk kończyny lub stawu
- dziecko stoi z trudem lub utyka
- pojawienie się guza na ciele

ŚWIATŁO CZERWONE – WYSOKIE RYZYKO

Kolor
- blada, cętkowana, popielata lub sina cera

Reakcje
- brak reakcji na twoją obecność
- trudności z obudzeniem dziecka. Zaraz po przebudzeniu dziecko zasypia
- słaby płacz o wysokich dźwiękach bądź nieustanny płacz

Oddychanie
- charczenie.
- przyspieszony oddech: ponad 60 oddechów na minutę
- zapadnięta klatka piersiowa (lekko bądź znacznie)

Nawodnienie
- jeśli uszczypiesz dziecko, skóra odstaje (jak namiot) i nie wraca do normalności

Inne
- gorączka powyżej 38°C (u dzieci od narodzin do 3 miesięcy)
- gorączka powyżej 39°C (u dzieci od 3 do 6 miesięcy)
- wysypka nie blednie pod uciskiem
- u niemowląt pulsuje ciemiączko z przodu głowy
- szyja jest sztywna
- słaby atak drgawek trwający ponad 20 minut
- drgawki po jednej stronie ciała
- słabość po jednej stronie ciała
- wymiociny zabarwione żółcią

Źródło: NICE Guidelines

CZY TO POWAŻNA INFEKCJA?

U gorączkujących dzieci do 3. miesiąca życia należy także wykluczyć infekcje dróg moczowych.

(Brytyjski Krajowy Instytut Zdrowia i Badań Klinicznych, Wielka Brytania, 2007)

Obecnie w pediatrii używa się tak zwanej miary świateł drogowych, która pomaga ustalić, czy prawdopodobieństwo, że gorączkujące dziecko ma poważną infekcję wirusową jest niskie, średnie czy wysokie (zob. Światła drogowe, s. 99).

W jakim punkcie wykresu możesz umieścić objawy dziecka? Jeśli znajdują się na pomarańczowym lub czerwonym polu, potrzebujesz pomocy lekarza. Jeżeli nie potrafisz zadecydować, kieruj się intuicją.

Bardzo niewielka liczba (do 3%) dzieci, które trafiają do szpitala z temperaturą, ma poważną infekcję bakteryjną. Dzięki szczepieniom przypadki śmierci dzieci na skutek poważnych infekcji w naszej części świata prawie się nie zdarzają (z wyjątkiem zapalenia opon mózgowo-rdzeniowych).

CZY TO ZAPALENIE OPON MÓZGOWO-RDZENIOWYCH?

Zapalenie opon mózgowo-rdzeniowych może być przerażające, ale pamiętaj, że jest rzadkie. Mniej niż 1 na 1000 dzieci trafiających do szpitala z gorączką jest zakażone meningokokami. (Nie jest to wielka liczba, zwłaszcza że większość gorączkujących dzieci nie trafia do szpitala).

Problem lekarzy rodzinnych polega na tym, że trudno odróżnić wczesną fazę zapalenia opon mózgowo-rdzeniowych od choroby wirusowej, najczęstszej przyczyny gorączki. Lekarze widzą choroby wirusowe codziennie, a przypadek zapalenia opon mózgowo-rdzeniowych najwyżej raz na 6 lat. Większość z nich jest jednak ostrożna i bardzo szybko reaguje na wszelkie podejrzenia zapalenia opon mózgowo-rdzeniowych.

Jeśli dziecko gorączkuje, sprawdź na wszelki wypadek, czy nie ma wysypki. Mówię studentom medycyny, że pobieżne oględziny nie są wystarczające – należy zbadać całe ciało. Sprawdź pupę i stopy, gdyż niektóre wysypki występują wyłącznie w tych rejonach. Wysypka przy zapaleniu opon mózgowo-rdzeniowych ma postać płaskich, niebladnących plamek, które nie jaśnieją przy uciśnięciu dnem szklanki. Najprawdopodobniej nie jest to zapalenie opon mózgowych, jeśli wysypka ogranicza się do głowy, szyi i tułowia.

Nie czekaj na sytuację kryzysową – wykonaj test już teraz.

Wysypka nie jest jedynym objawem zapalenia opon mózgowo-rdzeniowych. Może nie wystąpić w pierwszej fazie choroby (co jeszcze bardziej utrudnia diagnozę), a u nawet 20% pacjentów nie pojawia się w ogóle. Jeśli dziecko ma kilka z wymienionych poniżej objawów, powinieneś natychmiast skontaktować się z lekarzem lub udać się do szpitala:

- gorączka,
- płaska, plamista wysypka nieblednąca przy ucisku,
- nietypowa senność,
- nietypowy płacz,
- wymioty,
- zimne dłonie i stopy, bóle w nogach i zmiana koloru skóry,
- u starszych dzieci ból głowy, sztywna szyja, nadwrażliwość na jasne światło.

Małe dzieci miewają drgawki

Niekiedy u małych dzieci z wysoką temperaturą mogą wystąpić drgawki gorączkowe. To dla rodziców straszne doświadczenie. Dziecko sinieje, dostaje gwałtownych drgawek i toczy pianę z ust. Większość rodziców myśli wtedy, co jest zupełnie zrozumiałe, że dziecko umiera.

To prawdopodobnie drgawki gorączkowe, jeżeli:

- dziecko ma temperaturę powyżej 38,5°C,
- jest przeziębione albo ma infekcję wirusową i jest blade.

Drgawki gorączkowe są częstsze i zazwyczaj mniej poważne, niż myślisz. Dziecko zwykle z nich wyrasta.

„Drgawki gorączkowe są najczęstszym typem drgawek i występują u 2–4% dzieci”.

(A. Pisacane, Wydział Pediatrii, Uniwersytet Neapolitański, 1996)

Jak to działa?

Współczesna medycyna wierzy, że gorączka nie jest zjawiskiem wyłącznie negatywnym. Dziecko, tak jak wszystkie ssaki, dostaje gorączki, żeby utrudnić życie wirusom i bakteriom znajdującym się w organizmie. Podwzgórze w mózgu kontroluje temperaturę ciała i zwykle utrzymuje ją w dość wąskim przedziale. Gdy układ odpornościowy sygnalizuje, że w organizmie doszło do infekcji, podwzgórze podnosi temperaturę, żeby zwalczyć chorobę. Gorączka sprawia też, że dziecko źle się czuje. Obniżenie jej zmniejsza dyskomfort i przywraca apetyt.

LECZENIE **W DOMU**

Jeśli dziecko skończyło 3 miesiące i nie ma innych objawów oprócz gorączki, możesz zazwyczaj leczyć je w domu. Jeśli jednak się martwisz albo uznasz, że objawy się pogarszają, skontaktowanie się z lekarzem jest jak najbardziej wskazane.

+ Zawsze na wszelki wypadek sprawdź, czy dziecko nie ma wysypki.
+ Obniż temperaturę za pomocą leków. Wszystkie leki przeciwgorączkowe przeznaczone dla dzieci, na przykład paracetamol i ibuprofen, powinny przynieść efekty w ciągu pół godziny.
+ Ochłódź ciało dziecka, rozbierając je do podkoszulka. Spróbuj przemyć malucha myjką nasączoną letnią (nie zimną!) wodą.
+ Podawaj dziecku regularnie małe łyki wody. Równie dobrze sprawdzą się lody z zamrożonych soków owocowych.
+ Obserwuj dziecko pod kątem innych objawów i, ewentualnie, dalszego wzrostu temperatury.
+ Antybiotyki nie są zazwyczaj konieczne. To najprawdopodobniej choroba wirusowa, a antybiotyk nie zwalczy wirusa.

Rodzice chętnie podaliby dziecku antybiotyk na wypadek, gdyby okazało się, że to infekcja bakteryjna. Jeśli maluch ma wyraźne objawy choroby o podłożu bakteryjnym (na przykład infekcję ucha lub zapalenie migdałów), przepisuję antybiotyki, ale podanie ich dziecku, które gorączkuje i nie ma innych objawów, nie powstrzyma poważnej choroby.

Pierwsza pomoc w czasie ataku drgawek

Jeśli dziecko ma drgawki gorączkowe:

+ rozbierz je do podkoszulka,
+ połóż je na boku w pozycji ratunkowej (zob. ilustrację na s. 124),
+ nie wkładaj mu nic do ust,
+ obmyj dziecko ciepłą wodą,
+ jeśli masz w domu czopki paracetamolu, zastosuj je (wyłącznie doodbytniczo),
+ zadzwoń do lekarza po poradę.

Drgawki zwykle nie trwają dłużej niż 5 minut, ale jeśli się przeciągają, zadzwoń po pogotowie.

PYTANIA i ODPOWIEDZI

- **Możemy podawać dziecku lek wyłącznie co 4 godziny. Co robić, gdy temperatura w międzyczasie nie spadnie?**

Rodzice nieustannie dzwonią do lekarzy i szpitali z pytaniami dotyczącymi gorączkującego dziecka. Wielu z nich ucieka się do drastycznych kroków niosących więcej szkód niż korzyści: otwierają na oścież okna lub okładają dziecko lodowatymi ręcznikami (niepotrzebnie). Inni szczelnie okrywają dziecko kołdrami, co zwyczajnie podwyższa temperaturę. Niektórzy stosują wentylatory w celu ochłodzenia powietrza. To zły pomysł, gdyż wiatraki wysuszają skórę i zmniejszają przewodnictwo ciepła. Nie panikuj i nie kąp dziecka w zimnej wodzie. Schłódź jego skórę, obmywając ją delikatnie letnim ręcznikiem, i kontynuuj podawanie leków.

- **Dlaczego uważa się, że 38°C to temperatura, od której zaczyna się gorączka?**

Jest to powszechnie uznana najniższa temperatura gorączki od 1868 r., gdy przeprowadzono badania z udziałem 25 000 gorączkujących pacjentów. Od tamtej pory toczy się debata, czy wynik ten jest właściwy, zwłaszcza że pomiarów dokonywano wtedy, wkładając termometr pod pachę, a więc odczyty były mniej dokładne. To pożyteczna wytyczna, ale nie traktowałbym jej zbyt dosłownie.

- **Jaki rodzaj termometru daje najbardziej precyzyjny odczyt?**

Niektórzy rozwodzą się nad wyższością różnych termometrów: rtęciowych nad cyfrowymi, odbytniczych nad stosowanymi pod pachą, usznymi lub czołowymi. Przypisują tym samym zbyt wielkie znaczenie dokładnemu pomiarowi temperatury. Prawda jest taka, że możesz korzystać z jakiegokolwiek termometru. Istotne jest stwierdzenie gorączki i jej obniżenie, a nie dokładna wysokość. (Zob. Informacje na temat stosowania termometrów, s. 283–285).

- **Jakie badanie dziecko będzie musiało przejść, gdy trafi do szpitala?**

Gorączkujące dzieci często trafiają do szpitala w celu obserwacji rozwoju objawów. Badania zwykle obejmują morfologię, posiew krwi i posiew moczu. Czas oczekiwania na wyniki wynosi 2 dni. Rodzice są niekiedy przerażeni sugestią wykonania punkcji lędźwiowej. Jest to częsta procedura, zwłaszcza u małych dzieci, i ma na celu wykluczenie zapalenia opon mózgowo-rdzeniowych. Za pomocą niewielkiej igły pobiera się kilka kropel płynu z kręgosłupa lędźwiowego. Jest to bezpieczny zabieg. W ciągu kilku godzin uzyskuje się pierwsze potwierdzenie, że wszystko jest w porządku, ale należy zaczekać 2 dni na wyniki posiewu krwi.

GORĄCZKA U NIEMOWLĄT

- Bądź bardzo ostrożny w przypadku dzieci mających mniej niż 3 miesiące. U noworodków gorączka pojawia się wolno, dlatego każdy wzrost (lub spadek) temperatury jest bardzo znaczący. Jeśli dziecko gorączkuje, zadzwoń natychmiast do lekarza.
- Jeśli noworodek gorączkuje przed ukończeniem 3. miesiąca życia, jest duże prawdopodobieństwo (25% w przypadku dzieci do 2 tygodni), że to poważna infekcja bakteryjna. Najczęściej występuje infekcja dróg moczowych. W każdym domu, w którym jest dziecko, powinien znajdować się termometr.

SYGNAŁY ALARMOWE

ZWYKLE KIERUJĘ DZIECKO DO SZPITALA, JEŚLI:

ma gorączkę i rozszerzającą się wysypkę,

ma gorączkę i inne objawy, takie jak: ból głowy, apatia, bóle, wymioty, bladość, utykanie, nadwrażliwość na światło, sztywna szyja,

ma gorączkę dłużej niż 4 dni i nie jest ona uzasadniona inną chorobą,

ma mniej niż 3 miesiące.

Pytam, czy dziecko ożywia się, gdy temperatura spada. To ważna informacja. Gdy temperatura maleje, dziecko powinno być bardziej aktywne, a gdy temperatura rośnie, może tracić energię.

ROZDZIAŁ 9

Alergia pokarmowa

„Syn spróbował odrobiny jajecznicy i chwilę później dostał nagle wysypki. Teraz cały jest pokryty czerwonymi krostami, nie tylko na twarzy. Krosty te swędzą, bo cały czas się drapie, a jego twarz wygląda okropnie. Ogólnie wydaje się, że czuje się dobrze, nie ma gorączki ani innych objawów z wyjątkiem opuchniętych powiek".

Kozioł ofiarny

Alergie pokarmowe są teraz bardzo modnym tematem. Każdy lekarz przyzna, że rodzice często o nie pytają. Opinie są bardzo podzielone. W kwestii uczuleń medycyna konwencjonalna ma w swoich szeregach wielu sceptyków. „Nie można tak na prawdę wykonać testów na alergie – skarżą się. – To fantazje". Inni natomiast wierzą, że jesteśmy na skraju alergicznej epidemii.

Nie jestem sceptykiem, przeciwnie. Wierzę, że mamy poważny problem z alergiami pokarmowymi. Rodzice jednak często winią pożywienie za wiele objawów, za które odpowiadają zupełnie inne czynniki.

- Wiele osób cierpi na drobne nietolerancje pokarmowe, na alergie pokarmowe – niewiele.
- Większość dzieci wyrasta z alergii pokarmowych przed 3. rokiem życia.

„Niepożądane reakcje na pokarmy można klasyfikować jako spowodowane faktyczną alergią pokarmową lub nietolerancją o podłożu innym niż alergiczne".

(*British Medical Journal ABC Alergii*, 1998)

- Nie istnieją jak dotąd żadne skuteczne testy na nietolerancję pokarmową.
- Nie stwierdzaj u dziecka alergii pokarmowych zbyt pochopnie. Przyczyna może leżeć gdzie indziej.

CZY TO ALERGIA POKARMOWA?

„Badania wykazują, że około 20% dorosłej populacji sądzi, że cierpi na alergie pokarmowe. Po przeprowadzeniu badań i postawieniu diagnozy okazuje się jednak, że tylko 1–2% osób ma alergie".

(EUFIC, Europejska Rada Informacji o Żywności, Bruksela, 1999)

W przypadku alergii stawianie diagnozy przypomina trochę pracę dobrego detektywa. Szczególnie istotny dla rozpoznania jest czas. Czy objawy pojawiły się wkrótce po jedzeniu? Jeśli to alergia, są one zauważalne stosunkowo szybko w jednej z czterech wymienionych poniżej części ciała.

SKÓRA Może pojawić się krostowata, swędząca wysypka. Nieraz występuje obrzęk wokół oczu. Symptomy te pojawią się przeciągu kilku minut bądź godzin po zjedzeniu uczulającego pokarmu.

JELITA Język dziecka, wargi lub podniebienie są po zjedzeniu pokarmu spuchnięte. Mogą wystąpić wymioty, ból brzucha lub biegunka. Objawy są jednak łagodne.

DROGI ODDECHOWE Alergie pokarmowe mogą też objawiać się w drogach oddechowych, głównie jako katar, niedrożny nos, kichanie, kaszel lub świszczący oddech. Dolegliwości te nie są wyjątkowo uciążliwe. Gdyby były, sprawdź, czy to nie astma bądź alergiczny nieżyt nosa.

OCZY Nietolerancja pokarmowa może przejawiać się swędzeniem wokół oczu lub zapaleniem spojówek.

ALE

Objawy wstrząsu anafilaktycznego są inne (zob s. 116) i wymagają pilnej interwencji.

Stawiając diagnozę, muszę również ustalić:

- Jakie pokarmy wydają się powodować alergię?
- Czy były one surowe czy gotowane?
- Jaką porcję dziecko zjadło?
- Jakie są objawy i czy pojawiają się za każdym razem?
- Ile czasu upłynęło od ostatniej reakcji alergicznej?
- Czy w rodzinie są przypadki alergii pokarmowej lub astmy?
- Czy kontakt pokarmu ze skórą wywołuje reakcję?

Jeśli objawy występują natychmiast i są związane z danym rodzajem pokarmu, diagnoza jest zazwyczaj łatwa. W niektórych przypadkach dzieci dostają wysypki nawet przy dotknięciu jedzenia lub potarciu nim o skórę. Jeśli diagnoza nie jest jednoznaczna, zalecam zwykle rodzicom prowadzenie dziennika, w którym będą zapisywać, co zjadło dziecko i jakie miało objawy. Sprawdzam też, na co dziecko chorowało w przeszłości. Badam je i przeprowadzam badania diagnostyczne, żeby wykluczyć inne choroby. Niekiedy zalecam wykonanie tak zwanej podwójnie ślepej próby prowokacji żywnością, gdyż chcę sprawdzić, czy to alergia, czy zwykła nietolerancja pokarmowa.

CZY COŚ INNEGO?

Pokarm nie zawsze jest przyczyną alergii. Gdy reaguje skóra, jest to najprawdopodobniej egzema, zwłaszcza jeśli nie ma żadnej natychmiastowej reakcji po zjedzeniu konkretnego produktu. Klasyczne objawy to wysypka, która pojawia się najpierw na twarzy, a później także w okolicy łokci, kostek i kolan. Niekiedy wysypkę powoduje infekcja wirusowa.

Alergia czy nietolerancja pokarmowa?

Stwierdzenie alergii u dziecka jest dość jednoznaczne. Zazwyczaj po spróbowaniu danego pokarmu w ciągu kilku minut wargi i powieki dziecka puchną. Objawy i szybkość ich wystąpienia są często dramatyczne.

Sytuacja jest trudniejsza, gdy podejrzewa się (pomniejszą) nietolerancję pokarmową. Symptomy mogą nie być tak jasne. Należą do nich na przykład lekkie dolegliwości żołądkowe. Niestety, nie istnieją badania, które potwierdzałyby tę dolegliwość.

To dla medycyny problem, szczególnie że rodzice oczekują jasnej odpowiedzi, a nie lekarza, który zakłada, że ich reakcja jest przesadzona. W istocie możemy wspólnie pracować, aby wykluczyć wszelkie podejrzane pokarmy z diety.

Alergia pokarmowa wywołuje nieprawidłową reakcję układu odpornościowego. Organizm broni się przed tym, co uważa za szkodliwą substancję, wytwarzając przeciwciała IgE (immunoglobulinę E). Nietolerancja pokarmowa nie jest alergią – nie bierze w niej udziału układ odpornościowy. Dziecko może po prostu reagować na substancje chemiczne (naturalne związki chemiczne zawarte w pokarmie, na przykład w truskawkach, lub te dodawane do produktów). W większości przypadków nietolerancja jest związana z dawką i dziecko reaguje wyłącznie na dużą ilość alergenu. Dwie truskawki nie wyrządzą krzywdy, ale pełna miska sprawi, że maluch odczuje znaczny dyskomfort.

MAPA ALERGII NA ŚWIECIE

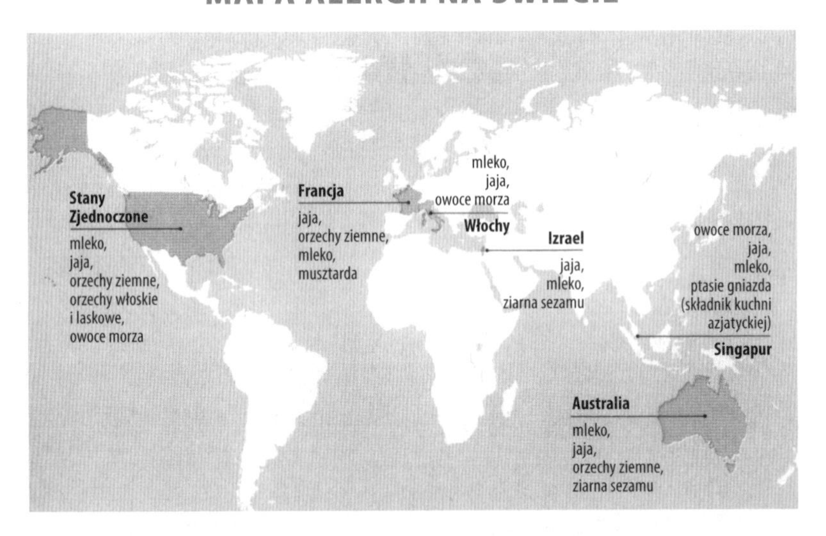

Jak to działa?

Alergologia wciąż nie jest oddzielną dziedziną nauki i w tym tkwi problem. Wiemy jednak, że układ odpornościowy człowieka się zmienił, a także że alergie wiążą się z dobrobytem, to znaczy jest to choroba krajów rozwiniętych. Czy powinno nas to dziwić? W końcu nie jesteśmy już narażeni na kontakt z chorobami bakteryjnymi w takim samym stopniu, jak przed laty. Zamiast tego wystawiamy nasze organizmy na próbę, spożywając żywność poddawaną obróbce, chemicznie modyfikowaną, która wciąż jest nowa dla łańcucha pokarmowego. Dieta naszych dzieci w 1. roku ich życia jest stosunkowo prosta, ale potem dość gwałtownie wkraczają wszystkie produkty zapełniające półki supermarketów. Czy oznacza to, że gdybyśmy zapewnili dzieciom monotonną dietę dłużej, poziom alergii pokarmowych byłby niższy? Trudno jednoznacznie odpowiedzieć na to pytanie, bo nie wiemy, w jakim stopniu spożywanie produktów poddanych obróbce wpływa na nasze zdrowie. Wiemy jednak, że:

- 20% populacji jest przekonana, że cierpi na alergie pokarmową, ale tylko u 2,5% jest ona potwierdzona badaniami klinicznymi,
- dzieci są bardziej narażone na alergie pokarmowe (choruje 6 na 100 dzieci),
- większość alergii zniknie przed 3. rokiem życia, ale jeśli dziecko ma alergię na orzechy ziemne lub gluten, to problem będzie mu towarzyszył całe życie.

Badania przeprowadzone na Uniwersytecie w Portsmouth w 2008 roku z udziałem 807 dzieci mieszkających na wyspie Isle of Wight przyniosły ważne odkrycie. Ponad jedna trzecia rodziców twierdziła, że ich dzieci są alergikami lub mają nietolerancję na co najmniej 1 pokarm. Dlaczego? Bo u dzieci występowały wysypka, swędzenie lub mrowienie w połączeniu z bólem brzucha, wymiotami lub kolką. Naukowcy odkryli jednak, że rzeczywista liczba dzieci z alergiami wynosiła mniej niż 60, a najczęstsze były alergie na orzechy ziemne, jaja i mleko.

Często nie wiemy, dlaczego niektóre osoby źle reagują na dany pokarm. Zauważono jednak, że jeśli dziecko mające silną alergię na dany składnik jedzenia w wieku 6 miesięcy przez rok czy dwa nie ma z nim kontaktu, najprawdopodobniej zacznie go tolerować. Co ciekawe, dziecko może tolerować dany produkt w postaci gotowanej, na przykład będzie wymiotować po jajku na miękko, ale jeść ze smakiem biszkopt.

Który pokarm stanowi problem?

„Pragnę podkreślić, jak rzadkie są zgony spowodowane alergiami pokarmowymi. Co roku w Irlandii i Wielkiej Brytanii rodzi się 750 000 dzieci, a na alergię umiera jedno poniżej 16. roku życia. To bardzo mała liczba".

(prof. A. Cant, Newcastle Royal Infirmary, 2008)

Ponad 90% reakcji alergicznych jest wywołanych kilkoma produktami żywnościowymi. U dzieci są to głównie mleko, jaja kurze, orzechy ziemne i pszenica. Ryby uczulają zwykle dorosłych.

ORZECHY ZIEMNE Alergię na orzechy ziemne należy traktować bardzo poważnie. Są one najczęstszą przyczyną wstrząsu anafilaktycznego kończącego się zgonem. W odróżnieniu od innych alergii, jest to problem na całe życie (zob. s. 116).

MLEKO KROWIE Winne jest zawarte w mleku białko. Alergia powinna się ujawnić, gdy dziecko napije się po raz pierwszy mleka krowiego lub mleka modyfikowanego – białko znajduje się w obu. Reakcje dziecka mogą być wielorakie:

- nadmierny płacz w przeciągu godziny od karmienia,
- wymioty i biegunka,
- dolegliwości dróg oddechowych i wodnisty katar,
- reakcje skórne,
- obrzęk powiek,
- drobne plamki krwi w stolcu.

Rozpoznasz alergię, gdy objawy znikną zupełnie po usunięciu mleka krowiego z diety i pojawią się ponownie po jego wprowadzeniu. Jeśli dziecko uwielbia jogurty i sery z krowiego mleka, zazwyczaj wykluczam alergię.

MLEKO SOJOWE Ludzie są zazwyczaj zaskoczeni, słysząc o alergii na mleko sojowe. Jeśli dziecko ma alergię na białko mleka krowiego, najprawdopodobniej jest również uczulone na mleko sojowe.

NIETOLERANCJA LAKTOZY Nie należy winić wyłącznie mleka. Dziecku może brakować enzymów koniecznych do wchłaniania laktozy obecnej w mleku. Dostrzeżesz następujące oznaki:

- wodnisty, rzadki stolec,
- wydęty brzuch,
- wolny przyrost masy ciała,
- zaczerwienienie w okolicy odbytu wywołane kwasem znajdującym się w stolcu.

Nietolerancja laktozy rzadko objawia się samodzielnie. Zazwyczaj jest połączona z zapaleniem żołądka i jelit lub inną alergią pokarmową, na przykład chorobą trzewną. Pediatra może skierować dziecko na badanie kału.

JAJA Głównym problemem jest białko jaja. Rozpoznasz tę alergię, gdy dziecko zje jajko po raz pierwszy, gdyż szybko pojawią się objawy:

- czerwona wysypka wokół ust kilka sekund po zjedzeniu,
- po chwili obrzęk ust,
- plamista wysypka na twarzy kilka minut później,
- opuchnięte powieki (zazwyczaj) w przeciągu kilku minut.

Wysypka może się rozszerzyć na resztę ciała, może pojawić się świszczący oddech, a dziecko może zacząć płakać. Niektóre dzieci reagują nawet na zwykły kontakt jaja ze skórą.

RYBY I SKORUPIAKI Reakcja na ryby może być nagła – zazwyczaj zorientujesz się w przeciągu kilku minut. Dziecko będzie miało następujące objawy:

- wysypkę,
- opuchnięte powieki,
- świszczący oddech,
- wymioty i biegunkę.

Dorsz jest zwykle najczęstszym alergenem rybnym, a skorupiaki mogą spowodować bardzo poważną reakcję alergiczną. Alergia na ryby trwa często całe życie, ale wstrząs anafilaktyczny (silna reakcja alergiczna) jest bardzo rzadka.

PSZENICA Celiakia (choroba trzewna) jest obecnie rzadka, gdyż gluten jest wprowadzony do diety dziecka stosunkowo późno. W ciągu ostatnich 5 lat zetknąłem się z 3 przypadkami tej choroby u dzieci. Jest to jednak bardzo poważna alergia, na którą dziecko będzie cierpieć przez całe życie. Przewlekła biegunka, nieprzybieranie na wadze i wzdęty brzuch mogą wskazywać na celiakię.

Gluten znajduje się w pszenicy, owsie i życie. Reakcja alergiczna zachodzi w jelicie cienkim, które staje się gładkie, a więc niezdolne wchłaniać substancje odżywcze. Nieleczona alergia tego rodzaju sprawi, że dziecko będzie wyglądać jak zagłodzone (z wydętym brzuchem), bardzo niedożywione. Badanie krwi i biopsja jelita potwierdzi chorobę i lekarz zaleci dziecku dietę bezglutenową na resztę życia.

LECZENIE **W DOMU**

Wielu rodziców wprowadza nawet małym dzieciom restrykcyjną dietę, a nie jest to konieczne. Co gorsza, ograniczenie takie może wpłynąć na rozwój dziecka.

+ Nie wprowadzaj dziecku restrykcyjnej diety bez zaleceń lekarza. Zanim zupełnie wyeliminujesz dane pokarmy, upewnij się, że diagnoza jest prawidłowa.

+ Prowadź dziennik z jadłospisem dziecka. Jeśli dziecko stawia opór, dużo płacze i ma świszczący oddech, ale żadnych konkretnych objawów, problem może tkwić w czymś innym. Zapisuj w dzienniku reakcje na zjedzone pokarmy i szukaj wyraźnych objawów.

+ Porozmawiaj z lekarzem. Badanie lekarskie wykluczy inne choroby.

+ Próbna eliminacja pokarmu musi trwać co najmniej 6 tygodni, żeby jej wynik był jednoznaczny. Upewnij się, że wyłączony składnik nie jest obecny w innym zjadanym przez dziecko pokarmie (na przykład mleko w batoniku).

+ Dalsze badania (na przykład tak zwana podwójnie ślepa próba prowokacji żywnością) można zaaranżować z lekarzem, ale często nie będą one konieczne. Historia reakcji dziecka na pokarm, dziennik z jadłospisem i próbne wykluczenia pokarmów są zazwyczaj wystarczające.

+ Alergia na mleko. Będzie konieczny zakaz picia mleka i spożywania wielu mlecznych produktów. Przejście na mleko sojowe lub kozie nie rozwiąże problemu – zawarte w nich białko także będzie uczulać. Jedynym rozwiązaniem jest zmodyfikowane mleko hypoalergiczne (choć dziecko może nie być zachwycone jego smakiem).

+ Alergia na soję. Będziesz musiał odstawić pokarmy zawierające białko soi. Nie jest to łatwe, gdyż znajduje się ona w wielu rodzajach mąki i chleba.

+ Alergia na jaja. Jaja należy wykluczyć. Uwaga: wiele produktów żywnościowych (włącznie z czekoladą!) zawiera jaja.

+ Alergia na pszenicę (choroba trzewna). Dziecko będzie musiało przejść na dietę bezglutenową na resztę życia. Sklepy i restauracje są obecnie bardziej świadome istnienia tego problem i zazwyczaj oferują produkty bezglutenowe.

- Alergia na owoce morza. Ryby i skorupiaki należy wykluczyć. Pamiętaj jednak, że krewetki mogą znajdować się w daniach restauracyjnych (i na wynos).
- Probiotyki zaleca się często, żeby odstraszyć alergie, ale wyniki badań przeprowadzonych w 2008 roku nie przemawiają za ich podawaniem dzieciom.
- Unikaj produktów silnie modyfikowanych. Czy warto narażać dziecko na tę próbę?
- Jeśli dziecko miało wcześniej wstrząs anafilaktyczny, nie ryzykuj jego powtórnego wystąpienia. Oznacza to unikanie produktów zawierających orzechy ziemne, co jest trudne, ponieważ coraz częściej znajdują się one w produktach poddawanych obróbce, na przykład hamburgerach wegetariańskich, lukrze, a nawet kosmetykach. Możliwe, że dziecko będzie także musiało nosić ze sobą dawkę adrenaliny do wstrzyknięcia i wszyscy w rodzinie będą się musieli nauczyć, jak w razie potrzeby wykonać zastrzyk. Prawda jest jednak taka, że bardzo niewiele dzieci dostaje zalecenie stałego posiadania leku – nie spodziewaj się więc, że twoje dziecko będzie do tego zmuszone tylko dlatego, że cierpi na alergię.
- Przeprowadzaj testy alergiczne co rok, gdyż wiele alergii znika z wiekiem.

PYTANIA i ODPOWIEDZI

Skoro choroba trzewna jest rzadka, dlaczego tyle osób jest uczulonych na pszenicę?

Osoby te cierpią prawdopodobnie na nietolerancję pszenicy – czują się rozdęte i syte. Problem może też mieć inną przyczynę. Nietolerancja na pszenicę nie jest tak częsta, jak ludzie myślą, ale zawsze należy ją zbadać. Obecnie niektórzy uważają, że pszenica sprawia problem, gdyż w dużych ilościach jest ciężkostrawna. W naszych czasach jest to najpopularniejsze zboże, więc nietolerancja jest związana z dawką. Inne badania sugerowały, że wzdęcia nie są w istocie spowodowane pszenicą, ale przejedzeniem, nieregularnymi posiłkami, hormonami kobiecymi i niestrawnością o podłożu stresowym. To wciąż bardzo niejasny obszar.

„Żaden z testów na alergeny inicjujące produkcję przeciwciał IgE nie potrafi określić, czy dziecko ma alergię. Alergie pokarmowe są zwykle diagnozowane na postawie danych z wywiadu".

(A. Colver, Profesor Community Child Health, Wielka Brytania, 2006)

Jak skuteczne są testy alergiczne? Testy naskórne są atrakcyjne, bo wykonuje się je szybko i dają kilka odpowiedzi.

Gdyby tylko istniało łatwe badanie na alergie pokarmowe! Jeśli chcesz mieć pewność, będziesz potrzebował czasu i przeprowadzenia w pełni kontrolowanego badania. Lekarz zaproponuje być może wykonanie dziecku testu naskórnego lub tak zwanego testu RAST (radioalergosorpcji), ale oba mają poważną wadę – nie są niezawodne.

Testy naskórne wykażą reakcję spowodowaną aktywnością przeciwciał IgE. Polegają na wstrzyknięciu pod skórę kropli pokarmu w postaci czystego alergenu. Organizm zaczyna wtedy produkować przeciwciała, które wywołują ślady na skórze. Jedyny problem polega na tym, że wyniki fałszywe pozytywne i fałszywe negatywne są zbyt częste. Testy RAST to badania krwi na pomiar przeciwciał IgE. Mierzą reakcje zachodzące w krwi w odpowiedzi na obecność różnych składników pokarmowych, ale ich wyniki nie są wiarygodne (z tych samych powodów). Mogą pomóc w zdiagnozowaniu alergii i w złagodzeniu jej skutków, ale tylko do pewnego stopnia. Nie dają stuprocentowej pewności. Próba prowokacji żywnością w warunkach szpitalnych lub przychodni alergologicznej jest najlepszym badaniem: zazwyczaj najpełniej kontrolowanym i dokładnym.

Czy są jakieś inne testy?

Jeśli przyjrzeć się testom pozaszpitalnym, wybór jest szeroki. Być może konwencjonalna medycyna sama sobie szkodzi. Badając alergię, lekarze szukają reakcji odpornościowej, przeciwciała uczulającego IgE. To bardzo specyficzne elementy (a badania są przekonujące), choć dla niektórych zbyt wąskie. Dlatego drzwi dla alternatywnych specjalistów alergologów pozostają otwarte. Wielu rodziców spróbowało którejś z wymienionych kuracji:

- leczenie radiestezyjne,
- badanie tętna,
- analiza fali pulsu,
- kinezjologia stosowana,
- test Vega,
- analiza zawartości pierwiastków metali we włosach.

Inne, bardziej niekonwencjonalne testy obejmują terapię moczem, odwrażliwianie przezskórne lub diety rotacyjne. Lista ta, o ile rodzice będą dalej poszukiwać rozwiązań, wciąż będzie rosła.

Jak historia oceni te testy? Trudno powiedzieć, choć niepokoi mnie fakt, że wiele z tych metod leczenia nie było nigdy obiektywnie przetestowanych.

Te, które poddano próbie, okazały się bezużyteczne (być może z wyjątkiem pocieszenia rodziców). Martwi jeszcze bardziej, że niektóre spośród najbardziej finezyjnych testów mogą być niebezpieczne.

„Diagnoza alergii jest zwykle prosta, ale ludzie wolą niekiedy tłumaczyć niektóre problemy zdrowotne nietolerancją pokarmową niż nieprawidłową dietą lub niezdrowym stylem życia, co może wywoływać te same objawy".

(R. Towell, przewodnicząca grupy badającej alergie i nietolerancje pokarmowe, dietetyk przy Szpitalu św. Tomasza, 2007)

Dlaczego do stwierdzenia alergii pokarmowej konieczne jest przeprowadzenie próby prowokacji żywnością? W skrócie polega ona na podaniu danego pokarmu i obserwowaniu reakcji organizmu.

Niektórzy rodzice spróbowali zapewne przeprowadzić tę próbę w domu, wykluczając z diety dziecka dany pokarm na kilka tygodni. Testy domowe mogą zasugerować, że pewne pokarmy nie powinny być podawane dziecku, ale zawsze istnieje ryzyko, że inna choroba utrudni diagnozę. Dieta dziecka powinna być restrykcyjna wyłącznie z ważnych powodów.

Próba prowokacji żywnością jest zawsze przeprowadzana w warunkach szpitalnych lub w specjalnej klinice pod nadzorem lekarza, zwłaszcza gdy poważne reakcje alergiczne są niepokojące. Dziecko jest badane na czczo. Podaje mu się niewielkie ilości testowanego pokarmu lub placebo, nieszkodliwą alternatywę, żeby zagwarantować obiektywność badań. Ilość podawanego pokarmu jest podwajana co 30 lub 60 minut i dziecko znajduje się pod obserwacją do 8 godzin. Jest uważnie monitorowane pod kątem wystąpienia reakcji anafilaktycznej, która zazwyczaj zachodzi w ciągu 2 pierwszych godzin.

Jak poznam, że dziecko wyrosło z alergii pokarmowej?

Nie ma jednoznacznej odpowiedzi na to pytanie. W przypadku alergii na orzechy ziemne i gluten diagnoza jest ostateczna: alergia pozostanie na resztę życia. Przy innych alergiach pokarmowych będziesz musiał w przyszłości ponownie sprawdzić reakcję dziecka. Jeśli będzie ono tolerować pokarm bez problemów, pozwól mu go jeść, ale jeśli objawy alergiczne powrócą, odstaw dany produkt i ponów badania po pewnym czasie.

ALERGIA U NIEMOWLĄT

- Niektóre niemowlęta potrzebują czasu, żeby przywyknąć do mleka modyfikowanego. Inne są uczulone na mleko (na każde mleko: krowie, kozie lub sojowe, zarówno świeże, jak i modyfikowane).
- Dziecko nie może mieć alergii na mleko matki, ale jeśli karmisz piersią, unikaj pokarmów silnie uczulających, takich jak orzechy czy owoce morza, gdyż mogą wywołać reakcję u dziecka.

- Wszystkie pozostałe alergie pokarmowe ujawnią się, gdy zaczniesz podawać dziecku pokarmy stałe. Odłożenie w czasie wprowadzenia pewnych produktów zdaje się zmniejszać prawdopodobieństwo wystąpienia alergii.

SYGNAŁY ALARMOWE

GWAŁTOWNA REAKCJA POKARMOWA – CZYLI WSTRZĄS ANAFILATYCZNY – JEST RZADKOŚCIĄ, ALE MOŻE BYĆ ŚMIERTELNA. JEŚLI WYSTĘPUJE:

swędzenie, miejscowe lub na całym ciele,

dziwny smak w ustach,

opuchlizna wokół ust i gardła i problemy z połykaniem,

trudności z oddychaniem i świszczący oddech,

czerwona wysypka podobna do poparzenia pokrzywą,

bóle brzucha, biegunka lub wymioty,

omdlenie lub utrata przytomności,

poczucie, że dzieje się coś niedobrego (dziecko mówi: „czuję się dziwnie, boję się")

TO SYTUACJA NIECIERPIĄCA ZWŁOKI. ZGŁOŚ SIĘ NA POGOTOWIE!

Dziecko może nie mieć wszystkich objawów, ale nagła zmiana samopoczucia jest szczególnie niepokojąca. Jedna matka opisała to tak: „Dziecko stało się białe jak płótno, miało trudności z oddychaniem i spuchły mu powieki. Wiedzieliśmy, że dzieje się coś bardzo niedobrego". Najczęstszą przyczyną jest alergia na orzechy ziemne.

ROZDZIAŁ 10

Drgawki i omdlenia

„Córka zemdlała nagle w trakcie rozdania szkolnych nagród, wywołując ogromne zamieszanie. Nie było żadnych znaków ostrzegawczych: osunęła się na ziemię i bardzo zbladła. Nie widziałam, czy to zwykłe omdlenie, czy może jakiś poważniejszy atak".

Większość napadów u dzieci nie jest groźna

Niektóre napady mogą czasem wyglądać jak zwykłe zapadnięcie w krótki trans albo, co bardziej niepokojące, ciało dziecka zaczyna się trząść i drgać, a maluch jest zupełnie nieświadomy twojej obecności oraz tego, co się dzieje wokół. Niepokój rodziców z powodu napadów lub drgawek jest zrozumiały. Czy to epilepsja? Czy może dojść do uszkodzenia mózgu? Jak dziecko może prowadzić normalne życie?

Większość napadów nie jest groźna. Są częstsze niż myślisz i spowodowane raczej gorączką niż epilepsją. Dziecko może nigdy więcej nie mieć drugiego podobnego ataku.

„Drgawki gorączkowe nie są rodzajem epilepsji".

(prof. J. McMenamin, neurolog pediatra przy szpitalu Our Lady's Hospital for Sick Children, Dublin, 1994).

- Małe dzieci są skłonne do ataków, ale większość nie cierpi na epilepsję.
- Krótkie ataki drgawek nie są tak groźne, jak wyglądają. Dziecko nie umrze, a jego mózg nie ulegnie uszkodzeniu.

- Większość dzieci wyrasta z ataków drgawek, nawet epileptycznych.
- Pierwsza pomoc (gdy zaczyna się atak) jest bardzo ważna.

Co 20 osoba dostanie pewnego dnia ataku drgawek. Nie oznacza to, że chorujemy na epilepsję.

ALE

Natychmiast zgłoś się po pomoc przy pierwszych drgawkach lub omdleniu, na wszelki wypadek.

CZY TO **PADACZKA?**

Epilepsja przyjmuje różne postacie, ale u dzieci objawia się zazwyczaj w postaci napadów dużych (grand mal) lub napadów małych (petit mal). To choroba przewlekła, dlatego ataki powtarzają się zazwyczaj bez znaków ostrzegawczych i bez żadnego widocznego powodu.

NAPADY GRAND MAL wskazują na postać kloniczną epilepsji.

- Niespodziewanie dziecko traci przytomność.
- Najpierw jego ciało sztywnieje, a następnie zaczyna szybko drgać.
- Nie reaguje na okrzyki ani silne poklepywanie.
- Dziecko przestaje na chwilę oddychać i sinieje.
- Może gryźć język i mimowolnie oddać stolec.
- Drgawki stopniowo ustają, a dziecko jest wyczerpane.
- Oczy są przez cały czas otwarte.
- Atak trwa zazwyczaj krócej niż 5 minut.

Blisko 80% dzieci z epilepsją cierpi na ten rodzaj choroby i dzięki lekom z czasem z niej wyrasta.

NAPADY MAŁE, PETIT MAL, oznaczają padaczkę dziecięcą z napadami nieświadomości.

- Dziecko „wyłącza się" na bardzo krótki czas (mniej niż 15 sekund), a ty myślisz być może, że śni na jawie.
- Atak występuje w trakcie wykonywania jakiejś czynności: rozmowy, zabawy, spożywania posiłku.
- Dziecko ma nieruchomy wzrok. Powieki trzepoczą, a oczy mogą „uciec" do góry.

- Napad może się rozpocząć, gdy dziecko jest nadmiernie dotlenione i oddycha zbyt szybko.

Dziecko może mieć dziennie kilka ataków, których możesz nawet nie zauważyć! Jeśli choroba nie jest rozpoznana, wpłynie na jego koncentrację i chory może mieć problemy w szkole.

Większość dzieci, u których małe napady pojawiły się przed 10. rokiem życia, wyrośnie z nich bez długotrwałych konsekwencji dzięki przyjmowaniu leków. To często cecha rodzinna.

Dziecko może również cierpieć na **PADACZKĘ CZĘŚCIOWĄ** (często dostaje spazmów twarzy i wydaje dziwne dźwięki w czasie snu), ale chorobę tę można kontrolować dopóki maluch z niej nie wyrośnie.

Tak zwany **ZESPÓŁ LATAJĄCYCH PŁATKÓW KUKURYDZIANYCH** to inna dolegliwość, która jest bardzo rzadka. Wcześnie rano zauważysz u dziecka mimowolne ruchy głowy i górnej części tułowia – niekiedy bardzo gwałtowne, ale dziecko będzie zupełnie świadome. Atak drgawek, zazwyczaj grand mal, jest wywoływany przez zmęczenie, stres lub alkohol. Niestety z choroby tej się nie wyrasta.

Po ataku epilepsji dziecko nie będzie pamiętało całego zajścia, dlatego ty będziesz jego najcenniejszym świadkiem. Lekarz zapyta:

- Gdzie miał miejsce atak i co dziecko w danym momencie robiło?
- Jak atak się rozpoczął i jak się skończył?
- Czy dziecko straciło przytomność?
- W jaki sposób się poruszało?
- Czy było blade, gryzło język lub mimowolnie oddało stolec?
- Jak długo trwał atak?

Choroba jest dość łatwa w diagnozie. Lekarz rozpozna ją na podstawie opisu samego ataku – epilepsja ma pewne cechy charakterystyczne – oraz na podstawie badania EEG odczytującego poziom elektrycznej aktywności mózgu. Nie jest konieczne prześwietlenie mózgu, o ile nie istnieje widoczna nieprawidłowość albo drgawki są trudne do kontrolowania. Ze względów na poziom promieniowania badania te wykonuje się dzieciom wyłącznie w razie konieczności.

Czy dziecko może prowadzić normalne życie? Tak, jak najbardziej tak, o ile będziesz kontrolować chorobę, podając leki przeciwkonwulsyjne i przestrzegając pewnych środków ostrożności. W większości przypadków dzieci wyrastają z ataków i mogą wtedy odstawić leki.

CZY TO DRGAWKI GORĄCZKOWE?

Niektóre dzieci dostają konwulsji gorączkowych, gdy tylko temperatura ciała się podnosi. To nie padaczka. Dolegliwość ta jest dość częsta, zwłaszcza u dzieci pomiędzy 6. miesiącem a 5. rokiem życia, ale 99% małych pacjentów wyrośnie z tego przed pójściem do szkoły. Drgawki te nie są poważne (mimo że dla każdego rodzica to przerażające doświadczenie) i nie miewają zazwyczaj długotrwałych skutków.

Drgawki gorączkowe są identyczne jak napady kloniczne przy padaczce z wyjątkiem następujących cech:

- dziecko ma gorączkę powyżej 38,5°C,
- jest przeziębione albo przechodzi infekcję wirusową.

Dziecko prawdopodobnie uśnie, gdy atak minie. Zdenerwowani rodzice niekiedy błędnie szacują długość ataku, włączając do niego okres spania. Jeśli atak trwał ponad 20 minut i dziecko ma powtarzające się napady w ciągu dnia, to są to złożone ataki drgawek. Występują one na szczęście bardzo rzadko.

Rodzice często mnie pytają: „Czy to się powtórzy? " albo „Czy zachoruje na epilepsję? ". Prawdopodobieństwo wystąpienia kolejnej gorączki wynosi 1 : 3. Drgawki gorączkowe nie powodują epilepsji, ale dziecko jest nieznacznie bardziej narażone na zachorowanie (3%). Ryzyko jest wyższe w przypadku dzieci cierpiących na złożone ataki drgawkowe.

Dlaczego twoje dziecko? W chorobie tej istnieje element genetyczny. Badania bliźniaków jednojajowych wykazały, że jeśli jedno dziecko ma ataki drgawek gorączkowych, prawdopodobieństwo ich wystąpienia u drugiego wynosi 80%.

CZY COŚ INNEGO?

Niekiedy przez krótki moment zachowanie dziecka może nieco przypominać atak padaczkowy. To nie padaczka, ale zawsze warto zamienić słowo z lekarzem.

Zawsze porozmawiaj o problemie dziecka z lekarzem.

BEZDECH nie jest niczym niezwykłym u dzieci do 3 lat. Dziecko jest przestraszone albo po prostu bardzo zdenerwowane, płacze najgłośniej, jak potrafi, po czym nagle wstrzymuje oddech. Po kilku sekundach traci przytomność, upada, jego twarz sinieje. Niektórym maluchom bezdech zdarza się kilka razy dziennie. Dzieci wyrosną z tego zachowania, zazwyczaj nie wyrządza ono żadnej krzywdy i nie prowadzi do epilepsji.

ATAKI ANOKSEMICZNE (RAS) mogą wystąpić w czasie nauki chodzenia. Dziecko po uderzeniu w głowę staje się bardzo blade, przelewa się przez ręce i może przez chwilę wykonywać mimowolne ruchy. Dzieci z tego wyrastają.

Niektóre dzieci dostają ataków **WZRUSZANIA RAMIONAMI.** Zauważysz, że przez kręgosłup dziecka przechodzi przez kilka sekund dreszcz, następnie ma ono nieruchomy wzrok, wydaje się być nieświadome twojej obecności, po czym wraca do tego, co robiło wcześniej. Tego rodzaju drgawki występują najczęściej, gdy maluch jest podekscytowany lub zestresowany, nigdy w czasie snu. Dzieci z nich wyrastają.

PSEUDOATAKI DRGAWEK są często mylone z epilepsją (trudne do odróżnienia także dla neurologów!). Dziecko rzuca się, wymachuje ramionami, nogami oraz miednicą i wydaje się mieć atak, ale to wyłącznie pięknie zagrane przedstawienie. Przyjrzyj się dobrze dziecku, a zauważysz, że jest w pełni przytomne, a oczy i usta ma ściśle zamknięte. Jeśli krzykniesz lub gwałtownie je klepniesz, podskoczy. Kolor twarzy dziecka pozostaje bez zmian. Prawdopodobnie konwulsje się zaczęły, gdy dziecko siedziało, być może przy biurku. Napad petit mal zazwyczaj przerywa wykonywaną czynność. Dziecko nagle wróci do siebie i będzie zbyt pobudzone, żeby zasnąć.

ZAWROTY GŁOWY występują czasami u dzieci, które są poza tym zupełnie zdrowe. Dziecko nagle, bez żadnego powodu odczuwa lęk, ma zawroty głowy i może upaść. Nie traci jednak przytomności i pamięta wszystko. Dolegliwość ta jest nieszkodliwa i dziecko zazwyczaj wyrasta z niej przed 5. rokiem życia. Przyczyna zawrotów głowy pozostaje niejasna.

OMDLENIA mają zazwyczaj przyczynę i są poprzedzone pewnymi objawami. Czy dziecko stało w dusznym pokoju lub coś je zdenerwowało? Osunie się powoli na podłogę, bardzo zblednie, ale szybko odzyska przytomność. Może trochę zesztywnieć, a nawet ugryźć się w język lub popuścić mocz.

ZABURZENIA SNU mogą przypominać ataki drgawek. Niemowlęta miewają niekiedy w ciągu 2 pierwszych tygodni życia odruchy miokloniczne – ciało podskakuje, ale nigdy twarz lub oczy, a dziecko nie wybudza się ze snu. Dolegliwość ta jest nieszkodliwa i zwykle ustaje przed ukończeniem 1. roku życia.

CHWILOWE „WYŁĄCZENIE SIĘ" Dziecko wydaje się być w transie, ma wzrok utkwiony w przestrzeni. Najprawdopodobniej to sen na jawie. Stan ten pojawia się, gdy siedzi ono bezczynnie. Maluch odpowiada na twój głos lub poklepanie po policzku. (Gdyby chodziło o petit mal, nie reagowałby na nic). Niektóre dzieci z ADHD (zob. rozdział 13) są na „wyłączanie się" wyjątkowo podatne. Dzieci w wieku szkolnym miewają „wizje Alicji z Krainy Czarów": przez kilka minut widzą wszystko w powiększeniu lub pomniejszeniu. Zaburzenie to nie wyrządzi maluchowi krzywdy (układ wzrokowy się rozwija) i tego rodzaju zamyślenia miną z czasem.

PROBLEMY Z SERCEM bardzo rzadko mogą powodować ataki podobne do ataków padaczki. Dlatego też każdemu dziecku, które dostaje drgawek, wykonuje się EKG (elektrokardiogram serca).

URAZ GŁOWY również może powodować ataki do tygodnia po wypadku. Jeśli był poważny, może prowadzić później do epilepsji.

Jak to działa?

Bycie świadkiem ataku nie jest przyjemne. Jednak napad jest po prostu (bardzo krótkim) zaburzeniem pracy mózgu. W jego czasie występuje nagły wzrost aktywności elektrycznej w mózgu, co powoduje tymczasowy chaos – badanie EEG mózgu wykaże nieprawidłowe wyładowania elektryczne.

Układ nerwowy jest kontrolowany przez mózg, który wysyła i otrzymuje za pomocą nerwów sygnały elektryczne. Jest on odpowiedzialny zarówno za czynności warunkowe (chodzenie, słyszenie), jak i bezwarunkowe (bicie serca). Gdy dziecko ma napad, nadmiar neuronów w korze mózgowej wpływa na czynności warunkowe, dlatego maluch traci kontrolę nad swoim ciałem. Jest jednak wciąż tą samą osobą, którą było 5 minut przed rozpoczęciem ataku – i będzie nią po jego ustaniu. Jest zupełnie nieświadome zachowania swojego ciała, ponieważ jest nieprzytomne.

Każdy może dostać ataku, jeśli mózg jest przeciążony (na przykład przez gorączkę lub uraz głowy), ale jeśli ataki pojawiają się co jakiś czas bez żadnego konkretnego powodu, to jest to epilepsja. Do dziś nie wiadomo, dlaczego mózg tak reaguje, choć sądzi się, że niektóre rodzaje ataków padaczkowych mają podłoże genetyczne.

Niezależnie od przyczyny atak padaczkowy nie obciąża serca, bez względu na to, jak gwałtowny się wydaje. A mózg (chociaż chwilowo nie działa prawidłowo) nie doświadczy żadnych długotrwałych skutków. Istnieją wyjątki od tej reguły, ale wyłącznie, jeśli ataki drgawek są ciężkie, długotrwałe i bardzo częste. Zdarza się to wyjątkowo rzadko.

Co 200 dziecko choruje na epilepsję, ale blisko 80% maluchów z niej wyrasta.

LECZENIE **W DOMU**

- Każdy pierwszy atak drgawek lub omdlenie wymagają telefonu na pogotowie. Prawdopodobnie nie dzieje się nic poważnego, ale nie możesz mieć pewności. Najpierw musisz stawić czoła kryzysowi, niosąc dziecku pierwszą pomoc.

- Czy to konwulsje gorączkowe, czy epilepsja? Zaraz po ustaniu ataku, gdy tylko dziecko dobrze się poczuje, spróbuj zapisać, co się wydarzyło. Pomoże to zidentyfikować rodzaj napadu.

- Każde powtarzające się napady wymagają zwykle kontaktu z lekarzem.

GDY DZIECKO MA ATAK

Zadzwoń po pomoc, ale także:

- Połóż dziecko w pozycji ratunkowej, na boku.
- Nie dawaj mu nic do ust, choćby nawet łyka wody.
- Wyciągnij delikatnie szyję, pociągając szczękę tak, aby była wysunięta do przodu (jak u gęsi). To zapobiega cofaniu się języka.
- Nie przytrzymuj dziecka, ale upewnij się, że leży w bezpiecznym miejscu.
- Sprawdź dziecku temperaturę. Jeśli jest rozpalone, rozbierz je do podkoszulka i przemyj ciepłą wodą. Podaj paracetamol w czopku, jeśli go posiadasz (nie wolno podawać żadnych leków doustnych).
- Zanotuj okoliczności napadu: o której się zaczął i zakończył, jak wyglądał.

+ Po ataku pozwól dziecku spać tak długo, jak tego chce i w jakiej pozycji mu wygodnie. Zostań z nim przez 20 minut.
+ Uspokój świadków ataku. Napad jest niegroźny. Dziecko jest nieprzytomne i gdy się obudzi, będzie się dobrze czuło.
+ Zadzwoń na pogotowie, jeśli atak trwa dłużej niż 5 minut.

Przed laty ludzie trzymali epileptykom język w czasie ataku „żeby go nie połknęli". Nie wkładaj dziecku nic do ust. Może to spowodować wymioty i być niebezpieczne. Nie ma zagrożenia połknięcia języka.

POZYCJA RATUNKOWA

+ Połóż dziecko na boku jak na przedstawionej ilustracji. Głowa dziecka powinna być zwrócona w bok. Odegnij ją nieznacznie do tyłu i odchyl podbródek, żeby utrzymać drożność dróg oddechowych. Zostań z dzieckiem.

+ Jeśli to pierwszy atak, dziecko zostanie zapewne przyjęte do szpitala na obserwację i żeby cię uspokoić. Przejdzie kilka prostych badań krwi, badanie EKG (elektrokardiogram serca), a jeśli personel medyczny będzie podejrzewał epilepsję, także badanie fal mózgu EEG. Komputerowa tomografia głowy i rezonans magnetyczny nie są badaniami rutynowymi, o ile atak nie był złożony. Lekarz nie będzie przeprowadzał punkcji lędźwiowej, chyba że wystąpią objawy zapalenia opon mózgowo-rdzeniowych.

+ Jeśli okaże się, że były to drgawki gorączkowe, dziecko nie będzie przyjmować profilaktycznie żadnych leków. Jeśli padaczka – lekarz może przepisać leki przeciwdrgawkowe.

Jeśli zdiagnozowano epilepsję, dziecko będzie mogło prowadzić normalne życie, przyjmując leki i przestrzegając kilku środków ostrożności.

DZIECKU ZOSTANĄ PRZEPISANE LEKI PRZECIWDRGAWKOWE, żeby zmniejszyć ataki w przyszłości. Najlepiej, jeśli chory będzie je przyjmować przez co najmniej 2 lata po ustąpieniu napadów.

MIEJ W DOMU ZAPAS diazepamu w czopkach lub doustnego midazolamu, który podasz dziecku w momencie ataku. Lek może pomóc go zatrzymać.

KONIECZNE BĘDZIE PRZESTRZEGANIE PEWNYCH ŚRODKÓW OSTROŻNOŚCI, na przykład dziecku nie wolno pływać samemu, zamykać się w łazience, być w pobliżu palącego się kominka, gdy nie ma na nim osłony, jeździć na rowerze bez kasku. Musi też uważać na ruchliwych drogach. Dobrym pomysłem jest noszenie bransoletki identyfikującej epileptyka.

ALE NIE PRZESADZAJ Z NADOPIEKUŃCZOŚCIĄ. Gdy dziecko zacznie przyjmować leki, może brać udział we wszystkich zajęciach szkolnych i sportowych.

DZIECKO MOŻE WRÓCIĆ DO SZKOŁY. Porozmawiaj z nauczycielami i przedstaw proste, pozytywne, ogólne zasady postępowania z chorymi na epilepsję. Niewielki procent dzieci (dokładnie 1 na 100) musi uczęszczać do szkoły specjalnej.

JEŚLI MALUCH JEST WRAŻLIWY NA ŚWIATŁO, spędzanie czasu przed telewizją lub komputerem może wywołać atak. Jeśli tak się dzieje, dziecko powinno siedzieć w odległości co najmniej 3 metrów od ekranu, a pokój musi być dobrze oświetlony. Warto również rozważyć stosowanie specjalnych okularów ze szkłami wyposażonymi w filtry.

NAGŁA ZMIANA LEKÓW PRZECIWPADACZKOWYCH również może wywołać atak. Jeśli dziecko musi zmienić leki, stopniowo wycofuj jeden i wprowadzaj drugi.

JEŚLI DZIECKO MIEWA ATAKI W NOCY, najlepiej unikać poduszek. Niektórzy rodzice czują się bezpieczniej po zakupieniu elektronicznej niani, dzięki której słyszą, co się dzieje w sypialni dziecka.

LECZENIE CHIRURGICZNE EPILEPSJI jest zalecane bardzo rzadko (w przypadku choroby trudnej do kontrolowania).

GRUPA WSPARCIA DLA CHORYCH NA EPILEPSJĘ okaże się bardzo pomocna.

NIE ODSTAWIAJ DZIECKU LEKU, zanim lekarz nie wyrazi zgody. Jeśli to uczynisz, ataki mogą się powtórzyć.

JEŚLI ATAKI NIE USTĘPUJĄ, zazwyczaj podejrzewam, że pacjent nie przyjmuje leków, albo zastanawiam się nad diagnozą epilepsji jako takiej. (Złożona epilepsja jest trudniejsza do całkowitej kontroli, ale leki powinny zmniejszyć ataki).

Jest mało prawdopodobne, aby styl życia powodował u dziecka ataki, ale w przypadku nastolatków mogą je wywoływać zmęczenie, alkohol i narkotyki. Zawsze zalecam przestrzeganie higieny snu.

PYTANIA i ODPOWIEDZI

- **Co by się stało, gdybym nie podawał dziecku leków? Zdiagnozowano u niego epilepsję, ale nie cieszy mnie fakt, że syn musi brać leki, które mają działania niepożądane. Ataki nie zrobią mu krzywdy. A dziecko i tak z nich wyrośnie.**

Najważniejsze jest bezpieczeństwo i jakość życia pacjenta. Dziecko z epilepsją przyjmuje leki przeciwdrgawkowe, ponieważ obniżają one ryzyko wystąpienia ataków, zmieniając aktywność elektryczną w mózgu. Gdy po raz pierwszy wprowadzono te środki, dały one nadzieję dzieciom, których życie było silnie podporządkowane chorobie. Dzisiaj pozwalają one większości epileptyków funkcjonować normalnie.

Dziecku przepisano zapewne walproinian sodu lub karbamazepinę, leki bezpieczne w stosowaniu, mające niewiele skutków ubocznych. Ten pierwszy ma kilka wad (na przykład może powodować senność). Karbamazepina jest bezpiecznie stosowana od ponad 30 lat i zazwyczaj nie ma żadnych działań ubocznych. Niewielki odsetek dzieci dostaje po niej wysypki. Bardzo rzadko lek ten może powodować otumanienie lub ból i zawroty głowy, ale działania te są rzadsze, jeśli lek wprowadzany jest stopniowo. Jeśli twoje dziecko jest w wieku niemowlęcym i cierpi na spazmy niemowlęce, zaleca się zazwyczaj bardzo skuteczną wigabatrynę. Jej wadą jest możliwość wystąpienia zaburzeń widzenia peryferycznego. Należy monitorować wzrok dziecka w okresie przyjmowania leku. Wyłącznie w przypadku, gdy standardowe leki przeciwkonwulsyjne nie przynoszą oczekiwanych efektów, dziecku zostaną przepisane leki dodatkowe, które niekiedy powodują wysypkę.

Nieprzyjmowanie leków może powodować poważniejsze dolegliwości. Zwiększa ryzyko wystąpienia ataku w dowolnym momencie, bez żadnych poprzedzających go oznak. To bardzo stresujące, a co ważniejsze, dziecko może doznać urazu, a długotrwałe ataki mogą być niebezpieczne same w sobie. Obecnie uważa się, że częste napady mogą prowadzić do zjawiska kindlingu, czyli nadmiernych wyładowań elektrycznych, które będą wywoływać dalsze ataki drgawek.

Dzieci zażywające leki najprawdopodobniej nie będą wcale dostawać ataków padaczkowych (nawet jeśli mają nieszczęście cierpieć na epilepsję złożoną, leki pomogą poprawić jakość życia, zmniejszając częstotliwość ataków). Dziecko najprawdopodobniej wyrośnie z epilepsji po około 3 latach i, miejmy nadzieję, będzie mogło odstawić stopniowo leki.

Ojciec dziecka miał epilepsję w dzieciństwie. Czy oznacza to, że również dziecko na nią zachoruje? Czy mogę cokolwiek zrobić, żeby zapobiec chorobie?

To chyba najczęściej zadawane mi pytanie. Czy epilepsja jest chorobą dziedziczną? Tak, jest. Ojciec przekazał dziecku geny, które, jeśli ułożą się w pewnej kolejności, spowodują u dziecka epilepsję, ale nie jest to przesądzone.

Jeśli jedno z rodziców ma epilepsję, ryzyko wystąpienia padaczki u dziecka wynosi 4%; jeśli oboje – ryzyko to wzrasta do 10%. Co ciekawe i niewytłumaczone, prawdopodobieństwo wystąpienia choroby u dziecka jest wyższe, jeżeli na epilepsję cierpi matka. W większości przypadków ataki następują od tak. Nie poprzedzają ich żadne znaki ostrzegawcze i, szczególnie u dzieci, żaden określony czynnik wywołujący, co utrudnia zapobieganie napadom.

U mojego syna stwierdzono epilepsję. W jakim stopniu może normalnie uczestniczyć w zajęciach sportowych?

Jeśli epilepsja jest pod kontrolą (dziecko nie miewa ataków), dziecko powinno uprawiać sporty i wykonywać te same ćwiczenia fizyczne, co jego rówieśnicy. Jeśli wciąż miewa ataki, powinieneś powziąć środki ostrożności. Czy przed atakiem występują zazwyczaj jakieś znaki ostrzegawcze? Upewnij się, że w otoczeniu dziecka będzie osoba, która wie, jak postąpić w przypadku ataku. Zalecam dzieciom pełne uczestnictwo w sportach, nawet w przypadku epilepsji z atakami, ale sam oceń ryzyko i podejmij rozsądną, bezpieczną decyzję.

Czy oglądanie telewizji wywołuje napady epilepsji?

U większości dzieci cierpiących na epilepsję telewizja nie odgrywa roli, ale u niewielkiego odsetka (około 5%) telewizja i gry komputerowe mogą wywołać atak. Jest to tak zwana epilepsja światłowrażliwa, której diagnozę potwierdzi badanie EEG. Reakcja ta występuje w odpowiedzi na mieniące się i migoczące światło o pewnej częstotliwości, dlatego też dziecko może również reagować na wyraziste wzory geometryczne bądź światło migoczące na wodzie.

Jeśli dziecko jest wrażliwe na światło, może zachować kilka środków ostrożności.

- Zawsze oglądać telewizję w dobrze oświetlonym pokoju i nie siedzieć zbyt blisko odbiornika.
- Korzystać z telewizora o wysokiej rozdzielczości i nie oglądać telewizji przez długi czas.
- Przy komputerze używać ekranu LCD (mniej prawdopodobne, że będzie on migotał).

Czy medycyna naturalna pomaga kontrolować ataki?

Terapie relaksacyjne pomogą zredukować stres, który jest potencjalnym czynnikiem wywołującym ataki u nastolatków. Można spróbować refleksologii, aromaterapii, akupunktury i jogi. Leczenie aromaterapią wymaga jednak pewnej rozwagi, gdyż niektóre oleje mogą powodować ataki.

Nie wiemy wystarczająco wiele na temat efektów medycyny alternatywnej w leczeniu epilepsji. Badań na ten temat jest coraz więcej, ale wciąż są one bardzo ograniczone. Wiemy natomiast, że pewne kuracje w ramach medycyny alternatywnej pogarszają ataki lub mogą wpłynąć na działanie leków przeciwdrgawkowych, które dziecko przyjmuje.

Zdecydowanie zalecam przedyskutować udział w terapii z lekarzem, który wie, że podajesz dziecku leki. Ilość możliwości może być kłopotliwa dla rodziców. Adresy stron internetowych poświęconych naturalnym produktom i medycynie uzupełniającej (zob. s. 286–289) okażą się pomocne.

Co najważniejsze, pamiętaj, że jeśli zaprzestaniesz podawania dziecku leków przeciwdrgawkowych, ataki prawdopodobnie powrócą.

EPILEPSJA U NIEMOWLĄT

Epilepsja najczęściej dotyka dzieci w 1. roku życia. Ryzyko zachorowania pozostaje wysokie w ciągu pierwszych 4 lat życia, a następnie maleje. Jeśli dziecko ma skłonności do drgawek gorączkowych, rozpoczną się one około 6. miesiąca życia.

SYGNAŁY ALARMOWE

ZWRÓĆ SIĘ NATYCHMIAST O POMOC, JEŚLI:

atak trwa dłużej niż 5 minut,

dziecko ma mniej niż 3 miesiące,

to pierwszy atak.

W innych wypadkach udziel dziecku pierwszej pomocy i zadzwoń do lekarza.

ROZDZIAŁ 11

Zaburzenia wzrostu i dolegliwości okresu dojrzewania

„Mój syn ma problemy w szkole z powodu wzrostu. Inne dzieci śmieją się z niego, ponieważ wciąż jest bardzo niski mimo swych 14 lat. Na boisku sportowym górują nad nim bez problemu. Pyta mnie ciągle, dlaczego nie rośnie".

Niższy o głowę

„Najważniejszym aspektem wzrostu dziecka jest jego tempo".

(prof. pediatrii H. Hoey, Trinity College, Dublin, 1994)

Gdy syn idzie szkolnym korytarzem, jest o głowę niższy od pozostałych dzieci – i to nie jest zabawne. Jeśli jednak spojrzeć na inne klasy, sytuacja jest pocieszająca. Zawsze jest kilkoro dzieci, które nie rosną tak szybko jak reszta.

- W większości przypadków (95%) różnica we wzroście jest wywołana chwilowym opóźnieniem albo faktem, że rodzice są niscy.
- Bardzo niewiele dzieci (5%) jest niskich z powodu niedoboru hormonu wzrostu albo innych chorób.

- Jeśli tempo wzrostu dziecka jest prawidłowe, wszystko jest prawdopodobnie w normie.
- Coraz wolniejsze tempo wzrostu jest bardziej niepokojące.

Jest niemal pewne, że dziecko nadrobi różnicę we wzroście, chyba że niska postura jest cechą rodzinną. Właściwie niewiele możesz zrobić, żeby wpłynąć na ostateczny wzrost dziecka, pod warunkiem że je i rozwija się w normalnym tempie.

„Zaburzenia zdrowotne i żywieniowe niemal zawsze wpływają na wzrost".

(Kanadyjskie Stowarzyszenie Pediatrów, 2004)

ALE

Niskie dziecko zawsze należy zaprowadzić do lekarza w celu wykluczenia innej choroby.

CZY TO ZABURZENIE WZROSTU LUB DOJRZEWANIA?

Badając niskie dziecko, pytam:

- Czy rośnie w normalnym tempie?
- Czy wygląda normalnie (proporcje ciała i cechy fizyczne)?
- Czy jest poza tym zdrowe?

Istotne jest tempo wzrostu dziecka. Jeśli wynosi ono 5 centymetrów rocznie, mieści się w normalnym zakresie dla tego wieku. U dziecka, które wkroczyło w okres dojrzewania, powinno ono wynosić około 10 centymetrów rocznie. Gdy tempo to utrzymuje się w normie, jest mało prawdopodobne, aby dziecko miało jakiś problem zdrowotny, ale kiedy spada, to jest to zazwyczaj znacząca informacja.

CZY COŚ INNEGO?

Znalezienie zdrowotnej przyczyny niskiego wzrostu jest rzadkie (jest potwierdzone u wyłącznie 5% niskich osób).

PROBLEM GENETYCZNY Zespół Turnera jest rzadką chorobą i występuje jedynie u dziewczynek. Wiele z nich jest bardzo niskich, ale wygląda normalnie. U innych widoczne są różnice fizyczne. Chore dziewczynki nigdy nie wejdą w okres dojrzewania i wymagają specjalistycznej pomocy lekarskiej.

CHOROBA ŻOŁĄDKOWO-JELITOWA Klasyczne objawy choroby trzewnej (celiakii) to wygłodzony, wydęty brzuch i przewlekła biegunka. W chorobie Crohna występuje biegunka i dolegliwości żołądkowe. Obie choroby wpływają na wzrost, ale są bardzo rzadkie i chorujące na nie dziecko źle by się czuło.

CHOROBA NEREK Dziecko jest zwykle chorowite i przeszło infekcje nerek.

NIEDOBÓR HORMONÓW Niedobór hormonów (hormonu wzrostu lub hormonów tarczycy) zdarza się rzadko. Jego główny objaw to opóźniony wzrost.

ACHONDROPLAZJA jest wyjątkowo rzadkim zaburzeniem genetycznym. Chory charakteryzuje się bardzo krótkimi kończynami, które wydają się nieproporcjonalne do reszty ciała. Pokolenie naszych dziadków nazywało osoby cierpiące na achondroplazję karłami.

„Do 5. roku życia wzrost dzieci wynika w większym stopniu z nawyków żywieniowych, środowiska i opieki zdrowotnej niż z czynników genetycznych oraz przynależności do grupy etnicznej".

(*British Medical Journal*, 2006)

Jak to działa?

Dziecko rośnie małymi, równomiernymi skokami, głównie w czasie snu nocnego, na przykład duży skok następuje w ciągu jednej doby, a następnie przez kilka tygodni nic się nie dzieje. Czynniki powodujące wzrost dziecka zmieniają się na przestrzeni lat.

Pierwszy rok – do 28 centymetrów

Prawie cały postęp wzrostu dziecka zależy od pokarmu. Jeśli dziecko spożywa wystarczającą ilość kalorii, będzie zwykle rosło prawidłowo.

Dzieciństwo – średnio 5 centymetrów rocznie

Wzrost zależy wtedy od ilości hormonów wzrostu, które dziecko wydziela. Tempo jest bardziej stałe. Chłopcy i dziewczęta rosną w tych latach tak samo. Między 6. a 8. rokiem życia dochodzi do większego wzrostu.

Okres dojrzewania – do 10 centymetrów rocznie

Hormony płciowe (estrogen i testosteron) przejmują wiodącą rolę, powodując gwałtowny wzrost i zmiany fizyczne. Okres dojrzewania rozpoczyna się u dziewcząt około 10., 11. roku życia, co sprawia, że chłopcy wyglądają przez rok lub dwa na bardzo niskich. U dziewczynek pierwszy okres jest faktycznie ostatnim wydarzeniem okresu dojrzewania, po którym urosną już bardzo niewiele. Chłopcy wchodzą w dojrzewanie późno, około 12., 13. roku życia, ale nadrabiają stracony czas. Rosną w krótkich okresach bardzo gwałtownie i szybko stają się wyżsi niż dziewczynki. Wzrost zatrzymuje się całkowicie, gdy nastąpi zamknięcie nasad kości długich i płytek wzrostu w kończynach. Dziewczynki przestają rosnąć do 16., a chłopcy do 18. roku życia.

Jak mierzyć wzrost?

Najlepszym sposobem na zapisywanie wzrostu dziecka jest stosowanie standardowych tabel wzrostu (zob. s. 293–297). Należy mierzyć zarówno wzrost, jak i wagę.

W tabelach tych odnajdziesz siatkę centylową, czyli porównanie wzrostu dziecka do średniej dla jego wieku (linia percentylowa z cyfrą 50 oznacza średnią).

- Jeśli dziecko znajduje się na siatce centylowej na wysokości linii 10, oznacza to, że 90% dzieci jest wyższych, a 9% niższych od niego.
- Wzrost dziecka powinien być zawsze na tej samej linii lub może też przeskoczyć wyżej.
- Możesz obliczyć, ile dziecko urosło w ciągu roku, żeby obliczyć tempo jego wzrostu.
- W trakcie mierzenia wzrostu dziecko zawsze powinno mieć na stopach skarpety.

Poza tym niski lub bardzo wysoki wzrost nie zawsze oznaczają, że dziecko jest niezdrowe. Około 3% zupełnie zdrowych dzieci znajduje się poniżej 3 lub powyżej 97 linii siatki centylowej.

Dlaczego tempo wzrostu wydaje się powolne?

„Późny początek okresu dojrzewania jest najczęstszą przyczyną niskiej postury w dzieciństwie".

(prof. pediatrii H. Hoey, Trinity College, Dublin, 1994)

PRAWIDŁOWE TEMPO WZROSTU

Jeśli tempo wzrostu dziecka jest prawidłowe, wzrost może być po prostu opóźniony albo dziecko pochodzi z niskiej rodziny.

NISKI RODZIC Geny odziedziczone przez dziecko zdeterminują jego wzrost. Twój wzrost jest istotnym punktem odniesienia.

KONSTYTUCJONALNE OPÓŹNIENIE WZRASTANIA I DOJRZEWANIA Istnieje możliwość, że dziecko doświadcza tymczasowego opóźnienia wzrostu oraz dojrzewania. Być może jest niskie na swój wiek, ale badania kontrolne wykazują, że jest zdrowe i rośnie według standardowego tempa (około 5 centymetrów rocznie). Zdarza się to naprawdę często i nie znajduje żadnego jednoznacznego wytłumaczenia. W okresie dojrzewania, gdy organizm zacznie produkować hormony płciowe, dziecko prawdopodobnie urośnie gwałtownie w krótkim okresie czasu. Istnieje także możliwość, że będzie rosło dłużej niż rówieśnicy i nadrobi różnicę. Zwykłe badanie rentgenowskie nadgarstka wykaże „wiek kości": wiek, w którym przestaną one rosnąć.

WOLNE TEMPO WZROSTU

Spadek tempa wzrostu jest spowodowany konkretną przyczyną.

- U noworodków jest to najprawdopodobniej problem żywieniowy.
- U starszych dzieci przyczyna może tkwić w niedoborze hormonu wzrostu, ale dziecko zostanie zbadane również pod kątem innych chorób.
- Gdy nadejście okresu dojrzewania się opóźnia, niemal zawsze właśnie to jest przyczyną. Dziecko wciąż rośnie w tempie dziecięcym i potrzebuje gwałtownego skoku typowego dla okresu dojrzewania.

Jeśli do tej pory nie zapisywaliście pomiarów wzrostu, powinniście natychmiast rozpocząć jego monitorowanie.

Czy hormon wzrostu sprawi, że dziecko będzie wyższe?

Hormon wzrostu (somatotropina) otworzył całą gamę możliwości. Pobudza mięśnie oraz kości do wzrostu i jest wydzielany w sposób naturalny przez przysadkę mózgową. To główny gruczoł kontrolujący wydzielanie większości hormonów ciała, czyli związków chemicznych umożliwiających normalne funkcjonowanie organizmu. Hormon wzrostu nie jest produkowany stale, a wpuszczany do organizmu w niewielkich pojedynczych dawkach zwykle w czasie snu lub wysiłku fizycznego.

Od 1985 roku jesteśmy w stanie produkować czystą postać ludzkiego hormonu wzrostu w nieograniczonych ilościach. Jest on niemal identyczny jak naturalny i dotychczas był podawany dzieciom o niskim poziomie somatotropiny (zazwyczaj w formie codziennych zastrzyków). Hormon ten jest niezwykle drogi, ale może przywrócić normalne tempo wzrostu u dziecka po pierwszym wyrównującym wzrost skoku.

Hormony wzrostu stały się kontrowersyjne, gdy amerykańskie biuro kontroli leków (US Food and Drug Administration) po raz pierwszy zezwoliło na podawanie ich dzieciom, które nie mają problemów ze wzrostem, zupełnie zdrowym, ale wyjątkowo niskim (znajdującym się na pierwszej linii centylowej). Wywołało to wszelkiego rodzaju dylematy etyczne. Czy zbliżamy się do projektowania naszych dzieci? Wątpię.

Podawanie zdrowemu dziecku hormonu wzrostu może spowodować gwałtowny wzrost, ale nawet gdyby przyjmowało go przez 10 lat, mogłoby ostatecznie urosnąć o 4 centymetry. Przyjmowanie sztucznie produkowanych hormonów wciąż jest nowym odkryciem, dlatego nieznane są skutki ich długotrwałego stosowania.

Nigdy nie zalecałbym hormonu wzrostu niskiemu dziecku, które jest zdrowe. Somatotropina jest przepisywana tylko w bardzo specyficznych sytuacjach:

- dzieciom, u których badania (przeprowadzone w warunkach szpitalnych) potwierdziły niedobór hormonu wzrostu,
- dziewczynkom z zespołem Turnera,
- dzieciom z przewlekłą niewydolnością nerek, które nie rosną prawidłowo,
- dzieciom z rzadką chorobą Pradera-Williego.

„W większości przypadków wcześniejsze rozpoczęcie dojrzewania jest jedynie odmianą normalnego okresu dojrzewania. W niewielu przypadkach przyczyna leży w problemach zdrowotnych".

(Amerykańska Akademia Lekarzy, 1999)

Etapy dojrzewania

Różnice mogą być znaczne, ale przyjmuje się, że dziewczynki wchodzą w okres dojrzewania około 10., 11. roku życia, a chłopcy później, około 12., 13. Jest to proces dojrzewania płciowego. Chłopcy są płodni po całkowitym wykształceniu się narządów płciowych, zaś dziewczynki – gdy zaczną miesiączkować.

Pierwsze oznaki dojrzewania to powiększenie piersi u dziewcząt, a jąder u chłopców.

DZIEWCZYNKI: ROZWÓJ PIERSI

Etap 1: Gruczoły piersiowe (wraz z sutkami) zaczynają rosnąć.
Etap 2: Następuje wyraźniejszy wzrost piersi i otoczek brodawek sutkowych (ciemniejszego obszaru wokół sutków).
Etap 3: Sutki i otoczki tworzą drugą wypukłość ponad poziomem piersi.
Etap 4: Piersi są w pełni ukształtowane.

Początek menstruacji następuje, gdy piersi dziewczynki osiągają etap 3.

CHŁOPCY: ROZWÓJ NARZĄDÓW PŁCIOWYCH ZEWNĘTRZNYCH

Etap 1: Powiększenie worka mosznowego i jąder. Skóra moszny staje się bardziej zaróżowiona i zmienia fakturę.
Etap 2: Prącie wydłuża się (początkowo nie zwiększając średnicy). Jądra nadal rosną.
Etap 3: Penis powiększa się także w obwodzie. Jądra i worek mosznowy również się powiększają, a skóra moszny zmienia swoją barwę na ciemniejszą.
Etap 4: Genitalia są w pełni ukształtowane.

CHŁOPCY I DZIEWCZĘTA: WŁOSY ŁONOWE

Etap 1: Pojawiają się kępki włosów (prostych lub kręconych) w okolicy łonowej.
Etap 2: Włosy łonowe ciemnieją, stają się gęstsze i bardziej kręcone.
Etap 3: Włosy łonowe są w pełni rozwinięte, ale wciąż pokrywające mały obszar.
Etap 4: Owłosienie łonowe jest ukształtowane.

Po wyrośnięciu włosów łonowych owłosienie pojawia się również pod pachami i na reszcie ciała.

INNE ZMIANY OKRESU DOJRZEWANIA

1. Głos chłopców pogłębia się, rosną mięśnie. Sutki ulegają zwykle chwilowemu powiększeniu (nawet na dłużej niż rok), a w końcu pojawia się zarost.

2. Zmiany hormonalne wpływają na skórę, szczególnie twarzy. Zapalenie gruczołów łojowych i mieszków włosowych często powoduje trądzik w późniejszych etapach dojrzewania.

Zdecydowanie najczęstszym problemem jest opóźnienie dojrzewania, zwłaszcza u chłopców.

Źródło: Etapy rozwoju drugorzędnych cech płciowych Tannera.

LECZENIE **W DOMU**

- Zwróć się do lekarza, jeśli dziecko jest niskie jak na swój wiek. W większości przypadków wzrost nie ma związku z problemem zdrowotnym. Jeśli jednak pojawią się wątpliwości, dziecko zostanie skierowane do pediatry lub endokrynologa.
- Jeśli badania wykażą, że poziom hormonów jest niski, lekarz może przepisać hormony wzrostu. Są one aplikowane w postaci zastrzyków bądź tabletek zawierających hormony tarczycy. Zdecydowanie odradzałbym podawanie hormonów wzrostu niskim, ale poza tym zdrowym dzieciom.
- Sterydy płciowe przepisywane są niekiedy w przypadku opóźnienia początku dojrzewania. Dziecko otrzymuje wtedy zastrzyk niewielkiej dawki testosteronu, aby wywołać proces dojrzewania i pobudzić intensywniejszy wzrost.
- Rejestruj samodzielnie pomiary wzrostu i wagi dziecka. Możesz poprosić lekarza rodzinnego o dokładne obliczenie wzrostu dziecka w ciągu kolejnych 12 lub więcej miesięcy za pomocą standardowych tabel wzrostu.
- Traktuj dziecko stosownie do jego wieku, a nie wzrostu. Wysokie dzieci dojrzewają zwykle wcześniej, bo uważa się je za odpowiedzialne. Dzieci niskie natomiast dojrzewają wolniej, gdyż są traktowane, jakby były młodsze.
- Zorientuj się, czy dziecko nie jest wyśmiewane w szkole z powodu swojego wzrostu i w razie potrzeby porozmawiaj z nauczycielami.

PYTANIA i ODPOWIEDZI

Moja dziewięcioletnia córka zaczęła miesiączkować. Czy powinnam się martwić, że to za wcześnie?

Nie. Dziewczęta zaczynają obecnie miesiączkować wcześnie, zwykle zanim ukończą szkołę podstawową. Pierwsza miesiączka może się pojawić między 8. a 14. rokiem życia. Wiek, w którym ty sama zaczęłaś miesiączkować, może stanowić istotną informację, ponieważ przedwczesne dojrzewanie jest zjawiskiem często powtarzającym się w rodzinie. Niepokoiłyby mnie jedynie objawy dojrzewania (twardnienie gruczołów piersiowych lub pojawienie się włosów łonowych) przed 8. rokiem życia. W takim wypadku nadmiar produkcji hormonów mógłby być spowodowany problemem zdrowotnym. Zalecałbym także przebadanie chłopca, u którego oznaki dojrzewania pojawią się przed 9. rokiem życia.

Dlaczego w dzisiejszych czasach dzieci są wyższe niż kiedyś?

Jest to spowodowane lepszym odżywianiem w 2 pierwszych latach życia, a nie tym, że dziecko zjada więcej hamburgerów w późniejszym życiu. Nasze dzieci skorzystały z lepszej diety w dzieciństwie i (jeśli były karmione piersią) bogatszej diety matki. W krajach rozwiniętych noworodki mierzą zwykle o 3–5 centymetrów więcej niż 50 lat temu.

Jeśli chcesz, żeby dziecko było wyższe, zapewnij mu możliwie najlepszą dietę, gdy jest bardzo małe. Zmiany w diecie w późniejszym wieku mają mniejszy wpływ na ostateczny wzrost dziecka.

Ile dziecko urośnie? Czy mój własny wzrost będzie miał na to wpływ?

Wzrost obojga rodziców jest bardzo ważnym wskaźnikiem ostatecznego wzrostu dziecka. Niscy rodzice mają niskie dzieci, a jeśli oboje jesteście wysocy, również dzieci będą wysokie.

Najlepszą prognozą wzrostu jest średnia wzrostu rodziców (w centymetrach), którą oblicza się za pomocą wzoru: oczekiwany wzrost dziecka = (wzrost matki + wzrost ojca): 2 + 6 w przypadku chłopca lub – 6 w przypadku dziewczynki. Istnieje także inny przybliżony wskaźnik. Zmierz wzrost dziecka: chłopca w wieku 2 lat, dziewczynki w wieku 1,5 roku, i pomnóż przez 2. To będzie prawdopodobnie dorosły wzrost dziecka.

Moja córka ma teraz 16 lat i mimo że jest rozwinięta, nie zaczęła jeszcze miesiączkować. Czy powinnam się martwić?

Opóźnienie początku dojrzewania także może być uwarunkowane genetycznie. Jeśli dziewczynka jest w pełni rozwinięta, nie ma potrzeby kierować jej w tym wieku do lekarza czy specjalisty. Stres, zaburzenia pracy tarczycy lub brak apetytu w połączeniu z utratą wagi mogą doprowadzić do opóźnienia pierwszej miesiączki. Zawsze pytam, czy dziecko (chłopiec bądź dziewczynka) nie wykazuje żadnych oznak dojrzewania przed ukończeniem 14 lat.

- **Mój nastoletni syn lubi uprawiać sporty, ale jest o wiele niższy od rówieśników. Czy powinnam się niepokoić?**

Syn prawie na pewno cierpi na konstytucjonalne opóźnienie wzrastania i dojrzewania. Pozostanie w tyle za kolegami, dopóki nie zaczną działać hormony, prowadząc do gwałtownego, szybkiego skoku wzrostu. W tym okresie może mu przybyć nawet 10 centymetrów w ciągu roku. Warto jednak zgłosić się do lekarza, żeby dokładnie zmierzył chłopca. Jeśli oprócz niewielkiego wzrostu chłopiec jest okazem zdrowia, najprawdopodobniej dogoni rówieśników, gdy tylko wejdzie w okres szybkich skoków wzrostu (chyba że ma niskich rodziców).

WZROST NIEMOWLĘCIA

- Jeśli dziecko ma mniej niż rok i wolno rośnie, przyczyna leży najprawdopodobniej w ubogiej diecie. Musisz zwrócić uwagę na jego jadłospis (i twój także, jeśli karmisz piersią).

ROZDZIAŁ 12

Zapalenie żołądka i jelit

„Kasia obudziła nas nagle o czwartej nad ranem, wymiotując na całe łóżko. Gdy zmieniałam pościel, znowu zaczęła wymiotować. Później dostała jeszcze biegunki. Żołądek nie był w stanie nic utrzymać, nawet wody".

Wymioty i biegunka

Zaczyna się zupełnie niespodzianie. Dziecko jest trochę rozdrażnione i nie ma apetytu, następnie przychodzą biegunka i wymioty. Wszystkie niemowlęta wymiotują lub mają biegunkę, ale jeśli dziecko ma obie dolegliwości jednocześnie i to w dużym nasileniu, najprawdopodobniej przechodzi ostre zapalenie żołądka i jelit.

- W 80% przypadków zapalenie jest wywołane łagodnym wirusem w jelitach.
- Największe zagrożenie (które może okazać się poważne) to odwodnienie.
- Najskuteczniejszym środkiem zaradczym jest podanie doustnego roztworu nawadniającego.
- Głodówka nie jest zalecana.

W większości przypadków możesz wyleczyć dziecko w domu. Dolegliwość ustąpi w ciągu 2 dni. Jednak należy porozmawiać wcześniej z lekarzem rodzinnym i kontaktować się z nim regularnie.

ALE

W przypadku dzieci do 6. miesiąca życia należy skontaktować się natychmiast z lekarzem.

Gdy sytuacja zaczyna cię przerastać

Jak ocenić, czy stan dziecka jest normalny? Zwykle mamy do czynienia z jedną z 2 sytuacji:

TYP 1

Dziecko wypluwa niewielką ilość mleka (około łyżeczki deserowej) nie tylko w godzinach karmienia. Kupki są lekko rozrzedzone, mają dziwny kolor i znajdują się w nich kawałki niestrawionego jedzenia. To zupełnie normalne i dziecko najpewniej dojdzie do siebie bez pomocy lekarza. Wypluwanie jest sposobem na regulację ilości wypijanego mleka. Sama biegunka może być wywołana nowym pokarmem, ząbkowaniem, przyjmowaniem antybiotyków lub zbyt słodkim bądź pikantnym jedzeniem.

TYP 2

Dziecko wymiotuje o wiele gwałtowniej niż zwykle, a zawartość pieluszek jest niemal zupełnie płynna. Objawy są dość spektakularne i prawie na pewno jest to zapalenie żołądka i jelit.

CZY TO ZAPALENIE ŻOŁĄDKA I JELIT?

Jeśli pojawią się u dziecka nagle następujące objawy:

- wymioty i biegunka, wraz z mdłościami lub bez nich,
- bóle żołądka,
- gorączka (umiarkowana lub wysoka),

jest to prawdopodobnie zapalenie żołądka i jelit.

CZY COŚ INNEGO?

Może chodzić o inną dolegliwość. Problem tkwi w tym, że wiele objawów świadczy o innej, poważnej chorobie.

Dlaczego dzieci **wymiotują**

DOLEGLIWOŚĆ	INNE OBJAWY
ZAPALENIE ŻOŁĄDKA I JELIT (80%)	wymioty + biegunka + zazwyczaj gorączka
ZAPALENIE WYROSTKA ROBACZKOWEGO	wymioty + ciągłe nasilające się bóle brzucha trwające ponad 4 godziny
NIEDROŻNOŚĆ JELIT	wymiociny koloru trawy + bóle żołądka, stan małego dziecka pogarsza się
PRZEROSTOWE ZWĘŻENIE ODŹWIERNIKA	coraz silniejsze, chlustające wymioty u dziecka do 3. miesiąca życia (to dramatyczny widok)
INFEKCJA DRÓG MOCZOWYCH	wymioty + gorączka + ból brzucha + ból przy oddawaniu moczu
WIRUSOWE ZAPALENIE OPON MÓZGOWO-RDZENIOWYCH	wymioty + gorączka + niewytłumaczony płacz + apatia + płaskie krosty, które nie bledną w wyniku ucisku

Refluks żołądkowo-przełykowy może powodować u dzieci wymioty z powodu niesprawności zwieracza przełyku. Refluks zwykły jest częstszy niż się ogólnie uważa i maluchy z niego wyrastają. Jeśli wymioty są regularne, dziecko jest bardzo rozdrażnione i nie przybiera na wadze, porozmawiaj z lekarzem.

Jak to działa?

Niemal wszystkie dzieci dostają ataku zapalenia żołądka i jelit przed 5. rokiem życia. Najczęściej jest on spowodowany rotawirusem w jelitach. Rotawirusy są bardzo zaraźliwe, więc prawdopodobieństwo, że zarazi się również reszta domowników, jest spore (każdy milimetr stolca zawiera 1000 części wirusa!). Zatrucie pokarmowe spowodowane bakterią salmonelli jest rzadsze. Jeśli biegunka zawiera plamy krwi, zalecałbym wykluczenie salmonelli. Jeszcze rzadsze są przypadki dyzenterii (czerwonki), szkodliwego pasożyta jelit.

Niezależnie od przyczyny zapalenia organizm dziecka będzie starał się usunąć intruza, dlatego żołądek i jelita pozbywają się jak najszybciej swojej zawartości.

Niestety duża część niezbędnych dla organizmu płynów i minerałów (sód, potas i chlorki) zostaje wydalona wraz z wymiotami oraz biegunką. Nasz organizm niezwykle sprawnie wchłania wodę: dziecko wypija ponad litr płynów dziennie, a jedynie niecałe 300 mililitrów oddaje wraz z moczem. W czasie ataku gastrycznego powstaje toksyna, która zalewa jelita płynem. Biegunka będąca jej rezultatem może szybko odwodnić organizm dziecka.

Co roku setki tysięcy małych dzieci w krajach rozwijających się umierają na skutek zapalenia żołądka i jelit. Nawet w krajach uprzemysłowionych może to stanowić poważne zagrożenie ze względu na odwodnienie. Jest to najczęstszy powód hospitalizacji dzieci.

Glukoza – wielkie odkrycie

To prawdopodobnie jedno z największych odkryć w pediatrii: glukoza pomaga dziecku szybko wchłaniać wodę i sole mineralne, stąd milionom dzieci chorych na zapalenie żołądka i jelit napój zawierający glukozę może ocalić życie. Obecnie uważa się, że magiczna dawka glukozy wynosi 2%, więc nie dosypuj łyżkami cukru (ani soli) do napoju dziecka. Napój zawierający ponad 2% glukozy ma działanie odwrotne: zalewa jelita wodą i wzmaga biegunkę.

Mit napojów gazowanych

Mówiąc o bakteriach żołądkowych, wielu rodziców i niektórzy lekarze myślą o podaniu napoju gazowanego. Przez lata była to prosta domowa metoda leczenia, pozornie łatwy sposób podania glukozy. Napój gazowany znajduje się zazwyczaj w domu. Poza tym które dziecko odmówiłoby jego wypicia?

W rzeczywistości nie powinieneś podawać dziecku rozgazowanego słodkiego napoju, gdyż stężenie zawartej w nim glukozy jest o wiele za wysokie. Przekracza trzykrotnie poziom bezpieczny dla chorego. Napoje energetyzujące zawierają jeszcze więcej cukru. Stężenie glukozy wynosi w nich często około 18%. Oba rodzaje picia mogą pogorszyć stan dziecka, wzmagając biegunkę. Nie dostarczą też organizmowi żadnych soli mineralnych. Napoje gazowane, soki owocowe i herbaty nie są odpowiednie z tych samych powodów. Rosół z kurczaka jest z kolei zbyt słony i także pogorszy sytuację. Najlepszym rozwiązaniem jest roztwór nawadniający.

Roztwory nawadniające

Roztwór nawadniający? Niektórzy rodzice woleliby środek bardziej naturalny. W rzeczywistości jest to mieszanka naturalnych składników: soli, potasu i niewielkich ilości glukozy. Roztwór taki ma owocowy smak, by dziecko chętnie go wypiło. Nie zawiera żadnych szkodliwych substancji chemicznych i pije się go po rozpuszczeniu w wodzie. Jest jednym z najczęściej testowanych leków dziecięcych. Jego nowoczesne wersje utrzymały przy życiu miliony dzieci. W niektórych krajach roztwory nawadniające są dostępne w wersji na bazie ryżu. W Polsce najczęściej stosowane roztwory nawadniające to Gastrolit (na receptę), Floridral, Orsalit, Hydronea.

Roztwór nawadniający jest obecnie używany jako złoty środek na leczenie zapalenia żołądka i jelit. Zapewnia on całkowitą równowagę soli mineralnych oraz 2-procentowej glukozy, co wystarcza, żeby zastąpić utracone płyny, ale nie zalać nimi ciała. Podziała on lepiej niż jakikolwiek inny środek i przyspieszy powrót do zdrowia, umożliwiając dziecku zjedzenie normalnego posiłku w tym samym dniu. Smak roztworu nie jest idealny, ale przy odrobinie cierpliwości uda ci się nakłonić dziecko do jego wypicia.

Mit głodówki

Stara rada brzmi: „Przegłódź dziecko", ale jest ona nieaktualna. Gdy organizm nie przyjmuje pokarmu, biegunka utrzymuje się dłużej, a jelita wolniej dochodzą do siebie. Jeśli przegłodzisz dziecko, straci ono na wadze, co nie jest dobre. To samo dotyczy jedno- lub dwudniowych diet płynnych. Im szybciej dziecko będzie mogło przyjmować pokarm stały, tym lepiej, bez względu na to, czy wciąż ma biegunkę, czy też nie. Po 4 godzinach od podania roztworu nawadniającego, dziecko może otrzymać normalną ilość pokarmu.

Odwodnienie

Ponad 8 mokrych pieluszek w ciągu jednego dnia u dziecka, które nie jest leczone, oznacza, że jest prawdopodobnie odwodnione. Bardzo blada cera, zapadnięte oczy, suche usta, przyspieszony oddech, duże pragnienie i osłabienie to oznaki silnego odwodnienia.

LECZENIE **W DOMU**

Moja rada brzmi: mniej martw się wymiotami i biegunką, a bardziej nawodnieniem dziecka. Bądź w kontakcie z lekarzem i jeśli jesteście oboje zaniepokojeni, dziecko powinno zostać szybko zbadane.

Czy to infekcja, czy zatrucie pokarmowe? To zapewne infekcja wirusowa, ale opisane poniżej domowe sposoby leczenia dotyczą dolegliwości obu (zorientujesz się, że to wirus, jeżeli rodzeństwo również zacznie wymiotować).

DZIEŃ PIERWSZY

+ Przez 4 pierwsze godziny podawaj dziecku wyłącznie doustny roztwór nawadniający (i mleko z piersi, jeśli karmisz). Rozpocznij jego podawanie natychmiast po pojawieniu się pierwszych wymiotów. Większość roztworów nawadniających jest dostępna w aptece bez recepty.
+ Podawaj małe łyżeczki płynu co 10–15 minut. Roztwór może dziecku nie smakować, ale nie odpuszczaj. Łyżka jest lepsza niż butelka, ponieważ możesz kontrolować ilość podawanego płynu. Jeśli dziecko wszystko zwraca, zacznij od malutkich łyków i stopniowo zwiększaj dawkę.
+ Przygotuj dzbanek roztworu, przykryj go i przechowuj w lodówce (do 24 godzin) albo zamróź i podaj dziecku w formie lodów wodnych. Nigdy nie dodawaj do płynu cukru ani soli.

+ Jeśli nie uda ci się zakupić roztworu, podawaj dziecku często małe łyki przegotowanej, schłodzonej wody. Nie podawaj rozgazowanych napojów, soków owocowych czy herbatek ziołowych – tylko pogorszą sprawę. Jeśli dziecko wszystko z powrotem wypluwa, wymieszaj chłodną wodę z lemoniadą w stosunku 3 : 1.

+ Kontynuuj karmienie piersią, nawet jeśli dziecko przyjmuje doustnie roztwór nawadniający, ale zaprzestań karmienia mlekiem modyfikowanym.

+ Po 4 godzinach podawania roztworów nawadniających spróbuj podać dziecku pokarm stały i wróć do mleka modyfikowanego. Zwiększ ilość jedzenia, jeśli maluch nie wymiotuje, ale niech będzie to danie o delikatnym smaku (ryż, ziemniaki, banan, tost, jogurt, dynia). Rodzynki są bardzo pożyteczne i łatwe do serwowania, ale wyłącznie starszym dzieciom. Dziecko nie powinno spożywać potraw pikantnych, tłustych ani zawierających cukier.

+ Jeśli dziecko wymiotuje, przez 24 godziny podawaj roztwór.

+ Zadbaj o porządek wokół dziecka. Zapalenie żołądka i jelit jest zaraźliwe, dlatego upewnij się, że domownicy myją często ręce. Powierzchnie wokół dziecka będą brudne, dopóki ich całkowicie nie wyczyścisz.

+ Bądź przy dziecku. Połóż przy jego łóżku miskę i duży ręcznik albo przenieście się do łazienki, dopóki wymioty nie ustaną.

+ To może być długa noc.

DZIEŃ DRUGI

+ Przywróć normalną dietę po 24 godzinach, nawet jeśli dziecko wciąż ma biegunkę. Przedłużanie głodówki nie jest dobrym pomysłem.

+ Biegunka może trwać do 2 tygodni po zakażeniu. Dziecko może też cierpieć na silne zaparcia. Obie dolegliwości są zupełnie normalne.

+ Nie posyłaj dziecka do szkoły, dopóki nie ustaną wymioty i biegunka. Dolegliwość będzie do tego momentu bardzo zaraźliwa.

LEKI

+ Obniż gorączkę za pomocą zwykłej dawki paracetamolu lub ibuprofenu. Jeśli dziecko go zwymiotuje, możesz je przemywać wodą albo zastosować inne metody (zob. s. 102).

- Nie podawaj dziecku leków przeciw biegunce, gdyż nie są odpowiednie dla niedojrzałych organizmów.
- Probiotyki nie zrobią mu żadnej krzywdy i mogą zmniejszyć biegunkę, ale nie są równie skuteczne, co roztwory nawadniające.
- Dziecko nie powinno przyjmować antybiotyków, ponieważ nie zwalczą one wirusów, a mogą wzmóc biegunkę.
- Przezorny zawsze ubezpieczony. Wyposaż domową apteczkę w roztwór nawadniający.

PYTANIA i ODPOWIEDZI

Przyjaciółka zasugerowała, żebym podała dziecku coś na zatrzymanie biegunki. Czy leki tego rodzaju są bezpieczne?

Nie. Obecnie powszechnie uważa się, że żadnego z leków przeciwwymiotnych i przeciwbiegunkowych nie można podawać dziecku choremu na zapalenie żołądka i jelit. Mogą one wywołać poważne działania niepożądane. Trzymaj się jednego, zupełnie bezpiecznego leku, który przyniesie efekty, to jest doustnego roztworu nawadniającego.

Córka wymiotowała tak intensywnie, że z pewnością jest odwodniona. Byłabym o wiele spokojniejsza, gdyby ją od razu podłączyli do kroplówki.

Jeśli dziecko piło roztwór nawadniający, to powinien on wystarczyć. Niektórzy rodzice przestają się niepokoić dopiero, gdy dziecko jest podłączone do kroplówki, ale to stresujące i zazwyczaj niepotrzebne doświadczenie. Doustne roztwory nawadniające zostały opracowane jako bezpieczniejsza i łatwiejsza w użyciu alternatywa dla kroplówki. Lek doustny powinien pomóc, jeśli jest regularnie podawany. To obecnie najczęściej zalecane leczenie. Co więcej, niektóre kroplówki szpitalne zawierają ten sam roztwór nawadniający. O ile lekarz nie zaleci kroplówki, dziecko jej nie potrzebuje.

Minął ponad tydzień, od kiedy infekcja ustała, ale dziecko wciąż ma biegunkę. Może to nietolerancja laktozy? Słyszałam, że niektóre dzieci zapadają na nią po przebytym zapaleniu żołądka i jelit.

Infekcja wirusowa może wywołać prawdziwą rewolucję w żołądku i jelitach. Wiele dzieci będzie miało biegunkę nawet 2 tygodnie po przejściu infekcji. Nie powinno cię to niepokoić. Prawdopodobieństwo powstania nietolerancji na laktozę jest bardzo niskie i dochodzi do niego niesłychanie rzadko. Jeśli biegunka się utrzymuje albo wciąż jesteś zaniepokojona, nie zalecałbym przejścia na mleko pozbawione laktozy (ani rozcieńczone), o ile badania nie wykażą nietolerancji na tę substancję.

Wiem, że w naszej okolicy krąży tak zwana grypa żołądkowa. Czy mogę jakoś uchronić całą rodzinę przed zachorowaniem?

Rotawirusy, które prawdopodobnie spowodowały zapalenie, są bardzo zaraźliwe, ale oczywiście możesz zmniejszyć ryzyko zachorowania. Wirusy często przenoszone są przez dłonie, dlatego należy dobrze myć ręce, szczególnie po skorzystaniu z toalety, przed przygotowaniem posiłków lub butelek z mlekiem i po zmianie pieluszek. Jeśli dziecko jest w wieku niemowlęcym, sterylizacja butelek i smoczków pomoże utrzymać z dala zarazki.

ZAPALENIE ŻOŁĄDKA I JELIT U NIEMOWLĄT

Najbardziej niepokoją mnie przypadki zapalenia żołądka i jelit u małych dzieci. Starsze łatwiej znoszą chorobę. Jeśli dziecko ma mniej niż 6 miesięcy, wymiotuje i ma biegunkę, musi szybko trafić do lekarza ze względu na wysokie ryzyko odwodnienia. Szpital przyjmie dziecko, jeśli istnieje jakiekolwiek zagrożenie. W przypadku dzieci ponadpółrocznych, lekarz doradzi, czy leczenie w domu jest wystarczające.

SYGNAŁY ALARMOWE

NATYCHMIAST ZADZWOŃ PO LEKARZA, JEŚLI:

wymiociny dziecka są koloru trawy,

stolec zawiera krew,

dziecko wymiotuje, jest apatyczne i ma na ciele plamy, które nie bledną pod uciskiem,

w ciągu minionej doby wymiotowało ponad 4 razy, przebierałaś je ponad 8 razy, a stolec był bardzo rzadki (może być odwodnione),

ma nieustający ból brzucha przez dłużej niż 4 godziny,

nie ma jeszcze 6 miesięcy,

ma przewlekłą biegunkę (zawsze zgłoś się po poradę lekarską).

ROZDZIAŁ 13

Nadpobudliwość

„Syn ma 7 lat i zawsze jest upominany w szkole, bo przeszkadza i jest niesforny. W klasie bez przerwy gada i nie potrafi usiedzieć w miejscu – nauczyciel chciałby go »przykleić« do krzesła. Szkolne wycieczki są koszmarem, gdyż dziecko nie ma żadnego poczucia niebezpieczeństwa. Może łatwo wpaść pod autobus. W domu sytuacja jest równie trudna i stresująca. Syn mówi ostatnio, że chciałby mieć więcej kolegów i być częściej zapraszany na przyjęcia urodzinowe kolegów i koleżanek".

Przeciąganie struny

To zwykle bardzo trudne dla rodziny, gdy dziecko wymyka się spod kontroli i zawsze sprawia kłopoty, wystawia na próbę twoje rodzicielskie uczucia. A ono samo jest równie nieszczęśliwe.

Po latach dyskusji ADHD zostało uznane za częste zaburzenie behawioralne, które lekarz może zdiagnozować i pomóc dziecku być szczęśliwszym. Ale pamiętaj:

- nie każde nadpobudliwe dziecko ma ADHD,
- prawdziwą diagnozę musi postawić specjalista,
- to dolegliwość o podłożu biologicznym, której rozpoznanie komplikują inne czynniki,
- leki nie są jedynym rozwiązaniem.

Wciąż nie rozumiemy w pełni przyczyn ADHD, ale z pewnością nie jesteś mu winna, nie wynika ono z nieudolnych metod wychowawczych. Choroba ta może spowodować problemy w późniejszym życiu, dlatego musisz pomóc dziecku, robiąc wszystko, co w twojej mocy. Na szczęście ADHD można skutecznie leczyć.

„Chociaż ADHD zostało opisane jako chwilowa moda i wymysł społeczeństwa, szerokie badania neurologiczne opowiadają się za słusznością tezy o istnieniu tego zespołu".

(prof. P. Hill, Szpital Dziecięcy Great Ormond Street, Londyn, *BMJ Journals Archives of Disease in Childhood*, 2005)

CZY TO ADHD?

Zachowanie dziecka będzie je wyróżniać na tle innych dzieci: nie będzie ono tak po prostu nadpobudliwe czy momentami nie do opanowania. Dzieci z zespołem nadpobudliwości psychoruchowej z deficytem uwagi (ADHD zwanym także ADD – zespołem zaburzeń uwagi lub zespołem hiperkinetycznym) stwarzają kłopoty ciągle, a schorzenie to wpływa na codzienne życie całej rodziny.

Wszystko w zachowaniu dziecka będzie wyjątkowe jak na jego wiek:

- nieuwaga (brak koncentracji),
- nadpobudliwość (dziecko jest nadmiernie pobudzone lub zdezorganizowane),
- impulsywne zachowanie.

Dziecko ma słabe wyniki w szkole, chociaż wiesz, że stać je na znacznie więcej. Może nie cieszyć się popularnością wśród rówieśników lub nauczycieli. Prawdopodobnie podejmuje większe ryzyko i ma skłonności do rozmaitych wypadków (jeśli na ulicy znajduje się otwarty właz ściekowy, zapewne go zauważy). W początkowej fazie okresu dojrzewania dziecko może stać się niepokojąco wrogie, a nawet agresywne.

Wczesne objawy ADHD pojawiają się niekiedy już w wieku 2, 3 lat (narzekania opiekunek ze żłobka), ale nadpobudliwość jest normalna u małych dzieci, stąd nie można postawić diagnozy ADHD do momentu ukończenia przez dziecko 6 lat. Sprawiający kłopoty dwulatek często uspokaja się, gdy podrośnie, zwłaszcza gdy wejdzie w szkolną rutynę. Zachowałbym ostrożność wobec pospiesznych diagnoz. Istnieją obecnie ustalone zasady diagnozowania ADHD (zob. s. 152–154).

CZY COŚ INNEGO?

SZUKAJ ZACHOWAŃ ŚWIADCZĄCYCH O CHĘCI PRZYCIĄGNIĘCIA UWAGI INNYCH. Dziecko z różnych powodów zachowuje się, jakby miało ADHD, ale w odróżnieniu od dzieci nadpobudliwych, ma dobre stosunki z przyjaciółmi oraz dorosłymi. Raczej nie jest odizolowane. Jest równie

„Nie każde dziecko nadpobudliwe, nieuważne lub impulsywne cierpi na ADHD".

(Krajowy Instytut Zdrowia Psychicznego, Stany Zjednoczone, 2008)

elokwentne, co rówieśnicy, podczas gdy osoby cierpiące na ADHD mają problemy z nauką i mową.

CZY ZACHOWANIE DZIECKA NIE JEST PRZYPADKIEM REAKCJĄ NA STRESUJĄCE SYTUACJE W ŻYCIU? Mogą to być sytuacje w rodzinie lub kręgu szkolnych przyjaciół. Jeśli dziecko jest diabłem w domu, a aniołem w szkole, to nie ADHD.

PRZYCZYNA MOŻE TEŻ TKWIĆ W ZDROWIU. Dolegliwości alergiczne, takie jak egzema lub astma, są dużym wyzwaniem w życiu (i szkole). Dziecko może też przeszkadzać, bo nie słyszy bądź nie widzi prawidłowo albo nikt nie zauważył, że ma dysleksję.

Diagnoza ADHD

Nikt nie udowodnił ADHD w badaniach klinicznych, ale lekarze są zgodni co do zespołu stałych objawów zwanych obecnie kryteriami diagnostycznymi ADHD, które wskazują na chorobę. Jeśli dziecko ma 6 lub więcej lat i wymienione poniżej objawy, powinno zostać skierowane do pediatry lub szkolnego psychologa w celu przeprowadzenia dalszych badań.

Wytyczne diagnozy

A. CZY DZIECKO MA OBJAWY WYMIENIONE W PUNKCIE 1 LUB 2?

1. Nieuwaga

Czy w ciągu 6 ostatnich miesięcy dziecko miało co najmniej 6 z opisanych objawów w nadmiernym dla jego wieku stopniu?

- Nie potrafi skupić się na szczegółach i popełnia bezmyślne błędy.
- Ma problem z koncentracją w trakcie zabawy lub wykonywania zadań.
- Sprawia wrażenie, że nie słucha, gdy ktoś się bezpośrednio do niego zwraca.
- Nie przestrzega instrukcji i nie kończy pracy, którą zaczął.
- Ma trudności z organizacją zajęć.
- Unika wszystkiego, co wymaga większego wysiłku umysłowego.

- Gubi przedmioty potrzebne do zajęć lub zabawy (ołówki, zabawki).
- Łatwo się rozprasza.
- Jest zapominalskie podczas wykonywania codziennych czynności.

2. **Nadpobudliwość i impulsywność**

Czy w ciągu 6 ostatnich miesięcy dziecko miało co najmniej 6 z wymienionych objawów w nadmiernym dla jego wieku stopniu?

NADPOBUDLIWOŚĆ

- Często wierci się i nie może usiedzieć na krześle.
- Często wstaje, gdy powinno siedzieć.
- Biega i wspina się na różne przedmioty w nieodpowiednich sytuacjach.
- Ma trudności z cichą zabawą.
- Cały czas ma coś do zrobienia i jest ciągle w ruchu.
- Często zbyt wiele mówi.

IMPULSYWNOŚĆ

- Często wyrywa się z odpowiedzią, zanim padnie pytanie.
- Ma trudności z czekaniem w szeregu lub w kolejce.
- Często przerywa innym (na przykład wtrąca się do rozmów i gier).

B. CZY WSZYSTKO ZACZĘŁO SIĘ, ZANIM DZIECKO UKOŃCZYŁO 7 LAT?

C. CZY OBJAWY TE SĄ IDENTYCZNE W 2 LUB WIĘCEJ SYTUACJACH (NA PRZYKŁAD W DOMU I SZKOLE)?

D. CZY STWARZA TO DZIECKU ZNACZĄCE PROBLEMY W KONTEKŚCIE SPOŁECZNYM I SZKOLNYM?

E. CZY ISTNIEJE LEPSZE WYTŁUMACZENIE – PROBLEMY ROZWOJOWE, SCHIZOFRENIA LUB INNA CHOROBA UMYSŁOWA?

Gdy podejrzewam ADHD, sprawdzam kartę zdrowia dziecka i jego osiągnięcia szkolne oraz, co najważniejsze, rozmawiam z dzieckiem i rodzicami. Dziecko jest badane według normalnej skali zachowań. Proszę również o raport szkolny na jego temat i opinię psychologa szkolnego (oraz test na dysleksję). Aby wykluczyć inne hipotezy, należy zbadać ogólny stan zdrowia dziecka włącznie ze słuchem i wzrokiem.

Decydującym testem są leki. U dzieci z nadpobudliwością wystąpi ogromna poprawa na skutek przyjmowania środków stymulujących ośrodkowy układ nerwowy, takich jak metylofenidat. Jeśli zaś to nie ADHD, poprawa będzie nieznaczna.

Cudowne leki

Podawanie nadpobudliwemu dziecku środków, które działają jak amfetamina, wydaje się zaprzeczać wszelkiej logice, ale podawanie stymulantów przynosi efekty. Oddziałują one na neuroprzekaźniki – związki chemiczne, które kształtują korę mózgową (ośrodek kontrolujący zachowanie), przywracając równowagę chemiczną, dzięki czemu dziecko może się uspokoić i skupić. Większość dzieci przyjmuje metylofenidat, choć w USA przepisuje się również dekstroamfetaminę. Nowszy lek, atomoksetyna, został obecnie dopuszczony do obiegu w Stanach Zjednoczonych i przynosi pewne efekty.

Leki te nie uzależniają i po 50 latach badań (to z pewnością dobra miara w odniesieniu do badań klinicznych) stymulanty zostały uznane za całkowicie bezpieczne. Owszem, mają one działania niepożądane, ale utrzymanie możliwie jak najniższej dawki leku sprawia, że skutki uboczne są rzadkie. Do możliwych działań niepożądanych należy lekka bezsenność lub utrata apetytu. Farmaceutyki powodują niekiedy utratę wagi lub spowolnienie wzrostu, ale zmiana dawki zazwyczaj odwraca tę sytuację. W rzadkich przypadkach dziecko może dostać tików nerwowych. Jeśli do tego dojdzie, leki zostaną całkowicie odstawione. Co stanie się, gdy dziecko przestanie przyjmować leki? Objawy powrócą bardzo szybko. U niektórych dzieci leki można odstawić wcześnie, inne będą musiały je zażywać, nawet gdy dorosną.

Jak to działa?

ADHD kojarzy się zazwyczaj z niegrzecznym dzieckiem. Ankieta przeprowadzona w 2007 roku wykazała, że ponad połowa Brytyjczyków wciąż jest przekonana, że ADHD to ładna nazwa na niesforne zachowanie dzieci i nieudolność rodziców. Jest to jednak bardzo konkretna dolegliwość. Najlepszy rodzic na świecie będzie miał problem z dzieckiem z ADHD. Dzieje się tak dlatego, że nie potrafi ono się skupić ani zastanowić, zanim coś zrobi, i jest to stały problem. Nieważne, jak jest inteligentne (jego iloraz inteligencji będzie wynosił tyle samo, ile u rówieśników). Jeśli dziecko ma także trudności z nauką, a do 40% dzieci miewa je z powodu nieumiejętność skupienia, szkoła stanie się torturą.

Dlaczego w całkowicie normalnej rodzinie tylko jedno dziecko ma ADHD? Czy w grę wchodzą zapewne wpływy środowiskowe? Nieobecni lub despotyczni rodzice? Sztuczne dodatki zawarte w żywności? Wszystkie te czynniki pogorszą zachowanie dziecka, ale raczej nie leżą u podstaw ADHD. Dolegliwość ta wydaje się stanowić część charakteru, ale mimo wszelakich badań, nie jesteśmy pewni, dlaczego tak się dzieje ani też dlaczego chłopcy są bardziej podatni na ADHD od dziewczynek. Wiemy natomiast, że dolegliwość ta dotyka do 5% społeczeństwa.

Wyniki badań opowiadają się obecnie za biologiczną przyczyną ADHD, a mianowicie niewielką różnicą w działaniu mózgu. Obszar kory mózgowej, który odpowiada za koncentrację oraz zahamowania, wydaje się u osób z tym zaburzeniem dojrzewać i stabilizować później. Prześwietlenia mózgu wykazały, że kora mózgowa jest cieńsza u części dzieci z pewnymi rodzajami genów ADHD. Wszystko wskazuje na brak równowagi substancji chemicznych zwanych neuroprzekaźnikami, które zasilają tę część mózgu. Dziecko ma za wysoki poziom dopaminy, ale niedobór noradrenaliny. Do kwestii biologicznych dochodzą jednak jeszcze wpływy zewnętrzne: sytuacja rodzinna, relacja rodziców z dzieckiem i reakcja szkoły.

Czy ADHD jest dziedziczne? Zdecydowanie tak. Często dowiaduję się, że rodzic (zazwyczaj ojciec) miał wiele objawów nadpobudliwości w dzieciństwie. Jego życie, włącznie z karierą zawodową, nie było łatwe i to dodatkowo komplikuje sytuację.

Naganne zachowanie

Musisz być wyjątkowo ostrożna, gdy dziecko wejdzie w okres dojrzewania. Stanie się wtedy bardziej podatne na depresję, wcześniejszą rezygnację ze szkoły i wkroczenie na drogę przestępczą. Jeśli w rodzinie istnieją jeszcze jakieś problemy, ryzyko będzie wyższe.

Będziesz być może zmuszona żyć pod jednym dachem z dymiącym wulkanem. Niestety niemal połowa nastolatków z ADHD cierpi także na zaburzenie opozycyjno-buntownicze (ODD), zaburzenia zachowania (CD) bądź oba zespoły naraz.

Przy ODD dziecko wszczyna kłótnie, wykazuje wrogość i złość. Jest sfrustrowane wszystkim, a jego wyniki szkolne nie są najlepsze. Przy CD dziecko jest bardzo agresywne wobec ludzi i zwierząt, może uchodzić za osobę prześladującą innych. Utrzymanie go w ryzach jest trudne. Opuszcza lekcje lub nie wraca na noc do domu. Może mu się przydarzyć coś bardzo złego, ale z pomocą (terapia behawioralna przynosi najlepsze efekty przy ODD i CD) może uspokoić się przed 15. rokiem życia.

LECZENIE **W DOMU**

Niektórzy rodzice postanawiają sami leczyć ADHD. Niezależnie od tego, jak dobrym (lub doinformowanym) jesteś rodzicem, zalecane jest skorzystanie z profesjonalnej pomocy. Pamiętaj, że dziecko nie wyrośnie zwyczajnie z nadpobudliwości. Sama terapia behawioralna może zadziałać. Prawdopodobnie jednak będzie konieczne połączenie terapii behawioralnej i leków oraz specjalnego programu w szkole.

+ Zwróć się o pomoc. Jeśli dziecko ma ponad 6 lat i wydaje się spełniać kryteria diagnostyczne ADHD, zwróć się do pediatry lub psychologa dziecięcego w celu uzyskania pełnej diagnozy. W skomplikowanych lub trudnych do zdiagnozowania przypadkach dziecko jest kierowane do psychiatry dziecięcego.

+ Kursy wychowawcze dla rodziców – ćwiczenia behawioralne ze specjalistą – są dobrym punktem wyjścia. Poznasz techniki pomagające w radzeniu sobie z zachowaniem dziecka. Tradycyjne metody dyscyplinowania po prostu nie działają.

+ Terapia rodzinna pomoże zmniejszyć sytuacje konfliktowe w domu, szczególnie jeśli zachowanie dziecka wymyka się spod kontroli. Naprawdę nie możesz leczyć dziecka bez wsparcia ze strony rodziny.

+ Terapia kognitywno-behawioralna pod okiem specjalisty może zadziałać w przypadku dzieci po 10. roku życia mających poważne problemy z zachowaniem. Terapeuta nauczy dziecko metod doskonalenia samokontroli.

- Plan interwencji szkolnej zawsze jest ważny. Pomoże zadecydować, jak szkoła będzie sobie radzić z zachowaniem dziecka, a także ocenić, jak dziecko się uczy. Program ten powinien być dostosowany do indywidualnej sytuacji ucznia i najlepiej, jeśli powstanie we współpracy z pedagogiem szkolnym. Dziecko będzie zapewne wymagało także zajęć wyrównawczych.

- Kuracja farmakologiczna nie jest przepisywana automatycznie. Leki psychostymulujące będą być może konieczne, ale wyłącznie, jeśli terapia behawioralna okaże się niewystarczająca. Powinno się je przepisywać po postawieniu oficjalnej diagnozy. Dziecko będzie wymagało także terapii behawioralnej.

- Szacunek dla siebie samego. „Bez względu na to, co robię, nic mi się nie udaje. Co roku w szkole mówią, że jestem rozrabiaką". Co możesz uczynić ty (i szkoła), żeby pomóc dziecku? Czy jest coś, w czym może odnieść sukces?

- Codzienna rutyna. Dziecko pracuje najlepiej, gdy wszystko jest świetnie zorganizowane, hałas oraz inne czynniki dekoncentrujące są minimalne. Dlatego uczeń potrzebuje rutyny, zarówno w domu, jak i szkole (powinien siedzieć blisko nauczyciela).

- Przestań patrzeć na dziecko jak na czarną owcę. To nie jego i nie twoja wina.

- Indywidualne sesje z psychologiem nie są zazwyczaj potrzebne. Terapia rodzinna przynosi lepsze rezultaty.

- Nie wprowadzaj specjalnej diety, nie odmieni ona dziecka (brakuje badań, które by to potwierdzały), ale kieruj się zdrowym rozsądkiem. Jeśli dziecko wyraźnie reaguje na pewne produkty, ogranicz je. Nie wykazano, że witaminy czy produkty naturalne wpływają na ADHD. Herbatki ziołowe mogą jednak pomóc dziecku się zrelaksować.

- Terapie alternatywne, takie jak joga i masaż, są na pewno warte wypróbowania, zwłaszcza jeśli będziecie je praktykować wspólnie całą rodziną, chociaż nie potwierdzono, aby pomagały kontrolować ADHD.

- Programy polegające na ćwiczeniu mózgu badano pod względem poprawy pamięci i funkcji wykonawczych (planowania i kontroli), ale bez większych sukcesów.

„Niewiele badań potwierdza korzyści płynące z przyjmowania suplementów mineralnych (żelaza, magnezu i cynku) u dzieci z ADHD".

(Szkockie wytyczne międzyuczelniane, 2005)

Jeśli dziecko ma mniej niż 6 lat i objawy ADHD, jednoznaczna diagnoza jest trudniejsza. Zaleciłbym zdecydowanie kursy dla rodziców i jakąś formę terapii rodzinnej dla zredukowania stresu.

ADHD można z powodzeniem leczyć, ale dziecko będzie musiało kontynuować leczenie, niezależnie od jego postaci, do około 15. roku życia. O ile nie zostanie z tym problemem samo, są duże szanse, że do tego czasu objawy ADHD złagodnieją.

PYTANIA i ODPOWIEDZI

Czy dziecko musi brać metylofenidat? Mam wrażenie, że przepisuje się go obecnie rutynowo?

Czy leki pomagają dzieciom z ADHD? Tak, działają bardzo dobrze na krótką metę. Około 85–90% dzieci z ADHD przyjmujących stymulanty znacznie poprawiło swoje zachowanie, wyniki szkolne i życie towarzyskie. Zauważysz zmianę niemal natychmiast, w ciągu 1–2 godzin. Jednak czy każde dziecko z ADHD powinno zażywać leki? Nie. Panuje przekonanie, że metylofenidat jest przepisywany zbyt wielu dzieciom z nadpobudliwością, które go nie potrzebują lub które nie cierpią na ADHD.

Nie każde dziecko z ADHD wymaga leczenia farmakologicznego. Kursy dla rodziców i dodatkowa pomoc w szkole mogą wystarczyć, ale jeżeli mimo to dziecko naprawdę wymaga pomocy farmakologicznej, leki zdziałają cuda. Krótka kuracja próbna może być najlepszą wskazówką. Jeśli stan dziecka ulegnie gwałtownej poprawie, prawdopodobnie potrzebuje farmaceutyków.

Niektórzy rodzice niechętnie uciekają się do podawania leków, żeby utrzymać w ryzach zachowanie dziecka, ale bezczynność może przynieść więcej krzywdy i pamiętaj, że stymulanty to nie leki uspokajające. Pomagają dziecku kontrolować jego własne zachowanie, ponieważ pozwalają mu się skupić i zastanowić, zanim coś zrobi. Jednak same leki nie rozwiążą problemu, sprawią jedynie, że dziecko będzie o wiele mniej pobudliwe i impulsywne. Będziecie musieli jako rodzina pracować także nad zmianą wzorców zachowań.

Czy dziecko z tego wyrośnie?

ADHD towarzyszy pacjentom także w ich dorosłości, ale z pomocą specjalisty i rodziny dziecko może nauczyć się lepiej przystosować do życia. U niemal 80% cierpiących na ten zespół objawy utrzymują się w dorosłym życiu, ale przyjmują inną postać. Badania osób z nadpobudliwością przeprowadzone w północnej Finlandii, trwające od kołyski do dorosłości, obejmujące 9 432 osoby, wykazały, że w miarę dorastania dzieci stawały się mniej impulsywne i nadpobudliwe, ale około dwóch trzecich wciąż miało poważne trudności z koncentracją, a tym samym mniejsze szanse na osiągnięcie sukcesu. Ryzyko nadużywania substancji uzależniających również było u tych badanych wyższe. Obecnie dostępnych jest wiele programów wsparcia przeznaczonych dla dzieci z ADHD, dlatego powinieneś koniecznie z nich skorzystać.

„Mimo powszechnej opinii, szerokie badania nie wykazały związku pomiędzy ilością spożywanych węglowodanów a nadpobudliwością".

(University of Pittsburgh Medical Centre, 2006)

Czy powinnam wprowadzić dziecku szczególną dietę?

Dyskusja nad tym problemem trwa, ponieważ mimo licznych badań wpływ diety na ADHD nie jest do końca znany. Wiele lat temu każde dziecko z ADHD przestrzegało specjalnej diety. Teza, że jadłospis wpływa na zachowanie, zyskała popularność na początku lat 70., gdy dr B. Feingold opracował specjalną dietę dla osób nadpobudliwych. Następnie odkryto, że wpływała ona tylko na bardzo niewielki odsetek chorych.

Warto podejść do tej kwestii ze szczyptą zdrowego rozsądku. Wszystkie dzieci reagują na nadużywanie pewnych produktów. Wiemy, że niewielki odsetek maluchów jest niezwykle wrażliwy na chemiczne dodatki do żywności i kofeinę – nie tylko dzieci z ADHD (a i wśród nich nie jest to regułą). Wykazano, że (wbrew ogólnie panującej opinii) cukier nie sprawia, że dzieci są nadpobudliwe. Co więcej, badacze sugerują teraz, że cukier może wpływać lekko uspokajająco.

Dieta nie powoduje ADHD, ale (u niewielu dzieci) może pogarszać sytuację. Zmiana jadłospisu raczej nie poskutkuje znaczącą poprawą. Zalecałbym ostrożność wobec produktów zawierających sztuczne dodatki oraz barwniki – i tak nie są dla dziecka dobre. Nie pozwól jednak, by troska o dietę pochłonęła całą twoją energię.

Doradzono mi zapisanie dziecka na terapię behawioralną. Na czym ona polega?

Trening behawioralny jest obecnie uważany za istotny element leczenia ADHD. U niektórych dzieci może on być wystarczający. Ma na celu zwiększenie częstotliwości pożądanych, prawidłowych zachowań i redukcję zachowań niepoprawnych. Wykwalifikowany terapeuta pomoże dziecku zidentyfikować jego problematyczne zachowania, a także zrozumieć zarówno ich przyczyny, jak i konsekwencje. Następnie razem z nim wybierze zachowania, które pragnie ono zmienić, i ustali potencjalne nagrody (lub kary). Rodzic i nauczyciele również zostaną przeszkoleni w przestrzeganiu opracowanego programu oraz stosowaniu tego samego systemu nagradzania. Najważniejsze w tym wszystkim jest to, że dziecko nauczy się radzić sobie z własnym zachowaniem. Wymaga to czasu i wielkiej konsekwencji ze strony całego otoczenia, ale może okazać się bardzo skuteczne.

NADPOBUDLIWOŚĆ U NIEMOWLĄT

To na prawdę za wcześnie, żeby dojrzeć jakiekolwiek objawy u niemowlęcia.

Krótki poradnik przetrwania dla rodziców dzieci z ADHD

Skup się na pozytywach

- Wymień co najmniej 3 zalety dziecka.
- Zapisz je na kartce i przyczep na lodówce.
- Ciesz się nimi!

Spróbuj ukierunkować niesforne zachowania dziecka w inną stronę (ale nie powstrzymuj ich)

- Dzieci z ADHD są hiperaktywne (pełne energii), impulsywne (spontaniczne) i mają krótką zdolność koncentracji (jest tyle rzeczy do zrobienia!).

Zapewnij dziecku bezpieczne miejsce, w którym będzie się mogło bawić bez ograniczeń

Nie oczekuj od niego więcej niż jest w stanie zrobić

- Unikaj nadmiernej stymulacji.
- Wybierz przedszkole, w którym grupy są małe i jest stosunkowo dużo opiekunów.
- Unikaj oficjalnych spotkań, wycieczek na zakupy lub posiłków poza domem, jeśli przekraczają możliwości dziecka.

Rutyna, rutyna, rutyna

- Posiłki, toaleta, obowiązki domowe i pora pójścia spać powinny być możliwie jak najbardziej regularne.

Zauważ, kiedy dziecko zrobi coś dobrego!

- Pozytywne komentarze powinny przewyższać negatywne co najmniej w stosunku 2 : 1, ale dąż do proporcji 4 : 1.
- Powiedz dziecku, co ci się podoba.

Niech dziecko wie, czego od niego oczekujesz

- Powiedz „idź, proszę" zamiast „nie biegaj".
- Opracuj formalny program pozytywnego egzekwowania zachowań zarówno w domu, jak i szkole – wykorzystaj żetony, naklejki, a nawet cukierki!

Dyscyplina

- Im mniej zasad, tym lepiej. Ustal kilka jasnych reguł i konsekwentnie ich przestrzegaj.
- Działaj szybko – mów (i gróź) mniej.

- Nie stosuj kar cielesnych, wystarczą siedzenie chwilę w ciszy (u małych dzieci) lub mniej przywilejów (starsze dzieci).

Wydłużaj czas koncentracji dziecka

- Nagradzaj spokojne zachowanie dziecka pochwałą, gestem lub przytuleniem.
- Ogranicz liczbę jednocześnie dostępnych zabawek, ale często je zmieniaj.

Kontaktuj się codziennie z nauczycielem dziecka

- Pracujcie razem w celu zachowania spójnych zasad i konsekwencji.
- Stawaj w obronie dziecka.
- Ucz nauczycieli, rodzinę oraz przyjaciół o ADHD.

Odpoczywaj – wychowanie nadpobudliwego dziecko to ciężka praca

- Znajduj wolne chwile na relaks.
- Zrób sobie przerwę!

SYGNAŁY ALARMOWE

POROZMAWIAJ Z LEKARZEM RODZINNYM, JEŚLI ZACHOWANIE DZIECKA CIĘ BARDZO MARTWI. JEŚLI DZIECKO:

stanie się bardzo agresywne albo bardzo przygnębione,

będzie wykazywało objawy problemów psychiatrycznych lub silny niepokój.

ROZDZIAŁ 14

Choroby zakaźne

„Córka źle się wczoraj czuła, miała gorączkę i myśleliśmy, że to po prostu początek przeziębienia. Teraz pojawiły się pierwsze krosty na twarzy i brzuchu, więc pewnie się czymś zaraziła. Nie wiem, czy to ospa wietrzna, czy objawy alergii. Najbardziej boję się, że to zapalenie opon mózgowych".

Są nieuniknione

Uzbrój się w cierpliwość. Dziecko przed wejściem w okres dojrzewania z pewnością zarazi się więcej niż jedną chorobą zakaźną. Większość z nich jest niegroźna. Są one omówione w poniższym rozdziale.

- U zdrowego dziecka choroby te wywołają co najwyżej umiarkowany dyskomfort.
- Niektóre ustąpią samoistnie, a pozostałe łatwo wyleczyć.
- Początek ospy wietrznej jest sygnalizowany przez nieznaczne pogorszenie samopoczucia.

Dzieci są szczepione przeciwko niektórym chorobom ze względu na potencjalne zagrożenia (zob. s. 304–306). Czy powinieneś zabrać dziecko do lekarza? Tak, szczególnie w przypadku wystąpienia wysypki. Jeśli jednak dziecko przechodzi chorobę zakaźną, lepiej unikać przychodni pełnych chorych i podatnych na zarażenie pacjentów. Moja rada brzmi:

- po pierwsze – wykonaj telefon do lekarza,
- po drugie – zorientuj się, czy lekarz może przyjść na wizytę domową,
- po trzecie – jeżeli nie, zapytaj, czy możesz przyprowadzić dziecko do przychodni pod koniec godzin przyjmowania.

CZY TO **OSPA WIETRZNA?**

Ospa wietrzna (łac. *varicella*) jest wywołana przez herpeswirusy i rzadko miewa ciężki przebieg. Istnieje 90-procentowe prawdopodobieństwo, że dziecko zarazi się nią przed 10. rokiem życia i, miejmy nadzieję, skończy się na kilkudniowym złym samopoczuciu. Po przejściu ospy wietrznej dziecko powinno być odporne na resztę życia (ryzyko zachorowania po raz drugi wynosi 1 : 500). Wirus pozostanie w organizmie dziecka i, jeśli będzie miało pecha, może spowodować półpaśca (poważniejszą, ale wyleczalną chorobę) w późniejszym życiu.

Jeśli to ospa wietrzna:

- Pierwsze objawy: podwyższona temperatura, kaszel i katar, mogą przypominać przeziębienie.
- Następnie pojawia się krostkowata wysypka. Zauważysz najpierw małe różowe plamki.
- W przypadku zwykłej wysypki, w odróżnieniu od wysypki w zapaleniu opon mózgowo-rdzeniowych, krosty bledną pod uciskiem.
- Krostki zamieniają się w pęcherze wypełnione bezbarwnym płynem 12 godzin po pojawieniu się. Każdy pęcherzyk wygląda jak kropla wody na czerwonej plamce. Następnie tworzą się strupy.
- W ciągu następnych kilku dni pojawiają się nowe krosty, dlatego dziecko ma jednocześnie różnego rodzaju czerwone wykwity, pęcherze i strupy.
- Krosty znajdują się głównie na tułowiu i twarzy, ale także w ustach, uszach, skórze głowy oraz oczach. Po kilku dniach zaczną się też pojawiać na rękach i nogach.
- Gdy pojawią się pęcherze, skóra zaczyna mocno swędzić, szczególnie jeśli dziecko się drapie.
- Chory nie powinien czuć się bardzo źle. Przebieg ospy u niektórych dzieci jest tak łagodny, że nikt jej nie zauważy.
- Zarażenie następuje przez wydzielinę z oczu, nosa, ust bądź pęknięty strup.

- Dziecko najsilniej zaraża w okresie od 2 dni przed wystąpieniem wysypki do 7 dni po jej pojawieniu się (albo do momentu pęknięcia ostatniego pęcherza).
- Niemal we wszystkich przypadkach krosty pojawiają się od 11 do 21 dni po kontakcie z chorym.

Zanim zorientujesz się, że to ospa, dziecko może zarazić całą rodzinę (która zapewne będzie obsypana krostami bardziej od niego). Najczęstszym powikłaniem ospy wietrznej jest infekcja bakteryjna krost. Może być poważna, jeśli układ odpornościowy jest osłabiony, wystąpi zapalenie płuc lub wirusowe zapalenie opon mózgowych. Na szczęście to rzadkość.

LECZENIE **W DOMU**

Ospa wietrzna ustępuje samoistnie. Twoje zadanie polega na sprawieniu, żeby dziecko czuło się dobrze. Musisz też zadbać o higienę skóry.

+ Zadzwoń do lekarza.
+ Zbij gorączkę paracetamolem lub ibuprofenem.
+ Do swędzącej skóry przykładaj gazę nasączoną kalaminą. Stosuj ciepłe kąpiele. Jeśli te nie pomogą, spróbuj doustnej antyhistaminy.
+ Nie pozwól dziecku rozdrapywać krost, gdyż może w ten sposób zainfekować skórę. Obetnij mu krótko paznokcie i kąp je codziennie, używając za każdym razem nowego ręcznika.
+ Krosty w ustach sprawiają ból. Podaj paracetamol, a jeśli dziecko przestanie przyjmować płyny z powodu bólu, wezwij lekarza.
+ Na zainfekowane krosty lekarz przepisze krem przeciwbakteryjny.
+ Nie powinno się podawać zdrowemu dziecku ze zwyczajną postacią ospy doustnego acyklowiru. Jest on przeznaczony dla dzieci z podwyższonym ryzykiem powikłań (nie odegra znaczącej roli u zdrowego dziecka), a poza tym jest drogi.
+ Nie należy podawać antybiotyków, chyba że dojdzie do zakażenia krost.
+ Przez pierwszych kilka dni warto podawać dziecku lekkostrawne potrawy i napoje, szczególnie jeśli ma gorączkę. Chory nie musi leżeć w łóżku.

- Jeżeli dziecko nosi pieluszki i ma wiele pęcherzy na pupie, postaraj się w miarę możliwości nie zakładać pieluszki. Skóra będzie się lepiej goić i będzie mniej podrażniona.
- Myj często ręce, zwłaszcza po dotknięciu pęcherzy.
- Jak najszybciej powiadom szkołę, dlaczego dziecko nie przychodzi na lekcje.
- Nie posyłaj dziecka do szkoły przez 7 dni od wystąpienia wysypki albo do momentu pęknięcia pęcherzy i powstania strupów. Te ostatnie nie są zakaźne, dlatego nie martw się pojedynczymi zeschniętymi krostami.
- Czy zrobić dziecku kwarantannę? Raczej nie ma takiej potrzeby. Zapewne zaraziło już większość przyjaciół, ale poinformuj ich rodziców. Lepiej, żeby wiedzieli.

CZY TO **LISZAJEC?**

Liszajec to częsta infekcja skórna spowodowana bakteriami (głównie gronkowcem złocistym i paciorkowcami z grupy A).

- Zauważysz małe czerwone krostki, które wypełnią się płynem. Skóra będzie zaczerwieniona i wilgotna, dopóki nie wytworzą się żółte strupy.
- Wygląda to gorzej, niż jest w rzeczywistości. Choroba jest bezbolesna. Może jedynie wystąpić niewielkie swędzenie, ale dziecko będzie się czuło zupełnie dobrze.
- Wysypka występuje głównie na twarzy (choć może pojawić się też w innych miejscach). Na skórze nie pozostaną blizny.
- Choroba ta nie wynika z braku higieny. Przenosi się poprzez kontakt z zainfekowanymi dziećmi (wiele z nich jest nieświadomymi nosicielami).
- Dziecko będzie silnie zarażało, dopóki nie przejdzie kuracji antybiotykowej (co najmniej jedna doba) lub do momentu zniknięcia strupów.

Liszajec można pomylić z opryszczką, ale ta ostatnia charakteryzuje się skupiskami pęcherzy. Pęcherze liszajowca są zazwyczaj większe i pojedyncze.

LECZENIE W DOMU

- Skontaktuj się z lekarzem, jeżeli podejrzewasz liszajec.
- Jeśli liszajec się rozprzestrzenił, być może konieczne będzie przepisanie doustnego antybiotyku.
- W początkowej fazie maść antybiotykowa może być wystarczająca i pomoże zapobiec zarażeniu innych osób. Przed zastosowaniem maści przemyj strupy na skórze dziecka ciepłą wodą i osusz bez pocierania.
- Obmyj wszelkie zarażone miejsca mydłem z wodą i zaklej zwyczajnym plastrem. Zapobiegnie to dotykaniu skóry przez dziecko.
- Myj często ręce, zwłaszcza po dotknięciu chorego lub przedmiotów znajdujących się wokół niego.
- Używaj osobnych ręczników do momentu wygojenia się pęcherzy.
- Nie posyłaj dziecka do szkoły przez dobę po rozpoczęciu kuracji antybiotykowej (albo do momentu zniknięcia pęcherzy).

CZY TO RUMIEŃ NAGŁY?

Rumień nagły to infekcja wirusowa (ludzki herpeswirus typu 6, który jest często mylony z odrą lub różyczką). Dziecko będzie ospałe i gorączka może wywołać u ciebie panikę, ale szybko nastąpi poprawa.

- Zachorowanie na rumień jest bardziej prawdopodobne u dzieci do 2. roku życia.
- Początek objawia się bardzo wysoką temperaturą (ponad 39,5°C) utrzymującą się przez 3–4 dni, a nawet tydzień.
- Dziecko będzie wyglądać mizernie.
- Następnie pojawi się wysypka, zazwyczaj w dniu, w którym spadnie gorączka. Zauważysz małe (większe od ukłucia szpilki), czerwone lub różowe, płaskie krosty.
- W odróżnieniu od krost w odrze i różyczce, są one odseparowane i nie zlewają się w całość.

- W przeciwieństwie do krost charakterystycznych dla zapalenia opon mózgowo-rdzeniowych, krosty w rumieniu blakną pod uciskiem.
- Wysypka występuje głównie na tułowiu i szyi i utrzymuje się od kilku godzin do kilku dni.
- Dziecko roznosi chorobę poprzez kaszel, kichanie lub pociąganie nosem. Inkubacja wirusa trwa do 10 dni.
- W wyniku wysokiej gorączki dziecko może dostać ataku drgawek.

LECZENIE **W DOMU**

+ Jeśli podejrzewasz rumień nagły (zwany też chorobą szóstą), zadzwoń do lekarza.
+ Zbij temperaturę dziecka za pomocą paracetamolu lub ibuprofenu. Obserwuj, czy dziecko nie ma ataków drgawek gorączkowych.
+ Schłódź ciało dziecka, rozbierając je do podkoszulka. Spróbuj je obmyć myjką i letnią wodą.
+ Nie są konieczne żadne antybiotyki.
+ Dobrze jest podawać lekkostrawne pokarmy i dużo płynów, dopóki temperatura nie spadnie.
+ Dziecko powinno pozostać w łóżku do momentu ustąpienia gorączki.
+ Myj często ręce, zwłaszcza po dotknięciu dziecka lub przedmiotów wokół niego.
+ Jeśli miękki obszar na czole niemowlęcia (ciemiączko) pulsuje lub jest powiększony, powiadom o tym lekarza. Coś może powodować ucisk mózgu.
+ W razie ataku drgawek gorączkowych, nie wpadaj w panikę:
  - rozbierz dziecko do podkoszulka,
  - ułóż je na boku w pozycji ratunkowej (zob. s. 124),
  - nie podawaj nic doustnie,
  - obmyj dziecko ciepłą wodą,
  - jeśli posiadasz czopki, zastosuj je (wyłącznie doodbytniczo),
  - skontaktuj się z lekarzem,
  - atak drgawek nie trwa zwykle dłużej niż 5 minut, ale jeśli się przeciąga, należy wezwać pogotowie.

CZY TO RUMIEŃ ZAKAŹNY (CHOROBA PIĄTA)?

Rumień zakaźny to choroba wirusowa (wywołana parwowirusem B19) najczęściej występująca późną zimą i wczesną wiosną. Dziecko czuje się nie najlepiej, ale zachowuje się normalnie.

- Choroba rozpoczyna się niewielką gorączką. Dziecko jest rozdrażnione i może odczuwać ból ciała.
- Kilka dni później pojawia się wysypka. Policzki dziecka wyglądają, jak gdyby zostało ono spoliczkowane, wysypka ma kolor jasnoczerwony. Jeśli się przyjrzeć bliżej, przypomina koronkę. Wokół ust tworzy się jasna obwódka.
- Wysypka często roznosi się na tułów i kończyny, powodując dyskomfort.
- Niektóre dzieci mogą zostać zarażone, ale nie mieć żadnych objawów, nawet w postaci czerwonych policzków.
- Tydzień czy dwa po ustąpieniu infekcji wysypka może pojawić się ponownie, gdy dziecku jest gorąco.
- Zarażenie chorobą następuje drogą kropelkową, podczas dotyku, kaszlu lub kichania.
- Dziecko zaraża do momentu wystąpienia wysypki.
- Zachorowanie na rumień zakaźny w czasie ciąży może wpłynąć na zdrowie płodu.

LECZENIE W DOMU

- Gdy podejrzewasz rumień zakaźny, wezwij lekarza.
- Zbij temperaturę za pomocą paracetamolu lub ibuprofenu.
- Leczenie nie wymaga zastosowania antybiotyków.
- Nie jest konieczne leżenie w łóżku.
- Dziecko powinno zostać w domu do momentu spadku gorączki. Gdy pojawi się wysypka, maluch nie będzie zarażać, dlatego nie wymaga przejścia kwarantanny.
- Jeśli jesteś w ciąży, poinformuj o tym koniecznie lekarza.

CZY TO **PŁONICA (SZKARLATYNA)?**

Płonica to infekcja bakteryjna spowodowana paciorkowcem. Dziecko będzie czuło się o wiele gorzej, ale choroba ta jest łatwa w leczeniu (dzięki antybiotykom czasy szpitali pełnych gorączkujących pacjentów minęły).

- Płonica rozpoczyna się często bólem gardła, głowy i gorączką powyżej 39°C.
- Następnie, mniej więcej dzień później, pojawia się wysypka. Krosty są czerwone, wyraźne i bardzo drobne, zazwyczaj na ogólnie zaczerwienionej skórze. Skóra dziecka w dotyku jest jak drobny papier ścierny.
- Wysypka rozprzestrzenia się na całe ciało, ale będzie najwidoczniejsza w pachwinach i pod pachami.
- Wokół ust i nosa powstaje biała obwódka (obszar, gdzie nie będzie wysypki) tak widoczna, że zauważysz ją, gdy tylko wejdziesz do pokoju dziecka.
- Na języku będą czerwone krosty, najpierw na białym osadzie, następnie na jasnoczerwonym tle (klasyczny przypadek tak zwanego języka truskawkowego).
- Zarażenie następuje głównie drogą kropelkową, przez kichanie lub kaszel.
- Dziecko będzie zarażać do 5 dni. Jeśli lekarz szybko zaleci penicylinę, ryzyko zarażenia innych maleje.

LECZENIE **W DOMU**

+ Gdy podejrzewasz płonicę, skontaktuj się z lekarzem, który wypisze receptę na penicylinę.
+ Rozpocznij kurację penicyliną możliwie jak najwcześniej. Nikt inny w rodzinie nie wymaga leczenia.
+ Kontroluj temperaturę dziecka. Na ból gardła podaj paracetamol.
+ Obniż gorączkę, rozbierając dziecko do podkoszulka. Spróbuj przemyć je myjką nasączoną letnią wodą.
+ Do momentu spadku temperatury warto podawać choremu lekkostrawne jedzenie i dużo płynów.

+ Dziecko powinno zostać w łóżku, dopóki gorączka nie ustąpi.
+ Myj często ręce, zwłaszcza po dotknięciu dziecka albo przedmiotów wokół niego.
+ Nie posyłaj dziecka do szkoły przez co najmniej dobę po rozpoczęciu kuracji penicyliną.

CZY TO **OPRYSZCZKA?**

Opryszczkowe zapalenie jamy ustnej ma podłoże wirusowe (wirus opryszczki pospolitej). Jest niegroźne, ale infekcja długo się goi.

- Dziecko ma skupiska pęcherzyków wypełnionych płynem, które otwierają się i sączą, po czym zasychają.
- Dziecko może gorączkować i być marudne.
- Opryszczka rozpoczyna się zazwyczaj wewnątrz ust lub na języku i bardzo boli.
- Wirus pozostaje uśpiony w nerwach i może powracać w postaci opryszczki wargowej. Zauważysz ją wokół ust dziecka, na wargach i palcach, jeśli maluch je ssie. Swędzenie skóry jest zazwyczaj znakiem ostrzegawczym, że pojawią się pęcherzyki.
- Zakażenie wirusem odbywa się poprzez bezpośredni kontakt ze skórą.
- Dziecko będzie zarażać co najmniej przez tydzień po wystąpieniu pierwszych pęcherzyków (mogą się one utrzymywać od 2 dni do 2 tygodni).

Po pierwszym wystąpieniu opryszczki będzie ona powracać co jakiś czas, zwłaszcza w okresie osłabienia lub przebywania na silnym słońcu.

LECZENIE **W DOMU**

Pęcherzyki ustąpią samoistnie. Gdy już się pojawią, niewiele można zdziałać, z wyjątkiem złagodzenia bólu. Czasami można je zdusić w zarodku.

+ Działaj szybko w przypadku opryszczki wargowej. Gdy tylko dziecko zacznie odczuwać swędzenie na skórze, zastosuj maść zawierającą acyklowir na objęte zakażeniem miejsce.

- Doustny acyklowir jest drogi i skraca infekcję tylko o dzień lub dwa, dlatego nie zalecam tego leku.
- Zmniejsz ból. Przy opryszczkach wargowych pomagają żel z aloesu lub okłady z kostek lodu. Jeśli dziecko ma grudki opryszczki wewnątrz jamy ustnej, może odczuwać duży dyskomfort i odmawiać picia. Podawaj mu wówczas regularnie środek przeciwbólowy.
- Nie podawaj antybiotyków, ponieważ nie pomogą.
- Nie całuj ani nie dotykaj wykwitów opryszczki i nie pozwalaj na to nikomu innemu (nie należy dziecka całować na dobranoc w policzki, jeśli ma opryszczkę).
- Dziecko nie powinno przez kilka dni bawić się swoimi zabawkami. Maluchy (które wszystko biorą do ust) mogą zarazić się opryszczką przez ślinę pozostałą na zabawkach.
- Korzystaj przez okres choroby z osobnych ręczników.
- Myj często ręce, gdy jesteś w pobliżu dziecka.
- Smaruj jego wargi pomadką ochronną z filtrem UV, jeśli opryszczka jest wywołana przez słońce.
- Nie posyłaj dziecka do przedszkola, dopóki opryszczka i pęcherze nie ustąpią. Starsze dziecko może wrócić do szkoły, jeśli przeszło już okres dotykania wszystkiego i wkładania zabawek do ust.
- Skontaktuj się z lekarzem, jeśli opryszka pojawi się wokół oka lub wygląda, jakby doszło do zarażenia.

CZY TO CHOROBA BOSTOŃSKA?

Choroba bostońską, zwana chorobą dłoni, stóp i ust, nie jest tak straszna, jak mogłoby się zdawać, i nie ma nic wspólnego z pryszczycą – chorobą bydła. Jest to umiarkowanie łagodna infekcja wirusowa, z której dziecko wyjdzie szybko.

- Dziecko może źle się czuć w początkowej fazie choroby.
- Pojawią się pojedyncze, drobne pęcherzyki (mogą się utrzymywać do tygodnia), małe i szarawe, z czerwoną obwódką.

- Zauważysz je w ustach dziecka, na palcach, dłoniach i podeszwach stóp.
- Pęcherze w jamie ustnej są bolesne, zwłaszcza w trakcie jedzenia lub picia.

Dziecko będzie zarażać przez kilka tygodni od wystąpienia pęcherzy, które mogą pojawić się 6 dni po zakażeniu.

LECZENIE **W DOMU**

Choroba bostońska ustąpi samoistnie w ciągu około tygodnia.

- Unikaj zarażenia innych, pamiętaj o higienie rąk, zwłaszcza po dotknięciu twarzy lub rąk dziecka.
- Nie jest konieczne stosowanie antybiotyków.
- Korzystaj z osobnych ręczników, dopóki pęcherze nie ustąpią.
- Podawaj dziecku wyłącznie płyny i łagodne pokarmy. Unikaj kwaśnych soków owocowych.
- Dziecko może chodzić do szkoły.

CZY TO **MIĘCZAK ZAKAŹNY?**

Mięczak to nieszkodliwa infekcja skóry spowodowana wirusem z grupy ospy. Choroba wygląda wyjątkowo nieestetycznie i powoduje duży dyskomfort. Niemal co szóste dziecko zostaje zarażone i choroba ustępuje bardzo powoli. Może być powiązana z egzemą. Dzieci o delikatnej skórze są bardziej narażone na zakażenie.

- Dziecko będzie miało na skórze drobne, kopułkowate, biało-perłowe guzki wielkości główki pinezki, szerokie na kilka milimetrów. W centrum guzka znajduje się zwykle niewielkie twarde wgłębienie.
- Guzki występują głównie na tułowiu, twarzy i szyi.
- Nie sprawiają bólu, nie swędzą i nie pękają. Nie tworzą się też pęcherze.
- Guzki mogą się rozprzestrzenić w wyniku bezpośredniego kontaktu lub korzystania z tych samych ręczników. Jednak wbrew nazwie choroba ta nie jest silnie zakaźna.
- Nie wiadomo, jak długo dziecko może zarażać, ale pojawienie się zmian skórnych może trwać od 2 do 7 tygodni.

LECZENIE **W DOMU**

Mięczak zakaźny zazwyczaj ustępuje bez leczenia, ale trwa to niekiedy nawet do 9 miesięcy!

- Myj ręce po dotknięciu grudek.
- Korzystaj z osobnych ręczników do momentu, gdy zakażenie ustąpi.
- Jeśli zmiany swędzą (nie zawsze), torebka lodu owiniętą w ręcznik lub leki łagodzące swędzenie przyniosą ulgę.
- Rozważ zastosowanie kantarydyny, stosunkowo nowego, dość drogiego leku. Ta maść to wyciąg z chrząszczy z rodziny oleicowatych i zdaje się przynosić efekty. Lekarz nałoży ją na guzki na całym ciele z wyjątkiem twarzy.
- Krioterapia (zamrażanie za pomocą ciekłego azotu) może przyspieszyć wyzdrowienie, ale wyłącznie, jeśli dziecko jest wystarczająco duże, żeby się jej poddać.
- Antybiotyki nie są wymagane.
- Dziecko może iść do szkoły.

CZY TO **KANDYDOZA?**

Wiele dzieci w pierwszym trymestrze życia dostaje wysypki w okolicy pieluszki z powodu kandydozy, zakażenia drożdżakami. Często pojawia się ona wcześniej w jamie ustnej w formie pleśniawek (czy dziecko miało w buzi białe plamki i osad na języku, których nie było można delikatnie zetrzeć?). Jeśli wystąpi u dziecka wysypka pieluszkowa, zauważysz:

- wysypkę w okolicach pieluszki, a także zaczerwienienie fałd skórnych wokół pachwiny,
- po jakimś czasie być może wysypkę na dolnej części brzucha.

Pleśniawki występują bardzo często u dzieci karmionych butelką, a także po kuracji antybiotykowej.

LECZENIE **W DOMU**

- Wysypkę pieluszkową skutecznie leczy się, wcierając w miejsce chorobowo zmienione nystatynę w maści.
- Pleśniawki można leczyć nystatyną w żelu lub doustną mykostatyną.
- W przypadku zwykłej wysypki pieluszkowej najlepiej jest aplikować krem ochronny i wystawiać skórę na powietrze.

CZY TO **GRZYBICA SKÓRY?**

Grzybica nie jest właściwie pasożytem. To stosunkowo niegroźna infekcja grzybicza. Dziecko zaraża się nią od innych dzieci lub trzody chlewnej (zazwyczaj nie od zwierząt domowych).

- Na ciele dziecka wystąpią czerwone okrągłe zmiany skórne o lekko uniesionych brzegach.
- Na skórze głowy pojawią się łuszczące plamy podobne do łupieżu. Plamy te są niekiedy czerwone i dziecko może stracić trochę włosów.
- Na stopach pojawi się grzybica stóp. Zauważysz łuszczącą się i popękaną skórę pomiędzy palcami.
- Skóra nie swędzi, chyba że dziecko ma kilkanaście lat i choroba wystąpi w okolicy pachwin.
- Gdy dojdzie do zakażenia, powstanie duża sącząca się grudka.
- Zakażenie roznosi się poprzez bezpośredni kontakt, ale także jeśli dziecko dzieli z innymi szczotki do włosów, ręczniki, pościel i odzież.
- Nieleczona grzybica jest umiarkowanie zakaźna.

LECZENIE **W DOMU**

- Zadzwoń do lekarza po poradę.
- Jeśli to grzybica skóry, możesz wcierać krem przeciwgrzybiczy w chore miejsce. Nawet gdy choroba ustąpi, należy aplikować maść przez kolejne 4 tygodnie.

- Jeśli choroba obejmuje skórę głowy, dziecko musi przyjmować doustny środek przeciwgrzybiczy przez około 6 tygodni. Choroba jest wtedy trudniejsza do wyleczenia.
- W przypadku grzybicy stóp stosuj środki przeciwgrzybicze i kontroluj higienę stóp dziecka. Chodzenie na bosaka w lecie zdziała cuda.
- Antybiotyki nie są potrzebne.
- Utrzymuj higienę zakażonych miejsc, bandażując je w miarę możliwości.
- Nie ulegaj pokusie wyciskania zgrubień spowodowanych przez grzybicę na skórze głowy, ponieważ może to spowodować wypadanie włosów.
- Nie spiesz się do weterynarza ze swoim zwierzakiem. Zwierzęta domowe rzadko są przyczyną choroby.
- Używajcie osobnych ręczników, dopóki choroba nie minie.
- Odłóż na 2 miesiące szczotki do włosów i czapki po ich wcześniejszym wymyciu, ponieważ grzyb się na nich utrzymuje.
- Nie gól głowy chorego ani nie nakładaj mu czapek. Nie jest to konieczne.
- Nie ma potrzeby, żeby dziecko zostało w domu.

PYTANIA i ODPOWIEDZI

Moi przyjaciele z zagranicy są zaskoczeni, gdy mówię im, że nie zaszczepiliśmy dziecka przeciwko wirusowi ospy wietrznej. Czy powinniśmy je zaszczepić?

Jak najbardziej tak. Szczepionka przeciw ospie wietrznej jest teraz ogólnie dostępna i stanowi optymalny sposób eliminacji tej choroby. Okazała się bardzo skuteczna w Stanach Zjednoczonych. Jest jednak droga i nie każdy kraj wprowadził ją jako obowiązkową. Ospa wietrzna stwarza pewne zagrożenia, ale są one rzadkie, dlatego też w wielu krajach nie znajduje się na szczycie listy szczepień obowiązkowych. Być może dostępniejsza będzie forma MMRV (skojarzona szczepionka przeciw odrze, śwince i różyczce oraz ospie wietrznej).

Pamiętaj, że mimo szczepienia dziecko wciąż może zarazić się ospą wietrzną. Jeśli tak się stanie, przebieg choroby będzie łagodniejszy, gorączka niższa, a pęcherzy mniej.

Czy powinnam zabrać dziecko na specjalne przyjęcie, żeby zaraziło się ospą? Dzieci sąsiadów właśnie chorują, więc zaproszono nas, żeby nasze dzieci złapały wirusa i miały chorobę za sobą.

Praktyki te były niegdyś popularne. Ja ich nie popieram, a nawet uważam za lekkomyślne. Ospa wietrzna to zazwyczaj niegroźna choroba, ale u niektórych dzieci, nie tylko u tych z problemami zdrowotnymi, może mieć ciężki przebieg. Problem w tym, że nie możesz przewidzieć, jak dziecko zareaguje na wirusa: każde ma inny układ odpornościowy. Istnieje więc możliwość, że któreś dziecko poważnie zachoruje. Co więcej, przypadki zarażenia ospą wietrzną od innych są zazwyczaj cięższe niż te u pierwszych pacjentów. Przekonanie, że lepiej przejść chorobę we wczesnym dzieciństwie, jest przestarzałe. Prawda jest taka, że nie ma dowodów, że osoby dorosłe ciężej przechodzą ospę. Dzieci po prostu szybciej dochodzą do zdrowia.

Dlatego zapomnij o przyjęciach z chorymi na ospę dziećmi. Szukanie wirusa nie jest dobrym pomysłem. Jeśli masz możliwość darmowego szczepienia przeciw ospie wietrznej, skorzystaj z niej. Jeżeli nie, możesz zaszczepić dziecko we własnym zakresie w prywatnej przychodni lekarskiej. Dziewczynki powinny przejść badanie krwi na przeciwciała około 12. roku życia, żeby sprawdzić, czy są odporne na wirusa. Badanie to i ewentualne szczepienie pozwoli uniknąć powikłań w ciąży. (Zarażenie wirusem ospy w ciąży może uszkodzić płód). W Stanach Zjednoczonych wszystkie dwunastolatki, u których nie znaleziono przeciwciał ospy, są szczepione profilaktycznie.

Powiedziano mi, że dziecko nie powinno drapać krost ospowych, gdyż pozostaną blizny, ale powstrzymanie go przed drapaniem jest prawie niemożliwe.

Rozdrapywanie krost potęguje swędzenie. Nie pozostawi blizn, o ile nie dojdzie do infekcji. Blizny, które mogą powstać, nie są jednak trwałe. Zainfekowane krosty pozostawiają na skórze białą plamę, która znika po kilku latach. Silna infekcja powoduje pomarszczenie skóry i drobne wgłębienia, ale i te zwykle znikają.

CHOROBY ZAKAŹNE U NIEMOWLĄT

Zawsze zaprowadź dziecko z krostami do lekarza. Ostrożność nigdy nie zaszkodzi, zważywszy, że ryzyko zapalenia opon mózgowo-rdzeniowych jest wyższe u małych dzieci. Dziecko zachoruje prawdopodobnie na ospę wietrzną lub rumień nagły. Układ odpornościowy (lub warunki życia) zazwyczaj ochronią je przed innymi chorobami zakaźnymi. Ospa wietrzna u noworodków jest rzadka, ale potencjalnie bardzo niebezpieczna. Dzieci wymagają wtedy hospitalizacji.

SYGNAŁY ALARMOWE

W przypadku gorączki i wysypki zawsze istnieje podejrzenie zapalenia opon mózgowo-rdzeniowych. Zgłoś się natychmiast po pomoc, jeżeli dziecko ma następujące objawy: gorączkę, płaską, kropkowatą wysypkę, która nie blednie pod uciskiem, dziecko jest śpiące lub wymiotuje, dziwnie płacze, ma zimne ręce i stopy, ból głowy, sztywną szyję i nie toleruje jasnego światła.

Rzadko przebieg ospy wietrznej może być bardzo ciężki. Jeśli niepokoi cię stan dziecka, szczególnie gdy jest apatyczne lub ma trudności z oddychaniem, wezwij pomoc.

Odra, świnka, różyczka i koklusz są obecnie rzadkie (zob. rozdział 30).

ROZDZIAŁ 15

Złośliwe pasożyty

„Syn rozpoczął szkołę we wrześniu i nie było żadnych problemów. Ostatnio jednak zaczął się drapać po głowie i wczoraj zauważyłam coś na jego włosach. Załamałam się, gdy dokładniej przejrzałam głowę syna. Nie wiem, jak spojrzę w oczy nauczycielowi".

Swędzące głowy, pupy i ciała

Niektórym rodzicom wystarczy, że pomyślą o pasożytach, a już zaczynają się drapać. Czy w domu pojawiły się wszy lub inne pasożyty?

Rozumiem obawy opiekunów, ponieważ ryzyko, że dziecko przyniesie coś ze szkoły, jest duże. Nie ma jednak potrzeby wpadać w panikę. Pasożyty mogą być uciążliwe, ale przy odrobinie cierpliwości zdołasz je wyplenić.

- Wesz głowowa jest najczęstsza, ale może także dojść do zarażenia owsikami czy świerzbem.
- Żaden z tych pasożytów nie wyrządzi dziecku krzywdy, jeśli zostanie podjęte leczenie.
- Zazwyczaj pierwszym objawem jest swędzenie.

Dziecko będzie zafascynowane pasożytami.

Czasy społecznego napiętnowania wokół pasożytów chyba już dawno odeszły w niepamięć. W końcu nie wybrały one ciała dziecka dlatego, że było brudniejsze od innych.

CZY TO WESZ GŁOWOWA?

Wszy to koszmar każdej szkoły. Zazwyczaj pojawiają się, gdy dziecko zaczyna naukę, i mogą się utrzymywać do momentu jej ukończenia. Przez ten czas dziecko ma bliski kontakt z rówieśnikami. Dziewczynki są bardziej narażone na wszy, gdyż częściej się przytulają.

Swędzenie jest zwykle pierwszą oznaką wszy. Często jednak rodzice przez wiele tygodni nie wiedzą, że dziecko ma wszy, bo swędzenie nie wystąpiło. Zanim maluch zacznie się drapać, będzie miał na głowie pokaźną kolonię.

„Zakażenie wszą głowową nie jest uzależnione od długości włosów ani częstotliwości ich mycia czy szczotkowania".

(Amerykańska Akademia Pediatrii, Red Book Atlas, 2008)

- Dziecko zacznie narzekać na swędzenie za uszami i z tyłu szyi, a nawet na rzęsach. Następnie wszy rozprzestrzenią się na skórę głowy.
- Z pewnością zobaczysz żywą, wiercącą się wesz (jeśli na głowie dziecka są jakieś żyjątka, od razu je zauważysz).
- Jajeczka, czyli gnidy (lub pozostałości po nich), trudniej odróżnić od zwykłego brudu na włosach: paprochów, łupieżu czy kawałków jedzenia. Gnidy są białe, okrągłe, wielkości główki szpilki. Przypominają bardzo łupież, ale nie schodzą łatwo z włosów. Są zwykle umiejscowione u nasady włosa, dlatego jeśli zobaczysz coś w jego innej części, to najprawdopodobniej nie gnida.
- Same gnidy nie zawsze są oznaką obecności wszy. Mogą pozostać na skórze głowy przez wiele tygodni po pozbyciu się pasożytów.

Najlepszym sposobem na wszy jest zastosowanie jednej z metod ich usunięcia (zob. s. 182).

JAK DUŻE SĄ WSZY?

Jak to działa?

Wesz żywi się ludzką krwią, dlatego spędza całe swoje życie na głowie, z wyjątkiem krótkich przerw na szczotce lub czapce. Wszy to insekty pasożytnicze (*pediculosis capitis*) o wielkości zbliżonej do ziarnka sezamu, a najwięcej kłopotu sprawiają samice. Żyją średnio około 30 dni i mogą znieść do 10 jaj (gnid) dziennie, więc jeśli nie zaczniesz działać, szybko na głowie dziecka pojawi się pokaźna kolonia. W rzeczywistości jednak zainfekowane dziecko ma jednorazowo do 12 żywych owadów na skórze głowy. Jaja przylegają szczelnie do nasady włosów, blisko skóry, gdzie jest im najlepiej. Ciepło pozwala im na inkubację i umożliwia larwom wykluć się 10 dni po złożeniu przez dorosłe owady jaj.

Wszy głowowe nie skaczą, ale szybko wspinają się z włosa na włos. Można je zaskoczyć: czesanie włosów kumuluje dostatecznie dużo energii elektrycznej, żeby fizycznie odrzucić dorosłą wesz na metr od głowy, na której pasożytuje. Najczęściej wesz przenosi się z głowy na głowę przez bliski kontakt. Zwierzęta domowe nie zarażają wszami, ponieważ te ostatnie na nich nie pasożytują: wszy żywią się wyłącznie ludzką krwią. Zakażenie może nastąpić poprzez noszenie wspólnych czapek, spinek do włosów, poprzez używanie tych samych szczotek, koców lub poduszek (dorosła wesz przeżyje do 2 dni bez pożywienia).

Początkowe swędzenie jest spowodowane ukąszeniami wszy, a ich ślina i odchody tylko pogarszają sytuację, dlatego dziecko drapie się jeszcze bardziej.

LECZENIE **W DOMU**

Czy dziecko złapało wszy? Jeśli masz wątpliwości, zawsze sprawdź głowę i włosy w odległości 2,5 centymetra od nasady. Nikt nie lubi środków owadobójczych, ale w połączeniu ze sprawdzoną metodą usuwania wszy (zob. s. 182) jest to wciąż najlepszy sposób na ich eliminację. Samo zastosowanie techniki usuwania przyniesie efekty wyłącznie bardzo wytrwałemu rodzicowi.

Lek na wszy (środek owadobójczy) to punkt wyjścia.

Umyj włosy dziecka szamponem bez odżywki i wysusz ręcznikiem.

- Wetrzyj lek w takiej ilości, żeby zamoczyć całą skórę głowy i włosy od czoła aż do karku. Pozostałą część włosów zostaw suchą.

- Pozostaw maść na włosach przez 10 minut, a następnie zmyj, raczej nad umywalką niż nad wanną (żeby ograniczyć potencjalny obszar zarażenia). Woda powinna być chłodna, a nie gorąca. Gorąca woda rozszerza naczynia krwionośne skóry głowy, a im mniej skóra dziecka wchłonie maści, tym lepiej.

- Po odczekaniu zalecanego czasu umyj włosy ponownie zwykłym szamponem, aby usunąć maść.

- Co jeden, dwa dni zastosuj metodę usuwania wszy opisaną na stronie 182, żeby usunąć wszelkie owady i gnidy. Środki owadobójcze nie są w 100% skuteczne, jeśli nie stosujesz niczego innego.

- Nałóż ponownie lek tydzień później (do 30% jajek utrzyma się przy życiu po pierwszej dawce).

- Jeśli znajdziesz żywą wesz na głowie po zastosowaniu leczenia lub dziecko zarazi się ponownie, lepiej zastosuj inną maść. Być może wszy na głowie dziecka są odporne na ten konkretny środek.

- Jeśli podejrzewasz wszy u jednego dziecka, zastosuj metodę ich usuwania u pozostałych członków rodziny, ale wyłącznie, jeśli znajdziesz u nich gnidy.

- Na swędzenie (jeśli jest silne) podaj doustnie antyhistaminę.

- Przechowuj butelkę środka przeciwko wszom w domu. Możesz wtedy zastosować lek natychmiast i unikniesz opuszczania przez dziecko szkoły.

- Obcięcie włosów lub wiązanie ich z tyłu nic nie pomoże, podobnie jak dodatkowe mycie lub szczotkowanie. Nie istnieją też dowody, że pranie pościeli czy poduszek ma znaczenie. Szalik może nieznacznie ochronić przed wszami.

- Wprowadź w domu zasadę nieużywania tych samych szczotek do włosów i czapek.

- Dziecko nie powinno opuszczać szkoły po nałożeniu na włosy środka owadobójczego ani po pierwszej procedurze usuwania wszy, nawet jeśli znajdziesz w jego włosach pojedyncze gnidy. Powiadom jednak szkołę, żeby inni rodzice mogli sprawdzić głowy swoich dzieci.

+ Nigdy nie stosuj nafty na skórę głowy.

Nieskuteczność leczenia niemal zawsze wynika z nieprawidłowego zastosowania leku, na przykład nakładania go na mokre włosy, w niewłaściwej dawce albo po utracie daty ważności. Dziecko mogło się także ponownie zarazić od kogoś innego (to się zdarza!).

Technika usuwania wszy

Metoda ta stanowi najlepszy sposób na znalezienie i usunięcie wszy oraz ich jajek. Polega po prostu na czesaniu mokrych włosów bardzo drobnym grzebieniem po wcześniejszym nałożeniu na nie odżywki.

UMYJ WŁOSY DZIECKA SZAMPONEM, żeby zamoczyć wszy, i nałóż sporo odżywki, która sprawi, że włosy będą śliskie (tak, wszom będzie trudno utrzymać się na włosie!). Za pomocą grzebienia można wtedy delikatnie sczesać wszy.

CZESZ WŁOSY DZIECKA BARDZO POWOLI, od nasady do końcówek.

SPRAWDZAJ, CZY WE WŁOSACH NIE MA WSZY I JAJEK po każdym ruchu grzebieniem. Wytrzyj grzebień chusteczką higieniczną lub strząśnij nad białym materiałem – dzięki temu wyraźnie zobaczysz, co na nim było. Pomocne okaże się szkło powiększające.

GRZEBIENIE ELEKTRYCZNE są drogie i nie są skuteczniejsze.

JEŚLI ZAUWAŻYSZ WSZY LUB GNIDY, powinnaś kontynuować czesanie co najmniej przez kolejne 2 tygodnie. Powinno się ono odbywać co 3 dni i trwać każdorazowo co najmniej 30 minut w przypadku długich włosów.

Większość dzieci nawet to lubi!

Preparaty przeciw wszom

- Permetryna (maść do wcierania w skórę głowy) jest najczęściej stosowanym preparatem przeciw wszom. Nakłada się ją na skórę głowy oraz włosy, a następnie pozostawia na 10 minut, po uprzednim umyciu i wysuszeniu włosów.
- Malation to lek, który może wywołać skutki uboczne. Zalecam go wyłącznie, gdy wszy zdają się odporne na permetrynę. Malation ma postać płynu lub lotionu. Działa, ale zawartość alkoholu jest w nim bardzo wysoka. Może pogorszyć egzemę lub astmę, jest bardzo łatwopalny, a jego przypadkowe spożycie może spowodować trudności z oddychaniem. Stosuje się go na suche włosy na noc, ale nie wolno go aplikować dzieciom do 2. roku życia.
- Lindan wycofano ze sprzedaży ze względu na niebezpieczne skutki uboczne. Nie zalecam ivermektyny, gdyż także ma działania niepożądane, zwłaszcza w wyniku nieprawidłowego stosowania.

„Skuteczność nawet najlepszego środka owadobójczego jest uzależniona od odporności lokalnej populacji".

(dr J. Mallon i prof. H. I. Maibach, Uniwersytet Kalifornijski, *Recent Advances in Paediatrics* [*Najnowsze Postępy w Pediatrii*], 2004)

Dużym problemem związanym z lekami przeciwwszowymi jest pojawienie się odpornych na nie szczepów. Jeśli stosujesz za każdym razem ten sam płyn, wszy przyzwyczają się do preparatu, zwłaszcza jeśli przy pierwszym użyciu zastosujesz dawkę niższą niż wymagana. Dlatego jeśli lotion nie przynosi efektów albo dziecko ponownie zostanie zarażone, użyj innego preparatu. Sprawdź, czy w szkole dziecka zakażenia pasożytami się powtarzają.

CZY TO **OWSIKI?**

Pasożyty te mogą bardzo niepokoić rodziców, szczególnie jeśli odkryją, że dziecko ma owsiki, a nie ma żadnych objawów. Zanim wpadniesz w panikę pt. „Dziecko wygląda źle, pewnie ma owsiki", pamiętaj, że rodzice podejrzewają ich istnienie częściej niż ma to miejsce w rzeczywistości.

- Owsiki zazwyczaj powodują swędzenie w okolicach pupy. Sprawdź, czy dziecko drapie się wokół odbytu, zwłaszcza w nocy, i czy skóra wokół nie jest zdarta lub zaczerwieniona.
- Niekiedy możesz zauważyć drobne robaki w stolcu dziecka bądź w okolicach odbytu (sprawdź mniej więcej 3 godziny po zaśnięciu).
- Dziecko może mieć także bóle brzucha i nudności (w przypadku dużej liczby owsików).
- Niezawodne badanie jest bardzo proste: używa się do niego taśmy klejącej. Przyciśnij czystą taśmę do skóry w okolicach odbytu. Wszelkie

jajeczka przykleją się do taśmy. Najlepiej przeprowadzić test wcześnie rano. Jajeczka będą bardzo wyraźnie widoczne pod mikroskopem, możesz też zanieść próbkę do lekarza.

Owsiki nie powodują nocnego moczenia, zgrzytania zębami czy utraty wagi i nie można się nimi zarazić, bawiąc się w ogrodzie.

Jak to działa?

Owsiki ludzkie (*Enterobius vermicularis*) wyglądają jak drobne białe nitki o długości do 10 milimetrów. Można je niekiedy zobaczyć. Jajka owsików są jednak małe i niewidoczne gołym okiem.

Owsiki po raz pierwszy trafiają do naszego organizmu po zjedzeniu pokarmu z ich jajkami. Po wykluciu się i dorośnięciu samice znoszą jajeczka na zewnątrz skóry w okolicach odbytu. Co noc owsiki wychodzą na zewnątrz ciała, by składać jajka. W ciągu cyklu życiowego (3 miesiące) mogą złożyć zastraszającą liczbę ponad 10 000 jaj.

Jajeczka przyklejają się do małych, bezustannie drapiących paluszków i z nich dostają się do układu pokarmowego, gdy dziecko zaczyna ssać palce lub jeść. W ten sposób ilość jajeczek w jelitach jeszcze się zwiększa.

LECZENIE **W DOMU**

Jeśli masz wątpliwości, test z taśmą klejącą wykaże, czy dziecko ma owsiki, a lekarz to potwierdzi.

- Najskuteczniejszym środkiem na owsiki jest mebendazol. To doustny lek przeciw robakom. Dziecko przyjmuje pojedynczą dawkę, a następnie drugą po tygodniach.
- Niektóre owsiki przetrwają. Są one trudne do całkowitego usunięcia, dlatego staraj się zapobiec powtórnemu zarażeniu. Przez kilka tygodni zmieniaj dziecku bieliznę i pościel codziennie (w miarę możliwości). Pozwól też maluchowi nosić pod piżamą bieliznę w nocy i zmieniać ją co rano.

+ Uprzedź rodzinę i bliskich przyjaciół. Będą musieli przejść leczenie, jeśli pojawią się u nich objawy owsicy.

+ Utrzymuj higienę. Zapobiegaj powtórnemu zarażeniu, obcinając krótko paznokcie dziecka, myjąc mu ręce (zawsze przed posiłkami i po skorzystaniu z toalety) i regularnie je kąpiąc.

+ Nie posyłaj dziecka do szkoły do momentu podania pierwszej dawki leku. Dziecko musi rygorystycznie przestrzegać higieny.

+ Możesz zauważyć owsiki w stolcu dziecka nawet po zakończeniu leczenia. Nie martw się, to się zdarza.

CZY TO ŚWIERZB?

- Poznasz świerzb po swędzeniu. Dziecko nie będzie się tak po prostu drapać, swąd będzie tak silny, że maluch będzie sobie rozdrapywać skórę. Niestety w nocy swądzenie jest jeszcze silniejsze.
- Dziecko będzie miało wysypkę w postaci małych czerwonych zgrubień podobnych do trądziku młodzieńczego i szarawe, zygzakowate linie w miejscach, gdzie świerzbowce drążą korytarze w naskórku.
- Umiejscowienie swędzenia jest uzależnione od wieku dziecka. Jeśli ma mniej niż 2 lata, będzie się drapało po głowie, szyi, po wewnętrznej stronie dłoni i podeszwach stóp. Starsze dzieci będą drapały fałdy skórne pomiędzy palcami, nadgarstki, łokcie, okolicę talii i pupę. Świerzbowce uwielbiają się wylęgać w fałdach skórnych.

Roztocza mogły zamieszkać w naskórku na kilka tygodni przed wystąpieniem jakiejkolwiek wysypki lub swędzenia. Możesz być pewien, że dziecko ma świerzb, jeśli po podrapaniu skóry znajdziesz świerzbowce lub ich jaja. Są one jednak zbyt małe do zobaczenia gołym okiem, bez mikroskopu, zazwyczaj jednak można postawić diagnozę na podstawie rodzaju wysypki i swędzenia.

Jak to działa?

Świerzb nie jest chorobą wynikającą z braku higieny. Zarażenie następuje poprzez kontakt z nosicielem, bez względu na to, jak czyste jest dziecko (albo lśniący dom). Świerzbowce nie wybierają ofiar na podstawie wieku, płci i pochodzenia społecznego.

Chorobę powoduje mały pasożyt, który ryje nory pod skórą i żywi się ludzką krwią. Rozprzestrzenia się on w wyniku bliskiego kontaktu 2 osób, a jego odchody oraz jaja wywołują reakcję alergiczną, dlatego swędzi skóra. (Jeśli dziecko wszędzie się drapie, powinieneś również sprawdzić, czy nie ma egzemy; alergie pokarmowe są rzadsze).

LECZENIE **W DOMU**

Lekarz potwierdzi świerzb.

+ Zostanie przepisany krem przeciwpasożytniczy (zazwyczaj permetryna albo crotamiton, choć częściej zalecany jest ten pierwszy). Należy aplikować go na całe ciało dziecka, od szyi w dół, o ile ma ono co najmniej 2 lata. U dzieci młodszych należy także nałożyć lek na całą głowę, gdyż świerzb może ją zaatakować.
+ Zmyj lek (w kąpieli) po 8–14 godzinach.
+ Nie posyłaj dziecka do szkoły do momentu zakończenia leczenia.
+ Wypierz w wysokiej temperaturze odzież i pościel, z której dziecko korzystało przez ostatnie 4 dni.
+ Włóż zabawki dziecka do plastikowych worków i szczelnie zamknij na kilka tygodni, żeby zabić wszelkie pojedyncze pasożyty.
+ Zbadaj rodzinę pod kątem infekcji. Lecz wyłącznie, jeśli mają świerzb.
+ Swędzenie może się utrzymywać do kilku tygodni po zakończeniu leczenia, co nie jest rzadkością. Doustne lekki przeciwhistaminowe mogą przynieść pewną ulgę.

Leczenie farmakologiczne może nie być wystarczające. Dziecko może zarazić się ponownie poprzez pościel, zabawki lub od innych członków rodziny. Jeśli dojdzie do powtórnego zarażenia, swędzenie pojawi się szybciej.

CZY COŚ INNEGO?

Egzema jest niekiedy mylona ze świerzbem z powodu silnego swędzenia i wysypki. Ważna wskazówka diagnostyczna to miejsce występowania. Egzema zazwyczaj pojawia się na twarzy, łokciach, nadgarstkach i kolanach. Jeśli dziecko ma wysypkę również na skórze głowy i palcach, to prawdopodobnie świerzb.

PYTANIA i ODPOWIEDZI

- **Niechętnie się zapatruję na aplikowanie na skórę dziecka środka owadobójczego. Czy to na pewno pomoże? Wolałbym naturalne sposoby leczenia.**

Masz rację, niepokojąc się zastosowaniem środków owadobójczych, ponieważ są one toksyczne, a niektóre z nich mogą być wchłanianie przez skórę. Ich zastosowanie przez krótki okres czasu jest jednak dopuszczalne. Problem powstaje, gdy podajesz zbyt duże dawki leku albo regularnie powtarzasz leczenie, ponieważ nikt w domu nie usunął larw i jajek pasożytów.

W idealnym świecie opisana na stronie 182 metoda usuwania wszy powinna być wystarczająca. Badanie przeprowadzone w 2005 roku przez British Medical Journal wykazało, że procedura ta była bardziej skuteczna niż standardowe środki przeciw wszom, chociaż wymaga ona wiele czasu i precyzji na miarę operacji militarnej. Jeśli należysz do typu rodziców, którzy zobowiążą się poświęcić wyplenieniu pasożyta wiele tygodni, wybierz tę metodę. A jeżeli jesteś zwykłym rodzicem przygniecionym innymi ważnymi obowiązkami, szanse, że metoda przyniesie efekty bez stosowania leków, są mniejsze.

Szampony i maści na bazie oleju z drzewa herbacianego stały się popularne jako alternatywa w leczeniu wszawicy. Produkty o stężeniu poniżej 1% wydają się być bezpieczne, ale niestety ich faktyczna skuteczność jest wątpliwa. Niektórzy rodzice nacierają dzieciom głowę wazeliną, oliwą z oliwek lub majonezem, przykrywają czepkiem kąpielowym na noc, żeby zdusić owady. Inni próbują octu, żeby rozpuścić klej utrzymujący gnidy na włosach. Skuteczność tych metod nie jest poparta wieloma dowodami (poza tym czy próbowałeś kiedykolwiek zmyć wazelinę z włosów?). Sama procedura usuwania wszy grzebieniem może być alternatywnym leczeniem dla dzieci do 2. roku życia, ale należy uzbroić się w cierpliwość.

Czy wszy są szkodliwe?

Wesz głowowa sama w sobie nie wyrządzi dziecku krzywdy. Nie przenosi chorób zakaźnych. Jej jedyny skutek to swędzenie, potencjalne niedosypianie i niekiedy wtórna infekcja skórna wywołana drapaniem. Jedyna szkoda mogłaby wynikać z zastosowania zbyt dużej dawki środków owadobójczych albo nieprawidłowego użycia substancji toksycznej, na przykład nafty.

PASOŻYTY U NIEMOWLĄT

Niemowlęta są mniej narażone na zakażenie, ale jest ono możliwe. Zawsze unikam stosowania środków owadobójczych, o ile to możliwe. Jeśli dziecko ma wszy głowowe, możesz zastosować samą technikę usuwania ich grzebieniem, ale w przypadku świerzbu nie obędziesz się bez zastosowania kremu owadobójczego. Musisz nałożyć go dziecku na całe ciało, od palców u stóp do czubka głowy. Przy owsikach nie zalecam podawania leków niemowlętom, które nie ukończyły 3 miesięcy.

SYGNAŁY ALARMOWE

Jeśli dziecko ma wysypkę, która nie swędzi, oraz gorączkę (albo wygląda na bardzo chore), skontaktuj się z lekarzem. Przyczyna złego samopoczucia nie leży w pasożytach, tylko w innej chorobie.

ROZDZIAŁ 16

Otyłość

„Moja córka przestała chodzić na wychowanie fizyczne w szkole, a ja jej nie zmuszałam, bo ma lekką astmę. Teraz spędza cały czas wolny w pokoju, oglądając telewizję i przegryzając przekąski. Rodzina uważa, że przybrała o wiele za dużo na wadze, ale co ja mogę zrobić? Córka mówi mi, że brakuje jej tchu w trakcie wykonywania ćwiczeń fizycznych".

To kwestia stylu życia

Piętnaście lat temu rzadko widywałem otyłe dzieci. Teraz ta tendencja się niepokojąco nasila i około 10% dzieci ma lekką nadwagę lub jest otyłych. Rodzice często nie dostrzegają znaków ostrzegawczych.

- Większość dzieci jest otyła z powodu stylu życia, jaki prowadzi. Jedynie około 5% ma genetyczne predyspozycje do otyłości, a bardzo rzadko przyczyna tkwi w hormonach.
- My będziemy taktowni i nigdy nie nazwiemy dziecka grubym, ale jego rówieśnicy nie będą równie wyrozumiali.
- Otyłość to zagrożenie dla zdrowia dziecka, często poważne.
- Przejście na dietę nie jest odpowiedzią na problem otyłości u dzieci. Zazwyczaj leczenie ma na celu utrzymanie stałej wagi ciała, a nie schudnięcie.

Najtrudniejsze w walce z otyłością nie jest podjęcie walki, ale wytrwanie w niej. Nasz styl życia działa na naszą niekorzyść.

„Blisko 22,9% uczniów pierwszej klasy szkoły podstawowej ma nadwagę lub cierpi na otyłość".

(Brytyjskie Krajowe Forum Otyłości, Wielka Brytania, 2008)

CZY TO OTYŁOŚĆ?

Muszę stwierdzić z przykrością, że obecnie istnieje powtarzający się schemat dotyczący otyłości. Częstym przypadkiem są dziesięciolatki, które nie lubią uprawiać sportów i spędzają 3 godziny dziennie, oglądając telewizję. Zazwyczaj również jedzą przed telewizorem albo rodzina jada poza domem ze względu na napięty harmonogram dnia. Przeciętny obiad składa się u nich z hamburgera i frytek. Dziecko przepada za gazowanymi napojami. Maluchy te prawdopodobnie w nocy chrapią. Badania zazwyczaj potwierdzą u nich otyłość.

Międzynarodową miarę otyłości stanowi współczynnik masy ciała BMI. Ocena masy ciała dziecka według tego współczynnika jest prosta i polega na następującym obliczeniu:

$$\text{BMI} = \frac{\textbf{waga w kilogramach}}{\textbf{wysokość w metrach}^2}$$

- Wynik umiejscowiony na linii od 91 do 99 centyli oznacza, że dziecko ma nadwagę.
- Współczynnik BMI umiejscowiony na linii ponad 99 centyli oznacza otyłość.

Różnica pomiędzy nadwagą a otyłością to zwyczajnie kwestia surowości oceny i zalecam zwrócenie się o pomoc do specjalisty w obu przypadkach. Dzieci z nadwagą zazwyczaj stają się otyłe. Twoja własna waga jest najlepszą prognozą: ryzyko otyłości u dzieci jest dziesięciokrotnie wyższe, gdy oboje rodzice są otyli (zob. tabele BMI na s. 299–300).

CZY TO COŚ INNEGO?

Zdrowotne przyczyny otyłości są na prawdę bardzo rzadkie. Dziecko nie wymaga zwykle badań, chyba że jest otyłe i nietypowo niskie jak na swój wiek (albo ma mniej niż 2 lata). Maluchy otyłe z powodu objadania się są zazwyczaj wyższe niż rówieśnicy. Badając dzieci, sprawdzam czy nie cierpią na niedoczynność tarczycy, niedobór hormonu wzrostu, zespół Cushinga, zespół Pradera-Williego albo zespół policystycznych jajników. Osoby chore na zespół Cushinga są niskie, otyłe głównie w okolicach tułowia i mają zaokrągloną, zaczerwienioną twarz. Jeśli dziecko cierpi na bardzo rzadki zespół Pradera-Williego, jest niskie, ma wyjątkowo małe ręce i nieposkromiony apetyt. Silne owłosienie i brak miesiączek może oznaczać torbiele na jajnikach. Zawsze sprawdzam, czy dziecko nie ma depresji, problemów w szkole bądź zaburzeń pokarmowych.

Jak to działa?

Gdy dziecko je, produkuje energię, która zasila organizm. W przewodzie pokarmowym jedzenie jest rozkładane na glukozę, która łatwo rozpuszcza się w wodzie i może przemieszczać się po organizmie. Skomplikowane procesy metaboliczne zmieniają glukozę w energię, żeby utrzymać przy życiu komórki organizmu i umożliwić ich funkcjonowanie. Nawet podczas odpoczynku dziecko spala energię (innymi słowy: kalorie). Organizm zużywa około dwóch trzecich tej energii na podstawowe funkcje życiowe (oddychanie, bicie serca itd.) i ta ilość to podstawowa przemiana materii. Przetwarzanie pokarmu pochłania mniej więcej 10% zużywanej energii. Pozostała część (prawie jedna trzecia) powinna zostać wykorzystana na aktywność fizyczną. Jeśli tak się nie dzieje, jest odkładana w postaci tłuszczu „na później".

Zdecydowana większość otyłych dzieci ma zaburzoną równowagę energetyczną. Odkładany tłuszcz nigdy nie jest spalany, a zatem się kumuluje. Świat medycyny jest poważnie zaniepokojony otyłością, ponieważ statystyki wskazują na ciągły wzrost ilości chorych. To obecnie problem zarówno krajów rozwiniętych, jak i rozwijających się, z wyjątkiem Afryki Subsaharyjskiej. W Stanach Zjednoczonych to jeden z największych problemów opieki zdrowotnej, którego dzieci stały się dużą częścią.

Znaki ostrzegawcze

Dziś lepiej rozumiemy, co powoduje otyłość. To nie produkt uboczny zamożności: w rzeczywistości często dotyczy osób biednych (i kobiet). Jest efektem ubocznym zmian w stylu życia.

OBJADANIE SIĘ, ZWŁASZCZA POKARMAMI O WYSOKIEJ ZAWARTOŚCI KALORYCZNEJ

Co je twoje dziecko? Wiemy, jakie pokarmy są idealne: bogate w substancje odżywcze i ubogie w zbędne kalorie, a więc warzywa, owoce, produkty pełnoziarniste, rośliny strączkowe. Im więcej w diecie tłuszczów, rafinowanych cukrów i skrobi (to domena większości pokarmów typu fast

„Spróbuj ograniczyć oglądanie telewizji przez rodzinę do nie więcej niż 2 godzin dziennie".

(Amerykański Departament Zdrowia i Opieki Społecznej, 2007)

food), tym więcej kalorii do spalenia. Smutne jest, że często wśród dzieci najpopularniejszą postacią spożywanych warzyw są frytki. Jedna trzecia dzieci nie je w ogóle żadnych owoców.

A co dziecko pije? Gazowane, słodzone napoje są zdradzieckie, ponieważ nie dają uczucia sytości, dlatego dziecko będzie ich piło jeszcze więcej. Wypicie jednej puszki napoju dziennie może podnieść współczynnik masy ciała o niepokojące 0,18 punktu. Dietetyczne odpowiedniki napojów nie są rozwiązaniem ze względu na zawarte w nich sztuczne słodziki.

Zwróć uwagę na zjadane przez dziecko porcje. Wszystko jest teraz 2 razy większe niż 20 lat temu: porcje fast foodów, batoniki czekoladowe, kanapki śniadaniowe. Dziecko zjada prawdopodobnie 2 razy więcej niż ty, gdy byłeś w jego wieku. Duży posiłek w fast foodzie zawiera około 2200 kalorii, których spalenie wymagałoby przebiegnięcia całego maratonu.

GODZINY SPĘDZONE PRZED TELEWIZOREM LUB KOMPUTEREM

Ile dziecko siedzi przed ekranem telewizora i monitora? To najczęstsza przyczyna otyłości, ponieważ maluchy spędzają wiele czasu nieruchomo, a przy tym jedzą wysokokaloryczne przekąski. Ryzyko, że twój pięciolatek będzie otyły, wzrasta o 8% z każdą dodatkową godziną spędzoną w ciągu dnia przed telewizorem. Posiadanie odbiornika w pokoju dziecka pogarsza jeszcze sprawę. Krajowa ankieta zdrowotna i żywieniowa przeprowadzona w Stanach Zjednoczonych wykazała, że ilość godzin spędzonych przed ekranami to silny wskaźnik otyłości.

Interesujące badania przeprowadziła organizacja Planet Earth. Przez 2 lata starała się zmniejszyć otyłość, skupiając się głównie na zmianach w środowisku szkolnym. Rezultaty były szczególnie widoczne u dziewczynek i w dużej mierze łączyły się ze skróceniem czasu spędzonego przed telewizorem.

„Reklamy fast foodów skierowane do dzieci przyczyniają się do rosnącego poziomu otyłości wśród dzieci. Domagamy się całkowitego zakazu wszelkich reklam fast foodów skierowanych do dzieci".

(brytyjska organizacja charytatywna zajmująca się chorobami serca „British Heart Foundation", 2008)

STYL ŻYCIA RODZINY: POSIŁKI POZA DOMEM I JEDZENIE NA WYNOS

Jak często jecie wspólne posiłki? Napięte harmonogramy oznaczają, że rodziny rzadziej jedzą wspólnie. W Stanach wiele z nich wydaje połowę tygodniowego budżetu żywnościowego na posiłki poza domem lub jedzenie na wynos. Pomijanie śniadań, przegryzanie i jedzenie poza domem ma związek z otyłością. Jeśli dziecko je regularnie posiłki, rzadziej sięga po bezwartościowe jedzenie, rodzice mogą kontrolować porcje, a ponieważ przy stole je się wolniej, porcje są mniejsze. Regularne jedzenie odciąga też od niezdrowego przegryzania między posiłkami.

Dwadzieścia lat temu

Spaghetti z kulkami mięsa

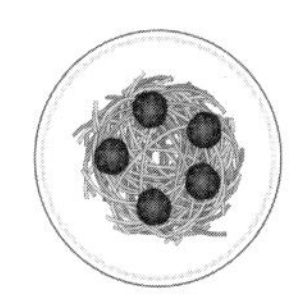

1 porcja = 500 kalorii

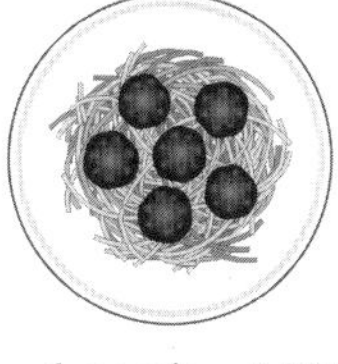
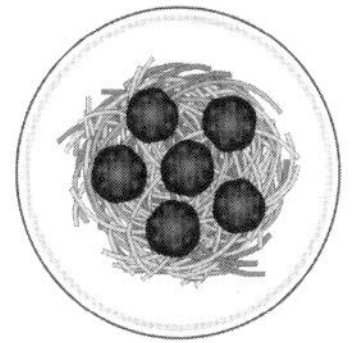

1 porcja = 1025 kalorii

Napoje gazowane

85 kalorii

250 kalorii (35 minut ćwiczeń, żeby je spalić)

Frytki

210 kalorii

610 kalorii (1 godzina i 10 minut spaceru)

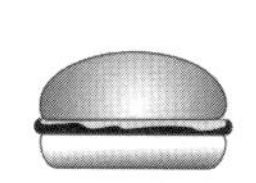

333 kalorie

590 kalorii

Kanapka z wędliną z piersi indyka

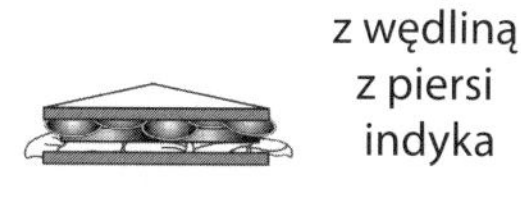

320 kalorii

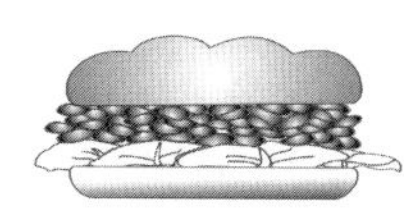

820 kalorii (1,5 godziny jazdy na rowerze)

Źródło: Test zmian porcji, Krajowy Instytut Badań nad Chorobami Serca i Płuc, USA.

„Każdego tygodnia w Wielkiej Brytanii dzieci poniżej 16. roku życia wydają 13. milionów funtów na słodycze i przekąski”.

(Krajowa Organizacja Konsumenta, 2007)

„Im większa otyłość, tym większe ryzyko problemów zdrowotnych”.

(Amerykańskie Centrum Kontroli i Profilaktyki Chorób, 2007)

POSTĘPUJĄCY SPADEK AKTYWNOŚCI

Ile czasu dziecko spędza codziennie, wykonując ćwiczenia fizyczne? Jakie ma szanse na spalenie wszystkich kalorii? Względy bezpieczeństwa na szkolnym podwórku i intensywny program nauczania sprawiają, że dzieci mają mniej niż kiedyś czasu na ćwiczenia fizyczne. Nastolatki zaś często rezygnują ze sportów drużynowych, gdy element rywalizacji staje się coraz silniejszy.

„W wielu szkołach lekcje wychowania fizycznego trwają średnio mniej niż godzinę”.

(Kanadyjski Wydział Zdrowia Publicznego, 2007)

Problemy spowodowane otyłością

Dzieci cierpią obecnie na choroby, które niegdyś dotyczyły wyłącznie dorosłych. Najbardziej martwi fakt, że prawie połowa ciężko otyłych malauchów choruje na cukrzycę typu II.

Jeśli dziecko jest otyłe, czyhają na nie poważne problemy zdrowotne, takie jak:

- cukrzyca typu II,
- astma,
- podwyższony cholesterol i nadciśnienie prowadzące do chorób serca,
- bezdech w czasie snu,
- kamienie żółciowe,
- choroby wątroby,
- problemy ze stawami, a w przyszłości zapalenie kości i stawów,
- problemy z dojrzewaniem i menstruacją,
- depresja kliniczna.

Efekty psychologiczne mogą być równie destrukcyjne. Dziecko jest narażone na prześladowanie w szkole i odrzucenie przez rówieśników. Wykazano także, że otyłość wpływa na karierę zawodową.

Przewodniczący chirurgów amerykańskich przewiduje, że problemy zdrowotne i zgony spowodowane otyłością przewyższą problemy zdrowotne i śmiertelność będące skutkiem palenia papierosów.

Żadnych diet i operacji chirurgicznych

Walka z otyłością będzie wymagała drastycznych zmian społecznych: lepszej organizacji miast, która sprawi, że ludzie przestaną jeździć wszędzie samochodami, łatwego i taniego dostępu do świeżej żywności, restrykcji reklamowych dających priorytet zdrowej żywności wśród dzieci. Ty możesz zmienić zwyczaje własnej rodziny.

Przymusowa dieta nie rozwiąże problemu. Surowe diety są szkodliwe dla rozwijających się organizmów i lekarze biorą je pod uwagę wyłącznie w szczególnych przypadkach. Zapomnij więc (i to jest ważne dla dzieci z nadwagą) o spadku wagi. Twoim celem powinno być utrzymanie stałej masy ciała, by dziecko mogło naturalnie wyszczupleć w miarę, jak będzie rosnąć. Utrata kilku kilogramów jest konieczna tylko w przypadku dzieci otyłych. Zamiast wprowadzać dietę, lepiej rozważ zmianę stylu życia rodziny, prawdopodobną przyczynę nadwagi. Skorzystaj koniecznie ze specjalistycznej pomocy.

Leczenie farmakologiczne otyłości nie jest zalecane dzieciom do 12. roku życia. Nawet w przypadku nastolatków powinno się je przepisywać wyłącznie, gdy istnieją powikłania zdrowotne albo otyłość jest przyczyną poważnych problemów psychologicznych. Jeśli chodzi o chirurgię bariatryczną (czyli zmniejszenie wielkości żołądka poprzez jego częściowe zaszycie), wykonanie operacji u dzieci i nastolatków powinno się rozważyć wyłącznie w rzadkich przypadkach, jako ostatnią deskę ratunku, gdy współczynnik BMI wynosi powyżej 40 albo istnieją poważne powikłania zdrowotne i wszystkie inne wysiłki nie przyniosły rezultatu.

„Jeśli dziennie zjadasz 100 kalorii więcej niż spalasz, przytyjesz około 450 gramów w miesiąc. To około 4,5 kilograma w roku".

(Zalecenia żywieniowe dla Amerykanów, Amerykańskie Ministerstwo Zdrowia i Opieki Społecznej, 2006)

LECZENIE **W DOMU**

Jeśli dziecko ma nadwagę, najlepiej znaleźć lekarza lub dietetyka, który będzie chciał wam pomóc.

Leczenie otyłości przyniesie efekty, jeśli będzie to decyzja rodzinna i wszyscy się pod nią podpiszą. Największym wyzwaniem będzie aktywność fizyczna.

+ Nie narzucaj dziecku diety. Na dłuższą metę nie zadziała, a szybka utrata wagi może zaszkodzić rozwijającemu się organizmowi. Jedynie nastolatki, które przestały rosnąć, mogą bezpiecznie chudnąć do pół kilograma tygodniowo. Największa szansa na sukces polega na zmianie zwyczajów żywieniowych całej rodziny i szukaniu pomocy u dietetyka lub technologa żywienia.

+ Dodatkowe ćwiczenia. Nawet jedna dodatkowa godzina ćwiczeń w tygodniu może znacznie zmniejszyć współczynnik BMI.
  - Minimalny czas aktywności fizycznej dla dzieci wynosi 30 minut dziennie. Dla dwulatka bieganie po domu i ogródku jest wystarczające.
  - Zacznij od prostych zmian i namów całą rodzinę do ćwiczeń. Biegajcie po schodach, chodźcie pieszo, zamiast jeździć samochodem, kiedy tylko możecie. Spróbuj pójść na dziesięciominutowy spacer przed położeniem się spać albo zorganizuj rodzinną przejażdżkę rowerową w weekend.
  - Bądź kreatywny zimą. Jakie ćwiczenia dziecko może wykonywać w domu? Spróbuj wykorzystać ćwiczenia na DVD, aerobik grupowy, trampolinę lub ubierz malucha porządnie i zabierz na bitwę śnieżkami lub zjeżdżanie na sankach.
  - Ustal system kupowania czasu przed ekranem za ćwiczenia fizyczne. Każde pół godziny ćwiczeń daje dziecku pół godziny gry na komputerze lub oglądania telewizji.
  - Ustal dzienny limit oglądania telewizji (zaleca się maksymalnie 2 godziny dziennie), ale pozwól dziecku zadecydować, jak je wykorzysta.
  - Nie wstawiaj telewizora do pokoju dziecka.

+ Mniej wysokokalorycznych pokarmów. Dobrze jest przez kilka tygodni zapisywać, co zjada wasza rodzina, żeby zobaczyć, ile spożywacie pokarmów i napojów wysokokalorycznych, ale ubogich w substancje odżywcze. Zachęć dziecko, żeby ci w tym pomogło.

+ Ustal nowy, zdrowy jadłospis, który dziecko zaakceptuje. Włącz członków rodziny, w miarę możliwości, w gotowanie. Nie daj się ponieść pokusie dawania dziecku słodyczy w nagrodę albo na pocieszenie. Odrobina uwagi i ciepły uścisk to najlepsza nagroda dla malucha.

+ Bardzo ważna jest odpowiednia wielkość porcji. Ustal standardowe porcje płatków zbożowych, mięsa i innych produktów, mierząc je garstkami dziecka lub za pomocą specjalnego pojemnika.

+ Więcej świeżego jedzenia. Najlepsze produkty to te, których przyswojenie wymaga czasu, na przykład owoce i chleb pełnoziarnisty. Pozwól dziecku jeść dowolną ilość owoców i warzyw, najlepiej co najmniej 5 porcji dziennie. Jeśli nie lubi warzyw, dawaj mu do spróbowania małe porcje, a w końcu się do nich przyzwyczai. Serwuj zupy, przeciery, mieszanki kolorowych owoców, sałatki owocowe z ulubionymi lodami, wypróbuj gry z jedzeniem – wszystko, co zachęca. (Dużo łatwiej jest zacząć, gdy dziecko jest małe). Jeżeli zorganizowanie regularnych posiłków w ciągu tygodnia nie jest możliwe, przygotuj większą porcję w weekend i zamroź je. A czy zdołasz rozstać się z patelnią do smażenia?

+ Produkty zastępcze. Ustal produkty alternatywne wobec wysokokalorycznych pokarmów, na przykład suszone owoce zamiast pakowanych przekąsek, kolbę kukurydzy zamiast wafelków, naleśniki z kurczakiem zamiast kiełbasek w cieście. Zacznij zastępować także napoje – przejdź od słodkich i gazowanych do mleka, soku bez dodatków, a najlepiej – wody. (Przydaje się wożenie w samochodzie butelki wody). Mleko odtłuszczone jest odpowiednie od 2. roku życia dziecka, ale nie wcześniej.

+ Rodzinne posiłki. Jeden zadziwiająco skuteczny krok to powrót do wspólnych posiłków. Choćby jeden wspólny posiłek dziennie przyniesie efekty. Zadbaj o to, żeby:
  - rodzina jadała posiłki w kuchni lub jadalni,
  - posiłki odbywały się o ustalonych godzinach i trwały 20–30 minut,
  - telewizor, radio i telefony komórkowe były wtedy wyłączone,
  - posiłki były podawane przez ciebie, dzięki czemu będziesz kontrolowała porcje.

+ Zwracaj uwagę na samoocenę dziecka. Naucz je konkretnych metod radzenia sobie z dokuczaniem w szkole i upewnij się, że za otyłością nie kryje się problem emocjonalny. Chwal za każdy postęp, choćby najmniejszy, i zachowaj pogodę ducha.

+ Wyznacz sobie termin. Nie rozpoczynaj rewolucji dietetycznej i sportowej, ale zacznij działać małymi kroczkami już w tym miesiącu. Powiadom rodzinę i wytłumacz, dlaczego to jest ważne.

+ Zacznij od siebie. Ty jesteś dla dziecka wzorem – będzie cię naśladowało.

Wszystkim dzieciom po 2. roku życia należy sprawdzać współczynnik BMI co najmniej raz w roku. Jeśli dziecko ma ciężką nadwagę lub jest otyłe, należy weryfikować wynik co 3 miesiące.

„Napoje wysokosłodzone, włącznie z napojami energetycznymi i owocowymi wodami mineralnymi o wysokiej zawartości cukru, nie powinny być dostępne w szkolnych stołówkach".

(Ministerstwo Edukacji, Victoria, Australia, 2007)

PYTANIA i ODPOWIEDZI

Mój syn ma dopiero 7 lat i wciąż się rozwija. Lekarz mówi, że ma nadwagę, ale ja sądzę, że z tego wyrośnie. Według mnie wygląda jak pulchny szczeniaczek.

Spójrz surowym okiem na styl życia dziecka i jego zwyczaje żywieniowe, a później zawierz intuicji. Jeśli jesteś usatysfakcjonowana, uważasz, że dziecko odżywia się odpowiednio i ma wystarczająco dużo ruchu, masz zapewne rację. Jego współczynnik BMI powinien to potwierdzić. Dziecko może spalić tłuszcz w miarę wzrastania, ale nie liczyłbym, że tak się stanie. W okresie dojrzewania większość chłopców spala część tłuszczu, ale u 30% to nie następuje. Niestety ilość tkanki tłuszczowej u dziewczynek znacznie wzrasta w tym okresie.

Czy niektóre dzieci są bardziej podatne na otyłość?

Największy wpływ na wagę dziecka mają zwyczaje żywieniowe i aktywność fizyczna. Nawet niewielkie zmiany w tych sferach mogą znacząco wpłynąć na wagę.

Bardzo niewielki odsetek (5%) dzieci zużywa mniej energii bez wyraźnej przyczyny. Te maluchy są bardziej podatne na nadwagę lub otyłość. W ich przypadku uwarunkowania genetyczne mogą wpłynąć na tempo spalania kalorii, ale to styl życia ostatecznie zadecyduje, czy dziecko będzie szczupłe, czy otyłe. Niekiedy nieprawidłowe odżywianie we wczesnym dzieciństwie (albo matki w okresie ciąży) wpływa na sposób spalania przez organizm energii. To także może zwiększyć ryzyko popadnięcia przez dziecko w otyłość.

Ile ćwiczeń fizycznych powinno wykonywać dziecko w wieku szkolnym?

Dziecko powinno ćwiczyć przez co najmniej 30 minut dziennie, ale nie muszą to być konkretne sporty. Wystarczy zabawa z kolegami w ogrodzie albo bieganie po szkolnym podwórku. Pół godziny niezorganizowanej, wolnej zabawy spali kalorie dwulatka. Najważniejsze jest odciągnięcie dziecka od kanapy i wprawienie w ruch.

Każde zwiększenie aktywności fizycznej pomoże. Dziecko ma niewielki wpływ na tempo podstawowej przemiany materii, ale w znacznym stopniu kontroluje ilość energii spalanej podczas ćwiczeń. Nie muszą one być nadzwyczaj forsowne, żeby przyniosły efekty.

- 45 minut tańca spali około 450 kalorii.
- 90 minut gry w piłkę nożną spali około 600 kalorii.

Istnieje przekonanie, że dzieci otyłe mają zwykle wolny metabolizm. To mit.

Dziecko zdaje się nigdy nie jeść i martwię się, że może cierpieć na zaburzenie pokarmowe.

Telewizja i czasopisma stworzyły wizerunek idealnego, bardzo szczupłego ciała supermodelki. Komentarze rówieśników na temat wagi, nawet jeśli nieprawdziwe, mogą wywrzeć istotny wpływ na dziecko. Twoje zapewnienia co do jego wyglądu są również niezwykle ważne. Bulimia i anoreksja są bardzo rzadkie u dziewczynek, które nie weszły jeszcze w okres dojrzewania, ale należy uważnie śledzić wszelkie znaki ostrzegawcze, takie jak obsesja na punkcie kalorii i, jeśli to konieczne, zwrócić się o pomoc do lekarza. Bardzo ważne jest zachęcenie dziecka do większej aktywności fizycznej, regularnych posiłków i zdrowego stylu życia.

Nie chcę, żeby dziecko przeszło na dietę, ale pragnę mu wpoić pewne zasady żywieniowe. Co doktor sugeruje?

Masz rację, że nie chcesz zmuszać dziecka do diety, ale możesz z pewnością nauczyć je zwyczajów żywieniowych. Dietę o nazwie światła drogowe zaleca się dzieciom pomiędzy 6. a 12. rokiem życia. Warto ją wypróbować. Obejmuje ona 3 rodzaje produktów. Zielone produkty są niskokaloryczne i bogate w składniki odżywcze. To na przykład owoce oraz warzywa. Pomarańczowe pokarmy mają umiarkowaną zawartość energetyczną, a czerwone są wysokokaloryczne. Dziecko może jeść zielone pokarmy często, pomarańczowe z umiarem, a czerwone okazjonalnie.

OTYŁOŚĆ U NIEMOWLĄT

Jeśli masz taką możliwość, karm dziecko piersią. Obniża to ryzyko wystąpienia nadwagi w późniejszym życiu nawet o 25%. Im dłużej karmisz dziecko piersią, tym mniej prawdopodobne, że stanie się otyłe.

Zawsze przestrzegaj instrukcji podczas przygotowywania mleka modyfikowanego. Nie daj się zwieść pokusie zwiększenia o odrobinę dawki. Nie podawaj też dziecku dodatkowych butelek mleka tylko dlatego, że płacze. Pozwól mu w zamian possać małą butelkę wody. Spróbuj nie podawać soków owocowych ani ciastek do przegryzania. Przyzwyczaj malucha do wody i przegryzania owoców i pozwól mu jak najwięcej raczkować. Nie pozostawiaj dziecka na długi okres w foteliku czy wózku.

SYGNAŁY ALARMOWE

POROZMAWIAJ Z LEKARZEM:

jeśli martwi cię pod jakimś względem waga dziecka,

zanim rozpoczniesz jakiekolwiek leczenie dotyczące wagi,

jeśli dziecko jest otyłe i wyjątkowo niskie jak na swój wiek lub ma mniej niż 2 lata; być może wymaga dalszych badań pod kątem innej choroby,

jeśli wydaje się cierpieć na depresję.

Dziecko zostanie skierowane do specjalisty w przypadku, gdy otyłość powoduje bezdech, nadciśnienie, problemy ortopedyczne lub cukrzycę typu II (a także jeśli jest bardzo otyłe, jego współczynnik masy ciała wynosi około 40). Jedynie dzieci z dużą otyłością muszą szybko zredukować wagę, ale zawsze pod nadzorem dietetyka. Leczenie farmakologiczne i chirurgiczne nie jest odpowiednie dla dzieci.

Dzieci otyłe, które dodatkowo cierpią na depresję, wymagają także pomocy psychologa. Leczenie wyłącznie nadwagi nie będzie wystarczające.

ROZDZIAŁ 17

Dolegliwości prącia i napletka

„Syn zaczyna się denerwować, gdy zachęcam go, żeby zrobił siusiu, nawet gdy widzę, że powinien. Czubek penisa jest zaczerwieniony. Wydaje mi się, że oddawanie moczu sprawia mu ból".

Delikatne sprawy

Problemy z penisem mogą się pojawić nie tylko z powodu zamków błyskawicznych w spodniach. Twój syn zapewne doświadczy jakichś dolegliwości w tym rejonie, jeszcze zanim wejdzie w okres dojrzewania. Obszar ten jest szczególnie narażony na różne przypadłości, zwłaszcza jeśli rodzice są pruderyjni. Większość występujących problemów jest zupełnie normalna. W końcu:

- 60% chłopców ma problemy z napletkiem między 1. a 2. rokiem życia, ale zazwyczaj dolegliwości te ustępują samoistnie,
- stan zapalny jest bardzo częsty i łatwy do wyleczenia,
- obrzezanie rzadko jest wskazane jako rozwiązanie na dolegliwości prącia,
- urazy penisa spowodowane zamkiem błyskawicznym są częstsze niż myślisz.

ALE

Wszelki ból lub obrzęk należy zawsze skonsultować z lekarzem.

CZY TO PROBLEM Z PENISEM?

PRZYROŚNIĘTY NAPLETEK jest najczęstszą dolegliwością. Napletek chroni delikatny czubek penisa (żołądź) dzięki luźnemu kapturowi skóry. Rodzice często się martwią, gdy zauważą, że napletek jest przyrośnięty do czubka penisa, jednak niemal wszyscy chłopcy rodzą się z przyrośniętym (niecofającym się) napletkiem. To normalne i nawet u rocznych chłopców 60% powierzchni napletka jest w pewien sposób przyczepiona do żołędzi. Do 4. roku życia 90% powierzchni napletka odklei się od żołędzia, a reszta oddzieli się przed rozpoczęciem dojrzewania.

STANY ZAPALNE są częste i mają wielorakie przyczyny: podrażnienie, na przykład mydłem, olejkami kąpielowymi lub po prostu mokrymi pieluchami. A może próbowałaś zbyt mocno odciągać napletek?

- Czy czubek napletka jest lekko zaczerwieniony?
- Czy sprawia dziecku ból?

ZAPALENIE ŻOŁĘDZI charakteryzuje się silnym stanem zapalnym prącia wywołanym infekcją.

- Czy czubek prącia i napletek są silnie zaczerwienione i bolące?
- Na czubku napletka może wystąpić ropa.
- Otwór w penisie jest zwężony.
- Może dojść do znacznego obrzęku penisa.

MASTKA jest czasami błędnie diagnozowana jako cysta, zwłaszcza jeśli prowadzi, jak to ma niekiedy miejsce, do silnego obrzęku.

- Czy pod napletkiem dziecka znajdują się małe żółte lub białe grudki?
- Czy są wyczuwalne lub widoczne?

Jeśli odpowiedź brzmi „tak", jest to prawdopodobnie mastka, całkowicie nieszkodliwa, szczególnie u chłopców do 4. roku życia. Powodem może być napletek wciąż przyczepiony do żołędzi. Gdy skóra wydziela łój, może dojść do jego zablokowania pod napletkiem i powstania drobnych grudek.

STULEJKA to napletek tak wąski i długi, że szczelnie przykrywa żołądź i nie da się go odciągnąć w dół.

- Otwór na czubku penisa jest niewidoczny.
- Podczas oddawania moczu napletek pęcznieje.
- Otwór napletka jest wielkości ucha igły.
- Strumień moczu jest bardzo wąski.

DOLEGLIWOŚCI NAPLETKA

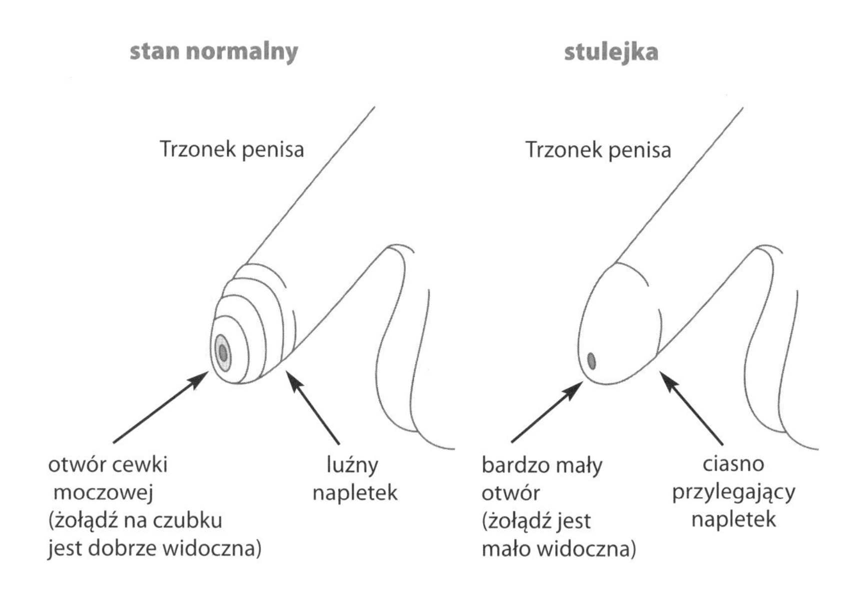

INNE DOLEGLIWOŚCI PRĄCIA	
UCISK PENISA	Być może zauważysz, że wokół prącia synka coś się owinęło i silnie go uciska – często jest to nitka z odzieży lub cienki włos.
	Czy nasada penisa (część dochodząca do krocza) jest opuchnięta?
	Czy dostrzegasz cienką linię?
URAZY ZAMKIEM BŁYSKAWICZNYM	Zdarzają się, ale dziecko szybko się nauczy, jak bezpiecznie używać zamka.
	Czy chłopiec przyciął sobie napletek zamkiem w spodniach?
ZAŁUPEK	Niekiedy napletek jest odciągnięty w tył i opuchnięty.
	Czy napletek jest tak obrzękły, że trudno go pociągnąć do przodu?
	Czy dziecko odczuwa ból?
SPODZIECTWO	To dwojaki problem, zazwyczaj diagnozowany przy urodzeniu. Po pierwsze, otwór cewki moczowej nie znajduje się, tak jak powinien, na czubku penisa, ale poniżej. Po drugie, penis jest lekko wygięty do przodu.
	Czy napletek wygląda niemal, jakby był kwadratowy?
	Czy zwisa z prącia?

„Najczęstszym problemem narządów płciowych u niemowląt płci męskiej jest obecnie spodziectwo".

(A. Nicholson, CDC study, *Journal of Pediatrics*, 1997)

CZY COŚ INNEGO?

„Dolegliwości takie jak jądra niezstępujące prawidłowo do worka mosznowego bądź złe umiejscowienie otworu cewki moczowej na prąciu (spodziectwo) są niesłychanie częste u noworodków".

(dr M. Welsh, Medical Research Council, 2008)

Czasami problem nie tkwi w samym prąciu.

Ból lub pieczenie podczas oddawania moczu może wskazywać na infekcję dróg moczowych. Obrzęk moszny może być spowodowany wodniakiem jądra – najlepiej go nie ruszać. Obrzęk pachwiny jest zazwyczaj wywołany przepukliną pachwiny.

Niezstąpienie jąder to inna kwestia. Problem jest zazwyczaj widoczny od razu po urodzeniu i nie należy do rzadkości: 1 na 20 chłopców rodzi się z tą dolegliwością. Jądra zazwyczaj schodzą naturalnie. Do 1. roku życia jedynie co 50 niemowlę płci męskiej nadal ma ten problem i wymaga prostego zabiegu operacyjnego. Czasami dolegliwość ta jest zauważona później. Ważne jest, aby ją skorygować, gdyż może wpłynąć na płodność chłopca. Nawiasem mówiąc, chłopcy sami mogą sprawić, że jądra się cofną. Wiele pozornie niezstąpionych jąder to w rzeczywistości jądra cofnięte: cofają się one, gdy zimne dłonie dotkną worka mosznowego.

Jak to działa?

W każdym organizmie narządy płciowe są połączone z układem moczowym, dlatego układ ten zwany jest układem moczowo-płciowym. U twojego syna wszystko zbiega się w prąciu, a zwłaszcza w cewce moczowej: wewnętrznym kanale, przez który mocz i nasienie muszą przejść, żeby wydostać się z ciała. Cewka moczowa biegnie od pęcherza moczowego w górę trzonu penisa do otworu cewki na czubku prącia. Czubek ten to żołądź, bardzo wrażliwy obszar pełen zakończeń nerwowych, o czym dziecko szybko się przekona. To osobna struktura otoczona napletkiem ochronnym (podwójną, bardzo ruchomą warstwą skóry). Jest to obszar niezwykle wrażliwy na wszelkie urazy, szybko ulegający silnemu obrzękowi, nawet na skutek drobnego ukąszenia przez insekty. Dopływ krwi do żołędzi następuje w ramach układu odrębnego od reszty penisa.

Sam penis jest złożony głównie z gąbczastej tkanki (zdolnej wypełnić się krwią, co umożliwia wzwód), pozbawionej kości i mięśni. W jej wnętrzu znajdują się 3 gąbczaste przewody, z których jeden zawiera cewkę moczową. Pomimo szkolnych żartów wielkość penisa nie jest w żaden sposób związana ze sprawnością seksualną.

Pod powierzchnią skóry prącia znajduje się warstwa tkanki podskórnej, która sprawia, że penis wypełniony krwią jest sztywną strukturą. W istocie cała struktura penisa jest odporniejsza niż mogłoby się wydawać, a więc zdolna do przyjęcia wielu bodźców.

LECZENIE **W DOMU**

Gdy napletek dziecka rusza się już bez problemów, naucz je lekko go podciągać w trakcie kąpieli czy pod prysznicem. Nawyk ten pomoże zapobiec chorobom. Nigdy na siłę nie odciągaj napletka w dół. Mógłby się nadmiernie zacisnąć i uszkodzić penisa. Jeśli jednak odciągnęłaś go na siłę, a teraz nie porusza się w przód, skontaktuj się natychmiast z lekarzem. Niektórym dolegliwościom członka można zaradzić samodzielne, inne wymagają fachowej pomocy.

+ PRZYROŚNIĘTY NAPLETEK. Zazwyczaj problem ustępuje sam i w końcu napletek będzie się dało odciągnąć. Nie ma potrzeby interweniować, chyba że na prąciu wystąpił silny stan zapalny lub obrzęk albo dziecko ma 4 lata, a napletek wciąż się nie porusza.

+ NIEWIELKIE STANY ZAPALNE. Każdy dobry tłusty krem dla niemowląt rozwiąże problem, włącznie z usunięciem przyczyny podrażnienia. Jeśli jednak penis bardzo boli, jest obrzękły albo otwór cewki moczowej jest zwężony, zaprowadź dziecko do lekarza.

+ ZAPALENIE ŻOŁĘDZI. Dziecko powinno zostać zbadane przez lekarza. Poprawę przyniesie krem na bazie sterydów (1-procentowy hydrokortyzon dostępny na receptę), a także kąpiel w ciepłej (ale nie gorącej) wodzie, najlepiej przy delikatnym odciągnięciu napletka. Ciężki stan zapalenia żołędzi wymaga kuracji antybiotykowej.

+ MASTKA. Nie należy podejmować żadnych działań. Mastka zawsze ustępuje sama. Penis może być nieznacznie bolesny i zaczerwieniony przez kilka dni, ale to normalne.

+ URAZ ZAMKIEM BŁYSKAWICZNYM. Nie próbuj uwolnić dziecka sama. Natychmiast zgłoś się do lekarza lub szpitala. W międzyczasie uśmierz ból kostkami lodu owiniętymi w ręcznik. Uwolnienie penisa przyciętego zamkiem jest bardzo bolesne, dlatego będzie konieczne podanie środków przeciwbólowych, a nawet znieczulenia, zanim ktokolwiek spróbuje to zrobić. Dziecko otrzyma silną dawkę kremu znieczulającego na przyciętą skórę. Następnie zamek będzie można delikatnie odsunąć lub przeciąć.

+ UCISK PRĄCIA. Bardzo delikatnie usuń nić lub włos wywołujące ucisk. Nie próbuj ich przecinać w napadzie paniki! Jeśli nie jesteś w stanie rozluźnić ucisku, zabierz dziecko natychmiast do lekarza. Nawet jeżeli uda ci się uwolnić penisa, lekarz powinien sprawdzić, czy dziecko nie doznało urazu.

+ STULEJKA. Zaprowadź dziecko do lekarza. Być może napletek po prostu jeszcze się nie odkleił. W przypadku stulejki lekarz przepisze dziecku krem sterydowy do stosowania przez miesiąc. To zwykle całkowicie zwalcza problem. Sterydy sprawiają, że skóra staje się na krótki czas cieńsza i mniej napięta, co umożliwia odciągnięcie napletka w tył, a także zmniejszają stan zapalny. Dziecko będzie wymagało obrzezania wyłącznie, jeżeli sterydy nie zadziałają.

+ ZAŁUPEK. Zawieź dziecko natychmiast do szpitala. Lekarz rozwiąże ten problem, delikatnie unosząc skórę do góry i wyciskając wszelki nagromadzony wewnątrz płyn. Niekiedy wystarczy nałożyć na opuchnięte miejsce dużą dawkę kremu przeciwbólowego. Usunięcie załupka jest bardzo bolesne i dziecko będzie musiało się wykazać dużą cierpliwością. Prawdopodobnie otrzyma środki przeciwbólowe, a jeśli sytuacja będzie poważna – znieczulenie. W razie niemożności oczyszczenia załupka ręcznie, konieczne będzie wykonanie zabiegu chirurgicznego, a jeżeli problem powróci – być może obrzezanie.

+ SPODZIECTWO. Zaprowadź dziecko do lekarza. Będzie konieczne wykonanie korekcyjnego zabiegu chirurgicznego, którego rezultat jest zazwyczaj doskonały. Nie należy (i nie powinno się) obrzezać dziecka, gdyż do wyleczenia spodziectwa konieczny jest napletek.

PYTANIA i ODPOWIEDZI

Na napletku syna ponownie pojawił się silny stan zapalny i zastanawiam się, czy lekarz nie zaleci obrzezania.

Obrzezanie to chirurgiczne usunięcie napletka z prącia. Na temat tego zabiegu toczy się wiele dyskusji, a niektóre grupy religijne nalegają na wykonanie zabiegu. Obecnie obrzezanie rzadko ma podstawy zdrowotne.

Większość międzynarodowych organizacji pediatrów nie zaleca go jako rutynowego zabiegu. Istnieją pewne wyjątki, na przykład gdy dziecko ma ciężką postać stulejki, która nie reaguje na leczenie sterydami.

Można usłyszeć, że obrzezane dzieci są ponoć mniej podatne na infekcje dróg moczowych. Badania nie wykazują, że teza ta została w pełni udowodniona, a potencjalne powikłania przeważają nad zaletami. Do skutków ubocznych należą między innymi krwawienie, zakażenie, zapalenie żołędzi prącia. Ponadto obrzezanie jest dla dziecka bardzo bolesnym i niekiedy traumatycznym przeżyciem. To znaczna operacja i, według mnie, powinna być medycznie uzasadniona.

„Obrzezany penis nie jest czystszy niż penis nieobrzezany, o ile dziecko przestrzega odpowiedniej higieny osobistej".

(Szpital Dziecięcy w Westmead, Australia, 2007)

Mój kilkunastoletni syn mówi, że bardzo go boli jedno jądro? Co powinnam zrobić?

Dziecko powinno pójść natychmiast do lekarza, gdyż istnieje obawa, że doszło do skręcenia jąder, co objawia się bólem, stwardnieniem wyczuwalnym w dotyku i wyższym ułożeniem jednego jądra. Chłopiec może mieć także mdłości lub bóle brzucha. W przypadku podejrzenia skręcenia jądra, zostanie pilnie skierowany do szpitala i poddany badaniu ultrasonograficznemu (USG). Jeżeli badania wykluczą tę chorobę, jest to zapewne zapalenie jądra, zazwyczaj wywołane wirusem. Powoduje silny ból, wrażliwość na dotyk oraz obrzęk.

„Obrzezanie jest wykonywane ze względów kulturowych i religijnych, rzadko z przyczyn zdrowotnych".

(Szpital Dziecięcy w Westmead, Australia, 2007)

PROBLEMY Z PENISEM U NIEMOWLĄT

Wodniak jądra (zbyt duża ilość płynu wokół jąder) jest bardzo częsty u noworodków i ustępuje samoistnie. Dziecko nie będzie wymagało leczenia.

SYGNAŁY ALARMOWE

SKONTAKTUJ SIĘ NATYCHMIAST Z LEKARZEM, JEŚLI:

penis jest obrzękły, sprawia dziecku ból albo dziecko ma problem z oddawaniem moczu,

pachwina jest zaczerwieniona i obrzękła, bolesna w dotyku i przy ucisku; może to być przepuklina zadzierzgnięta,

jądra dziecka są obolałe, opuchnięte i wrażliwe na dotyk; jest to prawdopodobnie zapalenie jąder, czyli infekcja, ale w razie skręcenia jądra dziecko wymaga pilnej interwencji lekarskiej.

ROZDZIAŁ 18

Nawracające bóle głowy i brzucha

„Córka ma 11 lat i przez ostatnie 3 miesiące zaczęła miewać bóle głowy, 2, może 3 razy w tygodniu, zawsze dość silne. Do tej pory opuściła 6 dni szkoły. Szkoda, bo bardzo dobrze się uczy. Zawsze jest w klasowej czołówce i uczestniczy we wszystkich innych zajęciach: gimnastyce, tańcu, grze na gitarze. Jej ciocia miała w zeszłym roku wylew mózgu, więc bardzo się martwimy".

Dzieci miewają bóle głowy

Bóle głowy nie dotyczą wyłącznie dorosłych. Większość dzieci w wieku szkolnym cierpi na tę dolegliwość. Powodem do niepokoju są częste nawroty bólu. Czy dzieje się coś niedobrego? Prawdopodobnie nie.

- Przyczyną większości nawracających bólów głowy jest migrena lub napięcie.
- Bóle głowy, które pojawiły się niedawno i z tygodnia na tydzień są coraz gorsze, powinny niepokoić.
- Mniejszym zmartwieniem są bóle głowy, które nie uległy zmianie w ciągu ostatniego roku.
- Szczegółowa charakterystyka bólu głowy jest niezwykle istotna.

„Bóle głowy mogą mieć wielorakie przyczyny, ale poważne powody są rzadkie".

(Amerykański Krajowy Instytut Zaburzeń Neurologicznych i Udarów, 2008)

„Bóle głowy, zwłaszcza migreny, to zwykle dolegliwości rodzinne. Jeśli inni członkowie rodziny cierpieli na uciążliwe bóle głowy, ryzyko wystąpienia migren u dziecka jest wyższe".

(Mayo Clinic, 2007)

Niekiedy rodzice nalegają na wykonanie tomografii komputerowej na wszelki wypadek, nawet jeśli badanie medyczne wykluczyło wszelkie poważne choroby. Prześwietlenie nie jest zwykle konieczne, a narazi dziecko na znaczną ilość promieniowania.

Dziecko z nawracającymi bólami głowy zawsze powinno zostać przebadane przez lekarza.

ALE

Jeśli bólom głowy towarzyszą inne objawy albo ból się nasila, wezwij natychmiast lekarza.

CZY TO MIGRENA?

Migrena dzieci nie jest identyczna jak migrena dorosłych, ale może być równie obezwładniająca. Migreny mogą się pojawić nawet u pięciolatków. Choruje na nie średnio co 9. dziecko poniżej 15. roku życia. Objawy migreny są zwykle następujące:

- pulsujący ból głowy,
- silny ból, który zdaje się promieniować aż do tyłu oczu,
- dolegliwości trwają dłużej niż godzinę,
- twarz dziecka jest biała jak płótno,
- dziecko chce się zwinąć w kłębek i nic nie robić.

Niekiedy efekty migreny są dość przerażające. Dziecko może odczuwać zawroty głowy, tracić chwilowo wzrok lub mieć zaburzenia mowy. Może nawet stracić na krótko władzę w połowie ciała.

To niemal na pewno migrena, jeśli dziecko ma również inne objawy:

- nudności i wymioty,
- unika światła i hałasu,
- w rodzinie występują przypadki bólów głowy,
- dziecko chce się położyć spać.

Silne migreny mogą szybko nawracać. Dziecko porzuci zabawki, zaszyje się w ciemnym kącie pokoju, położy i zaśnie. Ból głowy zazwyczaj ustaje po przebudzeniu. Jeśli utrzymuje się 2. dnia, mniej prawdopodobne, że to migrena.

Czy dzieci z tego wyrastają? Niektóre tak. Migrena może się utrzymać, zwłaszcza u dziewczynek, jeśli bóle głowy rozpoczęły się przed 6. rokiem życia i jeśli jest to choroba rodzinna. Na pocieszenie dodam, że migreny słabną, ale może to nastąpić dopiero w wieku średnim.

Czynniki wywołujące migrenę

U dzieci migrenę wywołują różne czynniki:

- stres,
- głód,
- ekstremalny wysiłek fizyczny, na przykład sporty drużynowe,
- niektóre pokarmy,
- okres dojrzałości, w którym dochodzi do zmian hormonalnych.

„Migrenowe bóle głowy, mimo że są bolesne i nieprzyjemne, nie wynikają z poważnej dolegliwości mózgu".

(Biblioteka Zdrowia Dziecięcego, Oxford University Press, 2007)

Przyczyną migreny często jest stres (albo w przypadku dojrzewających dziewczynek wzrost poziomu estrogenu tuż przed menstruacją).

CZY TO NAPIĘCIOWE BÓLE GŁOWY?

Wiadomość, że dziecko jest zestresowane, jest trochę niepokojąca, ale bóle spowodowane napięciem nie są niezwykłe u dzieci. Dobra wiadomość jest taka, że ten rodzaj bólu głowy najprawdopodobniej zniknie z czasem i przy odrobinie pomocy. Napięciowe bóle głowy charakteryzują się zazwyczaj następującymi cechami:

- raczej nie są pulsujące,
- są częste, mogą trwać od pół godziny do kilku dni,
- szyja jest napięta,
- ból jest raczej znośny niż bardzo silny,
- ból jest umiejscowiony na czole albo odczuwany jako ciasna opaska wokół głowy,
- raczej nie występują wymioty,

Dziecko będzie w stanie wykonywać codzienne czynności, ale będzie rozdrażnione sytuacją. Zamartwianie się bólami głowy tylko pogarsza sytuację.

Przypadłości te są niekiedy zwane psychosomatycznymi, co jest krzywdzące dla każdego dziecka odczuwającego prawdziwy ból. Bardzo często napięciowe bóle głowy są związane z problemami w szkole, na przykład znęcaniem się lub zbyt wieloma zajęciami pozaszkolnymi. Czy dolegliwości cudem ustępują w weekendy lub w czasie wakacji? Czy dziecko jest we wszystkim dobre, ale przytłoczone ilością prac domowych lub wieloma zajęciami dodatkowymi? Najnowsze badania wykazały, że bóle głowy związane

„Dzieci miewają te same rodzaje bólów głowy, co dorośli, chociaż objawy mogą się różnić".

(Mayo Clinic, 2007)

ze stresem szkolnym zdarzają się częściej w czasie 1. roku nauki. Powodem może być również napięcie w domu lub ważne wydarzenie, takie jak śmierć członka rodziny czy przeprowadzka. Dziecko może miewać częste bóle głowy tuż przed wejściem w okres dojrzewania, gdy wiele się w jego życiu dzieje. Zastanów się nad harmonogramem tygodnia dziecka i wszelkimi możliwymi czynnikami stresogennymi w jego życiu.

CZY COŚ INNEGO?

Większość dzieci, które trafiają do szpitala z silnym bólem głowy, przechodzi infekcję wirusową bądź oddechową. To zazwyczaj jednorazowa dolegliwość, która szybko mija. Gdy bóle głowy powracają, są zazwyczaj spowodowane migreną lub napięciem. Rzadziej przyczyna bywa inna.

NOWOTWÓR MÓZGU To twoja najgorsza obawa, chociaż jest on bardzo rzadki (występuje u 3 na 100 000 dzieci). W rzeczywistości to nie guz powoduje bóle głowy, ale podwyższone ciśnienie u podstawy czaszki spowodowane nagromadzeniem płynu.

W przypadku nowotworu oprócz bólu głowy dziecko będzie miało inne objawy.

- Zastanawiają cię ruchy dziecka? Dlaczego sprawia wrażenie zagubionego, niepewnie stoi na nogach?
- Dlaczego odchyla głowę?
- Dlaczego ma trudności z mówieniem?
- Osobowość dziecka także może się zmienić (czy jest ostatnio wyjątkowo nieznośne, miewa nagłe wybuchy złości?).

Ból będzie odczuwalny w różnych miejscach głowy. Najbardziej znaczące są:

- ból głowy, który budzi dziecko i jest najsilniejszy rano, ulega poprawie w ciągu dnia i znika, jeśli dziecko zwymiotuje,
- umiarkowane bóle głowy, które szybko przeszły w coraz cięższe i częstsze.

Częste bóle głowy, których charakter nie zmienił się w przeciągu ostatniego roku, raczej nie oznaczają nowotworu mózgu.

NIEZŁOŚLIWE NADCIŚNIENIE MIĘDZYCZASZKOWE jest dość rzadkie i niegroźne. Ciśnienie wewnątrz mózgu jest podwyższone, często bez żadnego powodu, a z pewnością nie na skutek jakiejkolwiek przeszkody.

Jego przyczyna może leżeć w lekach, zwłaszcza w przedawkowaniu witaminy A. Jednak objawy są podobne do nowotworu mózgu i (jeśli występują) dziecku będzie trzeba wykonać prześwietlenie w celu wykluczenia guza.

ZAPALENIE ZATOK Ból głowy przy zapaleniu zatok jest tępy i pulsujący, odczuwalny wokół kości policzkowych, pod oczami, a nie na czole. Może ulec pogorszeniu w czasie kaszlu lub pochylania głowy.

PROBLEMY Z PRZETOKĄ U dzieci z wodogłowiem, którym wszczepiono przetokę, zawsze sprawdzam, czy przetoka nie jest przyczyną dolegliwości.

PRZECIĄŻENIE OCZU wbrew powszechnej opinii nie jest częstą przyczyną bólów głowy, ale zawsze należy wykonać badanie wzroku.

Jak to działa?

Rodzice często postrzegają ból jako przejaw istnienia poważnego problemu. Czują, że musi się dziać coś niedobrego, skoro ból trwa tak długo. Tymczasem jest odwrotnie. Im krótszy ból, tym bardziej prawdopodobne, że przyczyna jest poważna. Ból to odczucie bardzo subiektywne, stąd określenie jego siły u dziecka może być trudne. Przypadłość słaba dla jednej osoby może okazać się gwałtowna dla innej. Naturalnie dwulatek odczuwa ból, ale jak ma go opisać? Może po prostu płakać lub się kołysać, ukryć w kącie pokoju lub być niegrzeczny. W przypadku przewlekłego bólu dzieci tracą niekiedy apetyt i mają trudności ze spaniem. Bardziej pomocne niż określenie siły jest monitorowanie, gdzie i kiedy ból się pojawia.

Co sprawia, że dziecko boli głowa? Przy migrenie dochodzi do zwężenia naczyń krwionośnych w głowie i szyi, a przez to do tymczasowego spadku przepływu krwi. Mózg kompensuje to, zwiększając przepływ krwi, a dodatkowe ciśnienie jest przyczyną pulsującego, migrenowego bólu. Wiele osób doświadcza tak zwanej aury (w formie błysków lub innych dziwnych odczuć), gdy naczynia zaczynają się zwężać. Jest to wczesny sygnał ostrzegawczy. Skłonności do migren zazwyczaj dziedziczy się po rodzicach.

CHARAKTERYSTYKA **BÓLU GŁOWY**

Lekarz musi poznać cechy charakterystyczne bólu. W tym celu zawsze radzę pacjentom, żeby zaczęli prowadzić dzienniczek bólów głowy, w którym będą zapisywać:

Długość trwania

Kiedy nadchodzi ból, czy stał się częstszy lub silniejszy?

Jak wygląda atak bólu?

Opisz, co dziecko odczuwa, gdzie ból jest umiejscowiony, jak długo trwa i czy towarzyszą mu inne objawy.

Czas występowania

Czy bóle głowy nadchodzą wieczorem, wczesnym ranem, wyłącznie w dni szkolne czy także w weekendy i w czasie wakacji?

Czynniki powodujące ból

Czy są jakieś czynniki, które wywołują ból głowy?
Czy w rodzinie nastąpiły jakieś poważne zmiany?

Reakcja dziecka

Co dziecko robi, żeby ulżyć bólowi? Kładzie się?
Czy od razu sięga po środek przeciwbólowy?

Stracone dni w szkole

To ważne, ponieważ może wiązać się z problemami w szkole.

Wypróbowane środki

Środki przeciwbólowe, zmiana diety, domowe sposoby i wszystko, czego spróbowaliście, żeby zwalczyć ból.

Wywiad rodzinny

Należy ustalić, czy migrena występuje w rodzinie, a także spisać wszelkie przypadki wylewów lub nowotworów mózgu.

Dziecko wymaga pełnego badania neurologicznego. Lekarz może je przeprowadzić we własnym gabinecie. Należy zbadać dokładnie wszystko: nerw czaszkowy i oczy, rozmiar głowy, wzrost i wagę na siatce centylowej, ciśnienie krwi, tętno, skórę (pod względem nieprawidłowych objawów), wzrok, oznaki pochylenia głowy, sposób chodzenia i odruchy ścięgien kończyn.

LECZENIE **W DOMU**

Zaprowadź koniecznie dziecko do lekarza w celu wykonania pełnego badania neurologicznego. Powinieneś prowadzić dzienniczek bólów głowy, żeby ustalić ich charakter. Po wykluczeniu wszelkich poważnych chorób pozostaje walka z czynnikami wywołującymi bóle, a w przypadku migreny – zastosowanie prostych środków przeciwbólowych.

Zawsze zaprowadź dziecko na wizytę kontrolną 4–6 tygodni po pierwszej wizycie.

NAPIĘCIOWY BÓL GŁOWY

- Znajdź przyczynę stresu, o ile to możliwe, i zrób coś w tej sprawie. Jeśli dziecko opuszcza szkołę, porozmawiaj z nauczycielem, żeby ustalić, gdzie tkwi problem. Czy dziecko jest prześladowane przez rówieśników, spędza wiele godzin nad pracami domowymi lub na zbyt wielu zajęciach pozalekcyjnych?
- Zachęcaj dziecko, żeby nie opuszczało szkoły. Porozmawiajcie o tym, co je martwi, i szukajcie wspólnie rozwiązań.
- Dodaj dziecku otuchy, zapewniając, że napięciowe bóle głowy nie są poważne. Wytłumacz, na czym polegają.
- Nie przyzwyczajaj dziecka do środków przeciwbólowych. Jeśli regularnie zażywa ono tabletki, spróbuj je ograniczyć. Zastąp je drażetkami do ssania, a dziecko być może nawet nie zauważy różnicy.
- Ćwiczenia relaksacyjne, joga, masaż, ćwiczenia na wolnym powietrzu, a nawet hipnoza są bardzo pomocne. Czasem działa też zmiana otoczenia.
- Herbaty ziołowe relaksują i są lepsze od napojów zawierających kofeinę.

MIGRENA

Najlepszym leczeniem migreny jest uprzedzenie jej ataku. Zazwyczaj środki przeciwbólowe oraz odpoczynek są wystarczające.

- Reaguj na pierwsze oznaki bólu głowy. Połóż dziecko w cichym pokoju z przyciemnionym światłem i podaj mu zwykłe środki przeciwbólowe, takie jak paracetamol lub ibuprofen.

- Zmniejsz czynniki związane ze stylem życia. Ile czasu dziecko spędza nad pracami domowymi, na oglądaniu telewizji itd.? O której godzinie kładzie się spać? (Dzieci cierpiące na migreny mają zazwyczaj zaburzenia snu, dlatego powinny chodzić spać o stałej porze).

- Przewiduj stresujące momenty, na przykład rozpoczęcie szkoły. Obserwuj pojawienie się pierwszych oznak migreny. Dodaj dziecku otuchy, gdy tego potrzebuje.

- Ogranicz pokarmy wywołujące migrenę. Mniej więcej jedna trzecia dzieci z migreną reaguje na określone potrawy, ale twoje dziecko niekoniecznie należy do tej grupy. Jeśli podejrzewasz dany pokarm, spróbuj go wycofać z diety. Do wywołujących bóle należą czekolada, owoce cytrusowe, orzechy, sery, wędliny, kofeina (również ta zawarta w słodzonych napojach gazowanych), jogurty, smażone potrawy i produkty zawierające glutaminian sodu.

- Dziecko powinno dużo pić.

- W przypadku silnego ataku (i jeśli dziecko ma ponad 12 lat) możesz niekiedy podać sumatriptan.

- Jeśli dziecko często opuszcza szkołę z powodu migren, lekarz może rozważyć przepisanie leków profilaktycznych. Badania nad zastosowaniem beta blokerów (propanololu) u dzieci wykazały, że leki te są niekiedy skuteczne, ale nie należy ich podawać astmatykom. Nowsze leki antyepileptyczne, takie jak gabapentin i topiramat, mogą być pomocne.

- Zioła (złocień maruna, miłorząb i korzenie waleriany) oraz witaminy (ryboflawina) są stosowane jako naturalne, alternatywne środki w leczeniu migreny. Niektórzy próbują akupunktury i hipnozy, z niewielkim sukcesem.

ALE

Gdy bóle głowy nagle się nasilą, zawsze wezwij lekarza.

PYTANIA i ODPOWIEDZI

- **Dziecko zaczęło miewać regularne bóle głowy. Zostało przebadane i lekarze twierdzą, że wszystko jest w normie, ale nie będę spokojna, dopóki nie zrobię dziecku prześwietlenia mózgu, żeby rozwiać wszelkie wątpliwości.**

Trudno zachować pozytywne myślenie, gdy strach spędza nam sen z powiek, ale jeśli dziecko przeszło pełne badanie neurologiczne, które nic nie wykazało, lekarze nie będą się spieszyć z wykonaniem badań obrazowych. Tomograf komputerowy wydziela promieniowanie równe 80 rentgenom klatki piersiowej, a prześwietlenie będzie dla dziecka dość przerażającym przeżyciem. Badanie to może dawać fałszywe poczucie bezpieczeństwa. Czy powtórzenie go będzie równie pilne, jeśli bóle głowy się zmienią? Jeżeli istnieje powód do obaw, zostanie uwidoczniony w wywiadzie lekarskim i dzięki opisom bólów głowy.

Około 30% tomografii komputerowych głowy wykonuje się wyłącznie dla uspokojenia rodziców, a nie dlatego, że są potrzebne. Tomografia jest zazwyczaj zalecana dzieciom, które do tej pory były zdrowe, a teraz cierpią na bóle głowy i mają jeden z opisanych poniżej objawów:

- zmianę w sposobie bycia,
- nieprawidłowy wynik badania neurologicznego lub badania wykonanego przez lekarza pierwszego kontaktu,
- częste wymioty,
- nieustający ból głowy tuż po przebudzeniu albo budzący dziecko ze snu,
- ciągłe wymioty po przebudzeniu się,
- badanie EEG, które wykazało zmiany napadowe lub zmiany ogniskowe.

BÓLE GŁOWY U NIEMOWLĄT

Niemowlęta rzadko miewają bóle głowy, chociaż trudno mieć co do tego pewność, bo przecież chorują na nowotwory mózgu i zapalenie opon mózgowych. Jeśli ciemiączko (miękkie miejsce w kształcie rombu na przodzie głowy dziecka) pulsuje, może to oznaczać, że występuje ucisk na mózg. W takiej sytuacji skontaktuj się koniecznie z lekarzem.

SYGNAŁY ALARMOWE

BÓLE GŁOWY, KTÓRE MNIE POWAŻNIE NIEPOKOJĄ

Dziecko ma od niedawna ból głowy i inne objawy typowe dla zapalenia opon mózgowych.

Ból głowy pojawia się głównie wcześnie rano.

Ból ustępuje lub zmniejsza się po wymiotach.

Dziecko chwieje się na nogach.

Ból głowy nasila się, jest coraz silniejszy i częstszy z każdym tygodniem.

Nawracające bóle głowy, które stają się coraz gorsze, zawsze mnie niepokoją. Nie martwię się aż tak bardzo, gdy bóle głowy nie zmieniły się w ciągu ostatniego roku, choć rodzice są wówczas bardzo zaniepokojeni. Najprawdopodobniej z bólem o stałym natężeniu nie wiążą się poważne problemy zdrowotne.

Tomografia komputerowa, rentgen czaszki i zatok rzadko są konieczne. Badanie neurologiczne i wywiad dotyczący bólów głowy wykażą wszelkie nieprawidłowości.

CZY TO NAWRACAJĄCE BÓLE BRZUCHA?

Podobnie jak w przypadku bólów głowy, nawracające bóle brzucha mogą wynikać ze stresu (dzieci rzadko wyrażają zmartwienia słowami). Dolegliwość ta dotyka 10% dzieci w dowolnym okresie życia. Atak bólu jest spowodowany skurczem jelit, a ponadto:

- ból jest umiejscowiony w okolicy pępka,
- często sprawia, że dziecko jest zmuszone opuszczać szkołę,
- nie budzi dziecka w nocy,

- może być związany z zatwardzeniem,
- może być dość częsty i silny.

Może sądzisz, że dziecko wymaga szczegółowego zbadania, żeby wykluczyć poważniejsze choroby. Jednak staraj się nie robić wszystkich możliwych wyników „na wszelki wypadek". O ile maluch nie ma objawów opisanych w sekcji Sygnały alarmowe (zob. s. 220), nie będzie wymagał dodatkowych badań. Mogą one nawet przynieść więcej złego niż dobrego. Dzieci nie planują bólów brzucha, ale skupienie się na nich może nasilić zachowanie rozpoczęte zupełnie niewinnie.

Dziecko wymaga szczegółowego obejrzenia przez dobrego lekarza i dużo otuchy, a nie stresujących badań. Przede wszystkim musi zrozumieć, że nie symuluje bólu.

Okazjonalny ból brzucha może być spowodowany zaparciami, dlatego upewnij się wcześniej, że dziecko nie ma problemów z oddawaniem stolca.

LECZENIE **W DOMU**

Dziecko z nawracającym lub silnym bólem brzucha powinien zawsze przebadać lekarz. W przypadku nawracających bólów brzucha:

- Szukaj potencjalnych sytuacji stresowych. Dlaczego dziecko jest zaniepokojone? Być może z powodu wydarzenia, które miało miejsce niedawno w jego życiu, na przykład śmierci bliskiej osoby czy przeprowadzki. Czy dziecko nie ma zbyt dużo prac do odrobienia albo zajęć pozalekcyjnych? Jeśli nie znajdujesz żadnej oczywistej przyczyny, spróbuj zapytać o nią otwarcie.
- Sprawdź, czy nikt się nad dzieckiem nie znęca w szkole.
- Nie pytaj dziecka, czy odczuwa ból, skoro samo o nim nie wspomina. Jeśli coś je boli, powie ci o tym.
- Naucz dziecko radzić sobie z bólem za pomocą relaksacji lub termoforu.
- Zachęcaj dziecko, żeby w miarę możliwości poszło do szkoły.
- Zmniejsz przeciążenie pracami do odrobienia lub zajęciami pozalekcyjnymi.
- Dziel się dobrymi wiadomościami. Jeśli dziecko ma nawracające bóle brzucha, powinno wiedzieć, że wokół dzieją się dobre rzeczy, z których wszyscy się cieszycie.

„Im dalej od pępka umiejscowiony jest ból, tym bardziej prawdopodobne, że jego przyczyna leży w strukturach ciała".

(prof. A. Nicholson, *Irish Medical Journal*, 2006)

PYTANIA i ODPOWIEDZI

Bóle brzucha córki są dość silne i częste. Czy to przypadkiem nie wyrostek robaczkowy?

Często słyszę to pytanie, ale nie wierzę w przypominający o sobie wyrostek robaczkowy. Zapalenie wyrostka nie pojawia się i nie znika, jest jednorazowe i nagłe. Przy ostrym ataku dziecko ma również inne objawy: złe samopoczucie, gorączkę, nudności, a ból utrzymuje się przez ponad 4 godziny. Ponadto brzuch boli, gdy lekko naciśniesz poniżej pępka.

SYGNAŁY ALARMOWE

POROZMAWIAJ Z LEKARZEM O BÓLACH BRZUCHA U DZIECKA, JEŚLI:

- dziecko traci na wadze,
- miewa regularnie gorączkę,
- miewa często biegunkę,
- w stolcu są ślady krwi,
- ból budzi dziecko w nocy,
- ból ujawnia się nie tylko w okolicy pępka.

WEZWIJ NATYCHMIAST LEKARZA, JEŚLI:

Dziecko odczuwa po raz pierwszy ból, który utrzymuje się przez kilka godzin, ma gorączkę i nudności albo wymioty. Jeśli ból występuje w okolicach pępka, po prawej stronie, może to być zapalenie wyrostka robaczkowego. Najmniejszy ucisk w tym miejscu sprawi dziecku silny ból.

ROZDZIAŁ 19

Zaburzenia snu

„Mój synek ma dopiero 3 latka i zaczął budzić się w nocy 3, 4 razy. Pojawia się regularnie pod drzwiami naszej sypialni. Czasami jestem tak zmęczona, że biorę go do łóżka. Nie wiem, co go budzi, ale ponowne zaśnięcie zajmuje mu nawet 20 minut. Jesteśmy wszyscy wyczerpani. Zastanawiam się teraz, czy nie pomógłby środek uspokajający".

Nocne marki

Kiedy będzie ci się wydawało, że nieprzespane noce są już za tobą, twoje dziecko zacznie mieć problem ze spaniem. Nastąpi to, zanim maluch ukończy 4. rok życia.

Nieprzespane noce nie są niczym niepokojącym (są jedynie męczące dla ciebie), dopóki dziecko jest niemowlakiem. Sytuacja powinna się ustabilizować, zanim skończy 6 miesięcy, w przeciwnym razie rodzicom może być dość ciężko.

- Tylko 2 na 10 dzieci zasypia bez pomocy.
- Układania się do snu można dziecka nauczyć od maleńkości.
- Niekiedy przyczyna problemów z zasypianiem ma podłoże zdrowotne.

Na szczęście większość trudności z zasypianiem mija stosunkowo szybko, a rodzice przebaczają i puszczają w niepamięć nieprzespane noce.

„Częstym problemem jest bezsenność behawioralna u dzieci".

(Amerykańska Akademia Medycyny Snu, dawniej Stowarzyszenie Zaburzeń Snu, 2006).

CZY TO PROBLEMY ZE SPANIEM?

Sen dziecka powinien odznaczać się następującymi cechami, odpowiednimi dla jego wieku.

NIEMOWLĘTA Noworodki śpią do 18 godzin dziennie. Przed ukończeniem 6 miesięcy liczba godzin snu dziennie spada do około 14 (włącznie z drzemkami w ciągu dnia). Noworodki budzą się w naturalny sposób do karmienia mniej więcej co 4 godziny, ale co godzinę przebudzają się na krótko. Około 3. miesiąca niektóre niemowlęta zaczynają przesypiać całą noc, jednak większość maluchów uczy się tego znacznie później.

DZIECI OD ROKU DO 2 LAT Cykl snu i czuwania staje się bardziej regularny: przebudzenie rano, czuwanie, popołudniowa drzemka, czuwanie, sen nocny. Ta naprzemienność wymaga, by dziecko kładło się spać już o 19 i spało do 12 godzin dziennie. Drzemki stają się coraz rzadsze, w miarę zbliżania się 3. urodzin.

DZIECI W WIEKU SZKOLNYM Dziecko śpi około 10 godzin w nocy. Po takim wypoczynku powinno budzić się pełne energii. Jak wszyscy ludzie, dzieci dzielą się na ranne ptaszki i nocne marki.

W rzeczywistości ilość snu, jakiej dziecko potrzebuje, może być bardzo różna. Spotykam dwulatki, którzy przesypiają 12 godzin bez przerwy w nocy i ucinają sobie jedną lub dwie drzemki w ciągu dnia, i takich, którzy przesypiają 8 godzin w nocy, a ich drzemki w ciągu dnia są bardzo krótkie. Żadne z tych dzieci nie ma zaburzeń snu. Krótkie spanie staje się problemem wyłącznie, gdy dzieci są zbyt zmęczone, żeby normalnie funkcjonować w ciągu dnia, a ty jesteś poważnie niewyspana.

Jeśli dziecko ma ponad 6 miesięcy i:

- płacze, gdy kładziesz je spać,
- otwarcie odmawia położenia się spać,
- budzi się w nocy,
- nalega na długą ceremonię układania go do snu,
- budzi się o 6. rano,

a wszyscy są wyczerpani, to mamy do czynienia z zaburzeniami snu.

CZY COŚ INNEGO?

Czasami zaburzenia snu mają podłoże zdrowotne: astma, bezdech nocny lub (bardzo rzadko) narkolepsja.

ZESPÓŁ BEZDECHU ŚRÓDSENNEGO Dziecko jest śpiące w ciągu dnia, oddycha przez usta i ma to wpływ na jego wyniki w szkole. Często budzi się w nocy i ciężko oddycha, następnie przestaje oddychać na mniej więcej 15 sekund. Dziecko może również spać w nietypowej pozycji oraz obficie się pocić. Najważniejszą wskazówką jest chrapanie.

Objawy te mogą oznaczać zespół bezdechu śródsennego, obstrukcję dróg oddechowych. Przyczyna tkwi niekiedy w powiększonych migdałach lub trzecim migdale, nadwadze, zespole Downa lub zespole Pierre'a Robina. Lekarze przebadają dziecko (zlecając prześwietlenie rentgenowskie i być może badanie snu). Jeśli zaburzenia są spowodowane trzecim migdałem lub powiększonymi migdałami, zostaną one usunięte. Bezdech w czasie snu nie uśmierci dziecka, ale nieleczony może prowadzić do problemów zdrowotnych. Dolegliwość ta pozostaje często niezauważona (badania przeprowadzone na 2000 osobach wykazały, że u większości dzieci nie zostaje ona rozpoznana przez ponad 3 lata!), gdyż objawia się często we wczesnych godzinach rannych, gdy rodzice śpią.

„Obturacyjny zespół bezdechu śródsennego jest często niezauważany u dzieci".

(dr C. C. Thiedke MD, Wydział Medycyny Rodzinnej, Uniwersytet Medyczny Południowej Karoliny AFP, 2001)

NARKOLEPSJA To ciężki sen. Zdaje się, że dziecku zawsze mało spania. Nawet po 10 godzinach spania w nocy dziecko przy pierwszej okazji, pod byle pretekstem zechce się zdrzemnąć. Co dziwniejsze, silne emocje, takie jak śmiech lub złość, zamiast ożywić, osłabią jego mięśnie i sprawią, że zaśnie. Narkolepsja dotyka głównie dzieci otyłe, ale jest na szczęście rzadka. Problem w tym, że dziecko wchodzi w fazę snu REM natychmiast po zaśnięciu (wykaże to EEG przeprowadzone w trakcie snu), co zaburza późniejszą fazę snu. Dlatego dziecko próbuje to nadrobić. Narkolepsja wymaga specjalistycznych badań i nie jest łatwa w leczeniu, chociaż leki stymulujące przynoszą efekty.

Jak to działa?

Sen składa się z kilku faz: sen lekki, sen głęboki, faza snu REM. Następnie krótkie przebudzenie, którego można nawet nie pamiętać, i cykl rozpoczyna się ponownie. Cykl snu u każdej osoby dorosłej trwa od 1,5 do 2 godzin. Cykl snu niemowląt jest o wiele krótszy, ale przed ukończeniem 6. miesiąca życia zaczyna przypominać cykl dorosłego i dziecko budzi się na krótko co 90 minut.

Podwzgórze w mózgu jest swego rodzaju czasomierzem. Reaguje na sygnały świetlne i reguluje czas oraz długość snu. Tuż przez zaśnięciem poziom melatoniny, hormonu wywołującego sen, rośnie. U nastolatków moment zwiększonej produkcji melatoniny przesuwa się na późniejszą godzinę, co tłumaczy, dlaczego trudno jest im zasnąć przed 22.30.

„Odpoczynek nocny" to niefortunne sformułowanie. Mózg dziecka jest bardzo aktywny w czasie snu, w szczególności w fazie REM. Wtedy to pamięć archiwizuje zgromadzone doświadczenia, co jest bardzo ważnym procesem. Dorośli spędzają blisko jedną czwartą nocy w fazie REM, niemowlęta 2 razy tyle. Zaśnięcie jednak nie jest łatwe. Należy stworzyć odpowiednie miejsce do spania. Dużą rolę odgrywa brak snu, rytm okołodobowy (zegar organizmu) i wystrój sypialni. Wiemy także, że gdy poziom energii spada, mózg wytwarza substancję chemiczną, adenozynę, sygnalizując organizmowi, żeby odpoczął.

Budzenie się w nocy

Budzenie się w nocy to nie problem. Małe dzieci naturalnie przebudzają się kilka razy, otwierają oczy i poruszają. Większość zaraz zaśnie ponownie. Problem powstaje, gdy dziecko nie zdoła usnąć samo. Wszystko zależy od tego, w jakich warunkach i okolicznościach dziecko ma zasnąć. Jak to się odbywa w waszym domu?

- Dziecko zawsze zasypia w innym pokoju, później zanosisz je do łóżka.
- Dziecko „pada" na kanapie, oglądając DVD.
- Zasypia podczas karmienia (piersią, butelką) lub ze smoczkiem.
- Śpi w waszej sypialni i budzi się, kiedy wy kładziecie się spać.
- Zasypia przy włączonym świetle.
- Chodzenie spać odbywa się w pośpiechu i nerwowej atmosferze.
- Maluch spędza dzień w żłobku lub przedszkolu i nie widział cię od śniadania.
- Jesteś niespokojna i co chwilę sprawdzasz, czy śpi, tym samym go wybudzając.

- Zostajesz z maluchem (może nawet go tulisz), dopóki nie uśnie.
- Dziecko przeszło poważny uraz psychiczny (pobyt w szpitalu, przeprowadzkę, zmianę przedszkola) i ciągle chciałoby być przytulane.
- Zdaje sobie sprawę, że spanie z mamą i tatą to świetna zabawa.

Badania nad snem wielokrotnie potwierdziły, że dzieci zasypiające samodzielnie częściej przesypiają całą noc. Miło jest pozwolić dziecku usnąć ci na rękach, ale najlepiej, gdy ostatnim obrazem na jawie będzie dla niego łóżko, w którym śpi, a nie twoja osoba. Budzenie się w nocy powinno być bardzo nudne. Jeśli się dziecku pod jakimś względem podoba, nie będzie chciało za żadne skarby z niego zrezygnować.

KOSZMARY I STRACHY NOCNE Dzieci zaczynają śnić od wczesnych lat i miewają koszmary, ale wyłącznie niewielka grupa miewa ataki paniki w nocy. Koszmary nocne zazwyczaj się pamięta, a nocne ataki paniki pozostają zwykle niewyjaśnione.

Koszmary przychodzą w ostatniej jednej trzeciej nocy, podczas fazy REM. Zwykle zaczynają się pomiędzy 3. a 6. rokiem życia. Dziecko budzi się zdenerwowane, ale łatwo daje się uspokoić. Przez kilka nocy może jednak się bać położyć ponownie do snu. Koszmary stają się problemem tylko, jeśli śnią się często, na przykład raz w tygodniu, i mają ten sam motyw przewodni. Po wypadku drogowym dziecko może miewać powracające koszmary przez 3 lata. Może też potrzebować pomocy psychologa.

Nocne stany lękowe to co innego. Przychodzą zazwyczaj mniej więcej 1,5 godziny po zaśnięciu (w momencie wejścia w fazę REM) i dziecko nie będzie ich pamiętać. Śpiący maluch często siada nagle na łóżku i zaczyna krzyczeć. Będzie bardzo przestraszony, jego źrenice będą powiększone, a oczy szeroko otwarte. Może się pocić, mieć wysokie tętno i głośno majaczyć. Odepchnie cię i nie pozwoli się przytulić, dopóki się nie obudzi. W końcu, a może to potrwać od kilku sekund do pół godziny, znowu zaśnie. Około 5% dzieci, głównie pomiędzy 3. a 11. rokiem życia, miewa nocne ataki lęku. Chociaż są to przerażające chwile dla rodzica, dzieci nie wydają się nimi specjalnie przejęte.

Jeśli dziecko regularnie miewa nocne ataki lęku, zapisuj te epizody w specjalnym dzienniku, żeby ustalić, kiedy najczęściej występują (mają tendencję do pojawiania się o tej samej porze). Jeśli spodziewasz się ataku o określonej porze, wybudź dziecko delikatnie ze snu 15 minut wcześniej. Powtarzaj tę czynność przez tydzień. Głęboką, powolną falę snu można również zablokować, używając leków benzodiazepinowych przez krótki okres, do momentu ustąpienia ataków.

UDERZANIE GŁOWĄ, PRZEWRACANIE SIĘ I ZGRZYTANIE ZĘBAMI Kolejna grupa to akrobaci: dzieci, które po prostu nie potrafią leżeć nieruchomo, czy to przed zaśnięciem, czy w czasie lekkiej drzemki. Kołysanie się i uderzanie głową rozpoczyna się często około 6. miesiąca życia. Dziecko kołysze rytmicznie głową z boku na bok, a nawet uderza nią o ściany łóżeczka. Może to robić także w nocy, gdy się budzi, o czym być może nie wiesz. Czy to oznaka problemów emocjonalnych? Nie. Jego mózg nie dozna też z tego powodu urazu. Wiele dzieci uderza się w głowę, ale do urazu mózgu potrzeba o wiele większej siły niż ta, którą dysponuje maluszek. Nie wiadomo dokładnie, dlaczego dzieci wykonują tego rodzaju ruchy, ale wiele z nich wyrośnie z tego nawyku zanim skończy 5 lat. Na razie ułóż po bokach łóżeczka coś miękkiego i ignoruj sytuację. Również zgrzytanie zębami można ignorować (to nawyk), ale gdy dziecko notorycznie zgrzyta, wypróbuj plastykową szynę do stosowania w nocy.

LUNATYZM Dziecko siada na łóżku, a następnie z szeroko otwartymi oczami wychodzi zdecydowanie, choć chwiejnie, z pokoju. Chodząc po domu, często mamrocze bez sensu. Słyszałem o dzieciach, które obudziły się na ulicy. Podobnie jak nocne ataki lęku, lunatyzm zdarza się najczęściej niedługo po zapadnięciu w sen, w momencie wejścia w fazę REM. Ponad 15% dzieci lunatykuje. Dolegliwość ta może się pojawić już u pięciolatków, ale występuje zwykle u dzieci między 10. a 12. rokiem życia. Lunatyzm powtarza się często w rodzinie, ale nie obwiniaj się o to. Zamknij drzwi wejściowe i zabezpiecz pokój dziecka oraz schody. Zazwyczaj lepiej nie budzić lunatykującego.

Technika kontrolowanego płaczu

Czasami wszystko zdaje się działać jak należy (regularność codziennych czynności, urządzenie sypialni itd.), ale mimo to dziecko miewa co pewien czas nocne ataki płaczu. Zazwyczaj nie dzieje się nic złego z wyjątkiem tego, że maluch zdał sobie sprawę, że kiedy płacze, ktoś przychodzi. Technika kontrolowanego płaczu uspokaja dziecko do momentu, gdy zrozumie ono, że płacz naprawdę nie popłaca.

- Dziecko budzi się o 3. nad ranem, płacze najpierw cicho, a następnie głośno.

- Pozwól mu popłakać przez 1–5 minut (w zależności od tego, ile możesz znieść).
- Pójdź do jego pokoju, obejmij je i przytul.
- Gdy się uspokoi, a płacz zamieni w ledwo słyszalne pochlipywanie, połóż je i odejdź.
- Być może od razu zacznie z powrotem płakać. Pozwól mu popłakać 2 minuty dłużej niż ostatnio. Później wejdź do pokoju i uspokój maluszka jak poprzednio. Jak tylko się uspokoi, odejdź.
- Za każdym razem, gdy dziecko płacze, zwiększaj czas oczekiwania o 2 minuty.
- Następnego dnia, powtórz tę procedurę. Tym razem odczekaj 10 minut przy pierwszym ataku płaczu, a później wydłużaj czekanie o 5 minut.
- Musisz być twarda. Oboje rodzice powinni akceptować tę metodę.
- Zacznij wprowadzać metodę kontrolowanego płaczu wyłącznie, jeżeli jesteś gotowa na kilka ciężkich nocy. Jeśli uda ci się konsekwentnie trzymać zasad, dziecko powinno przestać płakać w ciągu tygodnia lub dwóch, ale jeśli ktokolwiek odstąpi od planu, wrócisz do punktu wyjścia.

„Rodzice powinni podkreślać, że to oni decydują o tym, kiedy dziecko ma pójść spać, i trwać przy tej zasadzie, nawet jeśli dziecko stawia opór lub wydaje się pełne energii i ożywione".

(Amerykańska Akademia Leczenia Zaburzeń Sennych, 2006)

W Australii przeprowadzono pierwsze badania z grupą kontrolną i eksperymentalną na dzieciach w wieku od 6. do 12. miesięcy cierpiących na zaburzenia snu. Zastosowano strategię kontrolowanego płaczu, ustalonych pór snu i spania bez rodziców. W ciągu 2 miesięcy niemowlęta (i ich rodzice) spali jak nowo narodzeni.

Kontrolowany płacz przynosi rezultaty, jednak nie zalecam stosowania tej techniki u niemowląt.

LECZENIE **W DOMU**

W przypadku trudności ze spaniem u jedno-, dwulatków, zawsze należy przyjrzeć się wieczornym zwyczajom domowym. Najlepszy sposób na pójście spać to stopniowe spowolnienie rytmu, dziecko wycisza się i powoli zapada w sen. Jeśli w domu jest duży ruch, maluch nie będzie chciał spać. Dziecko potrzebuje regularnych pór zasypiania, sygnału, który każe mu zwolnić i podziała uspokajająco, ale przede wszystkim musi się nauczyć samodzielnie zasypiać.

„Przed ukończeniem 1. roku życia, 60–70% niemowląt będzie w stanie samodzielnie się uspokoić, jeśli dasz im szansę".

(dr C. C. Thiedke MD, Asystent Profesora, Wydział Medycyny Rodzinnej, Uniwersytet Medyczny w Południowej Karolinie, 2001)

JEŚLI DZIECKO MA TRUDNOŚCI Z ZASYPIANIEM:

+ Zacznij prowadzić dziennik zasypiania. W krótkim czasie uzyskasz dokładny obraz charakterystycznych cech i nawyków dotyczących chodzenia spać.
+ Ustal z dzieckiem, o ile to możliwe, o której godzinie powinno chodzić spać.
+ Przestrzegaj pór spania i namów wszystkich, włącznie z dziadkami, do ich przestrzegania. Nie zmieniaj godziny pójścia do łóżka w zależności od dnia. Gdy dziecko jest przemęczone, wykonanie najmniejszej czynności zamienia się w bitwę.
+ Dom, w którym wszyscy inni śpią, czyni sen o wiele atrakcyjniejszym. Zacznij wyciszać dziecko na 20 minut przed porą pójścia spać. Wyłącz telewizję i komputery (dopóki dziecko nie uśnie!), posprzątaj zabawki, przygaś światło. To zmniejszy przypływ adrenaliny. Dom powinien mieć aurę spokoju i pogody. Później pora na rytuały: kąpiel, mycie zębów, włożenie piżamy, kołysanka lub bajka, przytulenie na dobranoc.
+ Dziecko powinno zasypiać we własnym łóżku. Połóż go do łóżka, gdy jest śpiące, a nie gdy już śpi. Musi kojarzyć łóżko z układaniem się do snu.
+ Nie zostawaj z nim, dopóki nie zaśnie. Opuść zdecydowanie pokój po przeczytaniu dziecku bajki. Jeśli maluch nalega na twoją obecność, pokręć się po pokoju, sprzątając, ale nie rozmawiaj z nim. Sama twoja obecność doda mu otuchy.
+ Jeśli dziecko pojawia się w drzwiach waszej sypialni, weź je za rękę i zaprowadź do łóżka, konsekwentnie za każdym razem (noc w noc!), zdecydowanie i spokojnie. Kłótnie nie zadziałają – równają się zwracaniu uwagi, prawda? Wyznacz ostateczną godzinę, do której dziecko może prosić o napoje. Łyk wody przed pójściem spać powinien mu wystarczyć.
+ Wyłącz światło w sypialni dziecka, ale jeśli maluszek jest niespokojny, zostaw włączoną lampkę nocną. Niech od wczesnych lat przyzwyczaja się do dźwięków w pobliżu swojego pokoju: grającego radia, otwierania i zamykania drzwi, głosów na schodach. Nie chcesz przecież, żeby wpadało w przerażenie przy najmniejszym dźwięku.
+ Kontroluj drzemki dziecka, unikaj przysypiania w wieczornej porze (w miarę możliwości).
+ Unikaj podawania mu wieczorem napojów gazowanych (niektóre z nich zawierają kofeinę). Możesz za to podać szklankę mleka, żeby zasygnalizować, że zbliża się moment pójścia spać.
+ Wygodny kocyk lub przytulanka mogą stać się częścią rytuału zasypiania, gdy dziecko ukończy 18 miesięcy. Miś osłodzi moment rozsta-

nia z tobą. Jedyną jego wadą jest to, że kiedyś może się zgubić, dlatego zalecam zakupienie od razu dwóch.

+ W skrajnych przypadkach bezsenności zaleca się niekiedy zastosowanie środka uspokajającego (zwykle niewielkiej dawki antyhistaminy). Niechętnie go przepisuję, ale może on pomóc, pod warunkiem, że zmienisz nawyki chodzenia spać. W ciągu kilku tygodni należy odstawić lek.

+ Pamiętaj: dziecko chciałoby pewnie iść spać, ale jeśli dzieje się coś ciekawego, zechce w tym uczestniczyć.

GDY DZIECKO BUDZI SIĘ W NOCY I NIE DA SIĘ GO USPOKOIĆ

+ Przyjrzyj się otoczeniu. Często problem wynika z zaszłej zmiany. Czy poszło spać w innym miejscu albo czynnik sygnalizujący porę snu (na przykład butelka mleka) nie pojawił się tym razem?

+ Ułóż dziecko do spania w jego własnym łóżku.

+ Nie zabieraj go do swojego łóżka. Odprowadź je z powrotem do łóżeczka.

+ Nie nagradzaj chodzenia po nocy. Niech kontakt będzie krótki i bardzo nudny, a rozmowa i kontakt wzrokowy ograniczone do minimum. Jeśli dziecko potrzebuje otuchy, twoja obecność będzie wystarczająca.

+ Unikaj czynników wspomagających zasypianie w formie butelki mleka, smoczka lub karmienia piersią.

+ Unikaj przeszkadzania dziecku w nocy. Nie zmieniaj mu niepotrzebnie pieluchy, a po 6 miesiącach ogranicz nocne karmienia.

+ Wypróbuj technikę kontrolowanego płaczu, jeśli dziecko ma powyżej 6 miesięcy i regularnie budzi się w nocy.

+ Jeżeli przyczyna trudności w zasypianiu leży w jakimś traumatycznym doświadczeniu, możesz pozwolić dziecku spać w twojej sypialni przez tydzień, dopóki się nie uspokoi.

+ Jeśli jest was dwoje, zmieniajcie się na nocnym patrolu. To pomoże wam w nim wytrwać.

+ Jeśli dziecko jest rannym ptaszkiem (jest zupełnie wybudzone o 6.45), spróbuj ułożyć je na niskim tapczanie zamiast w łóżeczku. Może wtedy bezpiecznie z niego wstać i bawić się na podłodze. Nie dawaj mu jednak wielu zabawek, by go zbytnio nie stymulować. Zabezpiecz wcześniej pokój i schody.

Jeśli będziesz kołysać dziecko do snu o 19., prawdopodobnie będzie chciało być kołysane i o 3. Spróbuj z tego zrezygnować.

Dziennik snu dziecka

		Poniedziałek	Wtorek	Środa	Czwartek	Piątek	Sobota	Niedziela
DZIEŃ	**Rano**							
	Pora przebudzenia							
	Wszystkie drzemki							
	Pora zaśnięcia							
	Jak je uśpiłeś?							
	Jak długo dziecko spało?							
WIECZÓR								
	Pora zaśnięcia							
	Ile dziecku zajęło zaśnięcie?							
	Jak je uśpiłeś?							
W NOCY								
	Pierwsze przebudzenie w nocy							
	Pora przebudzenia							
	Na jak długo dziecko się obudziło?							
	Co zrobiłeś?							
	Drugie przebudzenie w nocy							
	Pora przebudzenia							
	Na jak długo dziecko się obudziło?							
	Co zrobiłeś?							
	Kolejne przebudzenia w nocy							
	Ile ich było?							
	Co zrobiłeś?							

PYTANIA i ODPOWIEDZI

Jak tylko zaprowadzę córkę na górę do łazienki, wydaje się pogodzona z rytuałem na dobranoc. Problem w tym, jak mam ją zaciągnąć na górę?

Moment pójścia do łóżka musi zawierać jakiś atrakcyjny element. Jaki jest twój zestaw na dobranoc i czy może konkurować z tym, co dzieje się w salonie? Wyzwanie polega na przekształceniu wieczoru w cenny czas spędzany z tobą: czas na relaks, pogawędkę na temat minionego dnia, wspólne czytanie bajek, przytulanie. Sytuacja w salonie powinna w miarę możliwości być mniej atrakcyjna.

Gdy dziecko pojawia się w naszym pokoju, najłatwiej jest wpuścić je do łóżka. Szczerze mówiąc, lubię ten moment. To zupełnie naturalne, więc co w tym złego?

Przytulanie się jest najbardziej naturalną rzeczą pod słońcem, dlatego jeśli nie przeszkadza ci, że dziecko budzi się w nocy, możesz je zabierać do waszego łóżka. Jednak przyzwyczajenie się do rutyny zasypiania zajmie wtedy maluchowi więcej czasu. Oczywiście możesz też go wyściskać i ułożyć do snu w jego własnym łóżku. Jeśli dziecko wcześnie wstaje i pojawia się w drzwiach sypialni o 6.30 albo w okolicy wstawania, nie zrobisz mu zbytniej krzywdy, wpuszczając je do łóżka, pod warunkiem że jest tam wystarczająco dużo miejsca.

Ktoś mi powiedział, że jeśli nakarmię dziecko płatkami zbożowymi przed spaniem, prześpi całą noc. Czy powinnam tak robić?

Większość babć zapewnia o skuteczności tej metody, natomiast wyniki badań nie są jednoznaczne. Nie ma pewności, czy wczesne wprowadzenie pokarmów stałych (na przykład płatków zbożowych) przyniesie pożądane efekty. Może za to spowodować u małego dziecka problemy z układem trawiennym. Lepiej poczekać aż skończy 4 miesiące.

„Nie ma przekonujących dowodów, że dodawanie płatków zbożowych do wieczornej porcji mleka przy karmieniu butelką pomaga dzieciom przesypiać noc".

(Fomon, 1993; Macknin i in., 1989)

Syn ma 10 lat i wydaje się zbyt młody, żeby chrapać, a jednak chrapie. Jaka jest tego przyczyna?

Dziecko chrapie, gdyż tkanki w jego krtani wibrują albo drogi nosowe są niedrożne. Chrapanie może być chorobą rodzinną i ryzyko jest wyższe, jeśli ty chrapiesz. Może być także związane z alergią. Niedawno przeprowadzone badania wykazały, że w przypadku małych alergików ryzyko chrapania 3 razy w tygodniu jest dwukrotnie wyższe niż u dzieci zdrowych. Jeżeli dziecko ma nadwagę, ryzyko, że będzie chrapać, także jest podwyższone.

Chrapanie nie jest niczym nietypowym i około 20% dzieci czasem chrapie. Zrzucenie paru kilogramów (jeżeli waga stanowi problem) lub spanie na boku złagodzą tę dolegliwość.

Chrapanie jest jednak najczęstszym objawem problemu zdrowotnego – bezdechu śródsennego – i jeśli występuje regularnie, dziecko powinno zostać przebadane przez lekarza lub specjalistę od zaburzeń snu.

- **Mój syn kilka miesięcy temu został zaatakowany przez psa. Do tej pory budzi się czasami w nocy zlany potem, chyba miewa koszmary. Co powinnam zrobić?**

Koszmary mogą być następstwem tragicznego wydarzenia i utrzymywać się przez pewien czas. Przekonaj się jednak, czy nie są to nocne ataki lęku. W przypadku koszmaru dziecko będzie pamiętać, o czym śniło. Niestety na złe sny nie ma żadnego cudownego środka z wyjątkiem dodania dziecku otuchy. Jeśli koszmary utrzymują się przez rok, rozważ zwrócenie się do psychologa.

SEN NIEMOWLĘCY

„Dowiedziono, że kładzenie niemowląt do spania na plecach zmniejsza ryzyko nagłej śmierci łóżeczkowej".

(Krajowy Instytut Zdrowia Dziecka i Rozwoju Człowieka, USA, 2003)

- Przez 6 pierwszych miesięcy życia niemowlę nie ma trudności ze spaniem. Jego rytm snu jest nieregularny ze względu na nie do końca ustalony rytm karmienia oraz rytm okołodobowy. Dzieci karmione piersią częściej budzą się w nocy.
- Wielka dyskusja na temat pór zasypiania u niemowląt trwa. Czy decydować ma niemowlę, czy rodzic? Moja rada brzmi: należy wybrać podejście, które jest dla ciebie odpowiednie. Nie jestem zagorzałym zwolennikiem stosowania surowych zasad w przypadku niemowląt, ale jeśli koniecznie potrzebujesz, żeby dziecko przesypiało noc, możesz ich spróbować.
- Wierzę, że należy pomagać niemowlętom uczyć się, jak zasypiać samodzielnie. Wprowadź zasady chodzenia spać, gdy maluch zacznie 6. miesiąc życia.
  - Ułóż dziecko do snu w jego własnym łóżeczku, gdy jest śpiące, a nie, gdy już śpi. (Odradza się sypianie w jednym łóżku z bardzo małym dzieckiem).
  - Choć nie jest to łatwe, nie pozwalaj mu zasypiać w czasie karmienia butelką, piersią albo ze smoczkiem.
  - Zawsze oddzielaj noc od dnia. Na drzemkę układaj malucha w innym łóżeczku i pokoju.
  - Niech wieczorne karmienie będzie spokojne.
- Nie zalecam techniki kontrolowanego płaczu w przypadku dzieci poniżej 6. miesiąca życia.

SYGNAŁY ALARMOWE

Porozmawiaj z lekarzem, jeżeli dziecko ma objawy bezdechu śródsennego lub narkolepsji. Być może konieczna będzie wizyta u specjalisty.

ROZDZIAŁ 20

Drogi moczowe i moczenie się

„Córka ma 6 lat, umie korzystać z ubikacji i dobrze się zaaklimatyzowała w tym roku w klasie. Teraz jednak zaczęła moczyć bieliznę w szkole. Jest tym bardzo zmartwiona, ale nie możemy jej nauczyć chodzenia regularnie do toalety. Przeszła ostatnio infekcję nerek i zastanawiamy się, czy to może być przyczyna moczenia się. A może dziecko się czymś martwi?"

Moczenie się i infekcje

Moczenie się jest zmartwieniem wielu rodziców, którym wydaje się, że nauka korzystania z toalety jest już za nimi. Dlaczego dziecko wciąż się moczy, chociaż dawno wyrosło z pieluszek?

To bardzo powszechny, ale często nierozumiany problem. W większości przypadków moczenie się można usunąć przy odrobinie motywacji i dużej dawce terapii behawioralnej, choć czasami może być to objaw infekcji.

- Moczenie nocne nie jest czymś nietypowym: 15% pięciolatków wciąż moczy się w nocy.
- Jeśli dziecko nauczyło się korzystać z toalety, zatrzymywanie moczu jest najczęstszą przyczyną dziennych incydentów moczenia się.
- Powstrzymywanie moczu powoduje infekcje dróg moczowych.

- Niemowlęta cierpiące na infekcje dróg moczowych są bardziej narażone na problemy zdrowotne.
- Jeśli podejrzewasz infekcję dróg moczowych, skontaktuj się z lekarzem. U starszych dzieci są one rzadsze, ale i tak wymagają wizyty u lekarza.

CZY TO INFEKCJA DRÓG MOCZOWYCH?

Infekcję dróg moczowych trudno niekiedy rozpoznać u małych dzieci. W odróżnieniu od dorosłych nie ma klarownych wskazówek świadczących o infekcji. Dziecko może wyglądać na chore, wymiotować i mieć biegunkę, ale przyczyna może być inna. Mocz dziecka nie wyróżnia się zazwyczaj zapachem. A jego oddawanie (zwłaszcza jeśli dziecko jest małe) nie musi być bolesne.

- Najlepszą wskazówką jest niewytłumaczalna gorączka.
- W przypadku dzieci do 2. roku życia, u których temperatura wynosi 38°C lub więcej (bez żadnych innych wyraźnych objawów, na przykład opuchniętego ucha), należy zbadać mocz.
- Starsze dzieci czasami okazują się pomocne, skarżąc się na niektóre klasyczne objawy: ból kręgosłupa i brzucha, gorączkę, częste oddawanie moczu i krew w moczu.

Należy ustalić, dlaczego dziecko ma infekcję. Lekarz wyśle próbkę pobranego moczu do laboratorium. Jeśli badanie wykaże jakąkolwiek nieprawidłowość, lekarz na wszelki wypadek przepisze antybiotyki.

Jak to działa?

Układ moczowy jest złożonym układem. To grupa narządów (nerki, pęcherz i łączące je przewody: moczowód oraz cewka moczowa), które filtrują krew, przechowują usunięte toksyny w postaci moczu i następnie wydalają go. Dziecko uczy się kontrolować działanie układu moczowego, gdy osiąga pełną kontrolę nad pęcherzem, zwykle pomiędzy 3. a 4. rokiem życia. Najpierw uczy się rozpoznawać, kiedy pęcherz jest pełny, następnie jak przetrzymywać mocz, a na końcu – jak opróżnić (lub utrzymać) zawartość pęcherza w odpowiednim momencie.

ODDAWANIE MOCZU U DZIEWCZYNEK

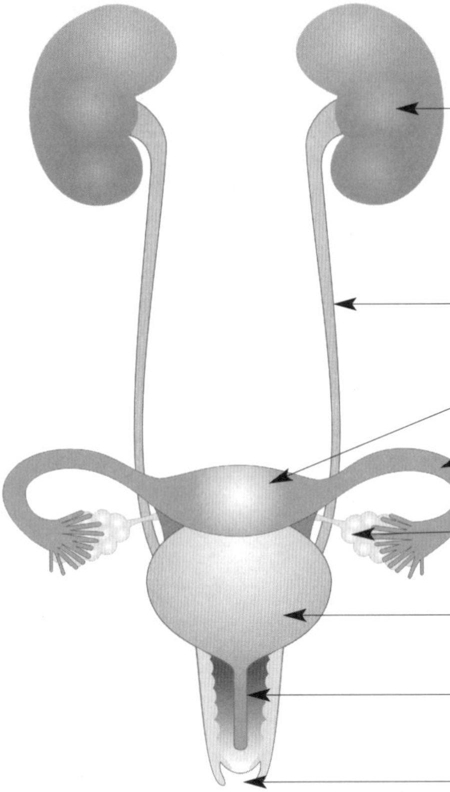

Zdrowy mocz jest sterylny. Bakterie dostają się jednak czasem do pęcherza. Są to najczęściej bakterie *Escherichia coli*, które wędrują od odbytnicy i są w większości wydalane z moczem. Problemy zaczynają się, gdy bakterie zdołają się namnożyć. Dzieje się tak zazwyczaj wtedy, gdy mocz jest przetrzymywany dłużej niż zwykle, tworząc w pęcherzu niezmącony zbiornik. Bakterie zaczynają się mnożyć, narządy wewnętrzne bronią się, pojawia się stan zapalny i dziecko dostaje infekcji dróg moczowych. Infekcje te dzielą się na odmiedniczkowe zapalenie nerek (obejmuje nerki) i zapalenie pęcherza moczowego (dotyczy pęcherza). Zapalenie nerek jest poważniejsze niż infekcja pęcherza, ponieważ istnieje ryzyko uszkodzenia nerek, jeśli choroba nie zostanie odpowiednio szybko wyleczona.

Co powoduje, że mocz jest przechowywany dłużej?

Picie niewystarczającej ilości płynów (paradoksalnie). Im więcej dziecko pije, tym więcej wydali moczu. To przepłukuje układ moczowy i obniża ryzyko ataku bakterii.

Nieprawidłowość anatomiczna. Coś powstrzymuje mocz. To częstsze u dzieci niemających roku: około 40% z nich cierpi na refluks pęcherzowo-moczowodowy (mocz zamiast płynąć z pęcherza w dół, do ujścia, wraca i płynie w kierunku nerek). Niekiedy zdarza się, że któryś element układu moczowego jest niedrożny. Niektóre dzieci mają też nieprawidłowo zbudowane nerki.

Trudności w łazience. Problemy z przetrzymywaniem moczu miewa 40% dzieci potrafiących korzystać z toalety, które dostają infekcji układu moczowego. Jeśli dziecko miewa regularne infekcje, zapewne ich przyczyna tkwi w powstrzymywaniu moczu.

A jeśli ty miałeś infekcje dróg moczowych, ryzyko wystąpienia ich u dziecka wzrasta.

LECZENIE **W DOMU**

INFEKCJA UKŁADU MOCZOWEGO

Jest to choroba, której nie możesz leczyć sama, gdyż ryzyko powikłań jest zbyt wielkie. Dziecko wymaga wizyty u lekarza i kuracji antybiotykowej, a także badania USG nerek. Dzieci do 6. miesiąca życia (albo w przypadku ciężkiej infekcji) są hospitalizowane w celu leczenia oraz przeprowadzenia badań. Możesz jednak pomóc zapobiec przyszłym infekcjom dróg moczowych:

- Obserwuj, jak często dziecko chodzi do toalety. Powinno oddawać mocz co najmniej 5 razy dziennie i mieć wystarczająco dużo czasu na pełne opróżnienie pęcherza.
- Sprawdź, czy nie cierpi na zaparcia. To może je zachęcić do powstrzymywania moczu.

- Niech picie codziennie dużej ilości wody stanie się nawykiem w waszym domu. Pomoże to przepłukać pęcherz.
- Koniecznie naucz malucha odpowiedniego podcierania się po skorzystaniu z toalety: od przodu do tyłu. To dobra zasada higieny.
- Sok z żurawiny jest naturalnym lekiem na wszystko. Wykazano, że odstrasza bakterie, podnosząc poziom kwasów w moczu, i zapobiega ich przyleganiu do ścian dróg moczowych. To z pewnością metoda bezpieczna i warta spróbowania, chociaż najnowsze badania rzuciły na nią cień wątpliwości.
- Nie ma potrzeby, żeby dziecko rezygnowało z basenu. Wiemy, że woda nie dostaje się do pęcherza.
- Obrzezani chłopcy rzadziej nabawiają się infekcji, ale zanim pobiegniesz do przychodni, domagając się zabiegu u syna, pamiętaj, że dzięki niemu tylko 1 chłopiec na 200 unika choroby. Obrzezanie jest operacją wiążąca się z ryzykiem. Przeprowadza się ją zazwyczaj u chłopców z ciężkim refluksem albo dolegliwościami napletka.

CZY TO MOCZENIE SIĘ?

- Moczenie nocne stwierdza się oficjalnie, gdy dziecko skończyło 5 lat i wciąż ma ten problem. Nigdy nie było zupełnie suche w nocy albo było suche przez 6 miesięcy, a teraz znów zaczęło się moczyć.
- Moczenie się w ciągu dnia to zupełnie inny problem. Dziecku zdarzają się takie wypadki, gdy już myślałaś, że potrafi korzystać z toalety. Kiedy nagle bardzo spieszy się do ubikacji, zwykle po długim niekorzystaniu z niej najczęściej jest już za późno.
- Chłopcy częściej moczą się w nocy, a dziewczynki niemal wyłącznie w dzień.

Jak to działa?

Rodzice często sprowadzają nocne moczenie się do lenistwa, zbyt głębokiego snu lub problemów emocjonalnych. Bardzo niewielu z nich postrzega moczenie jako problem zdrowotny i szuka pomocy u lekarza. Z odpowiednim podejściem ze strony rodziców dolegliwość ta ustąpi w ciągu kilku miesięcy. Nieudolne radzenie sobie z problemem może spowodować, że wszystko się znacznie przedłuży.

Najważniejszą kwestią w moczeniu się jest to, że jest ono bezwarunkowe – dziecko nie robi tego celowo. To problem neurorozwojowy, który rozwiąże się z czasem, chociaż podjęcie prostych środków może pomóc. Przyczyna moczenia się jest nieco bardziej skomplikowana, niż sądzi większość osób.

Znacząca część dzieci moczy się, gdyż produkuje w nocy więcej moczu niż inni albo ma pęcherz o niewielkiej pojemności. Niektóre śpią zbyt głęboko i nie zdają sobie sprawy z pełnego pęcherza. Naturalnie dziecko może być do tego genetycznie predysponowane (niemal połowa moczących się dzieci ma rodzica, który miał ten sam problem). Najnowsze badania wykazały, że mała pojemność pęcherza może być dziedziczna. W niektórych przypadkach epizody moczenia się powoduje stresujące wydarzenie – wypadek lub nowe dziecko w rodzinie – ale przyczyny większości problemów z moczeniem nie leżą w emocjach.

Zazwyczaj w nocy ciało podwyższa poziom hormonu przeciwdiuretycznego. To powoduje, że nerki wchłaniają więcej wody i redukują w ten sposób ilość wytwarzanego moczu. Niektórym moczącym się dzieciom brakuje jednak naturalnego rytmu okołodobowego, dzięki któremu zwiększa się produkcja hormonu i w nocy wytwarzają się te same ilości moczu, co za dnia. Jeśli dziecko moczy się tuż po zaśnięciu (albo zostawia na łóżku wielką plamę moczu), to jest to prawdopodobna przyczyna. Dziecko przesypia zazwyczaj cały incydent, podczas gdy osoba z małym pęcherzem się budzi. Dzieciom powyżej 8 lat można niekiedy podawać syntetyczny hormon przeciwmoczopędny (zwany desmopresyną), który zmniejsza ilość produkowanego w nocy moczu. Badania potwierdziły znaczną skuteczność leku.

Dzienne epizody moczenia to zwykle problem dotyczący nawyków wypróżniania się. Dziecko powstrzymuje mocz, gdyż zajęcia w przedszkolu są zbyt ekscytujące, żeby je opuścić, albo dlatego, że nie lubi korzystać ze szkolnej toalety. Gdy idzie do łazienki, załatwia się w pośpiechu i jego pęcherz jest opróżniony tylko do połowy. To dość poważny problem, który często bywa niezauważony. Duże ryzyko stanowi wówczas infekcja układu moczowego.

„Rodzice powinni pamiętać, że moczenie się to problem zdrowotny wywołany brakiem komunikacji pomiędzy mózgiem a pęcherzem dziecka w nocy".

(dr H. Bennett, Profesor Pediatrii Klinicznej przy George Washington University Medical Centre, AAP, 2007)

LECZENIE **W DOMU**

MOCZENIE SIĘ

Możesz nie robić nic. U większości moczących się w nocy pięciolatków dolegliwość ta ostatecznie ustanie samoistnie, chociaż może to trochę potrwać. Jeśli jesteś bardziej niż dziecko zainteresowany znalezieniem rozwiązania, przedsięwzięcie zakończy się zapewne niepowodzeniem.

Wypróbuj kilka opisanych poniżej metod leczenia przez kilka tygodni. Zalecam użycie specjalnego alarmu i leków wyłącznie, gdy nic innego nie przynosi skutku.

+ Wyrzuć pieluchy, jeśli dziecko uczy się korzystać z ubikacji, gdyż sprawiają, że maluch jeszcze bardziej się do nich przyzwyczaja.

+ Nigdy nie karz dziecka, które się moczy, chyba że chcesz przedłużyć trwanie problemu. Lepiej niech ono przejmie inicjatywę w kampanii na rzecz suchości i dostaje nagrody za swoje sukcesy. Zachęcaj dziecko do samodzielnej zmiany pościeli pod twoim dyskretnym nadzorem.

+ Wyklucz stres. Powrót do moczenia się następuje czasami na skutek stresującego wydarzenia.

+ Zmień pory podawania dziecku płynów. Powinno wypić 40% płynów rano, 40% po południu i jedynie 20% wieczorem. Zakaż picia napojów zawierających kofeinę, takich jak cola. Gorąca czekolada, herbata i czysty sok owocowy mogą podrażniać pęcherz, więc ich także unikaj, ale nie zakazuj całkowicie picia po 18., bo to nie przynosi rezultatów.

+ Postaraj się dziecko zmotywować. Dla dzieci pięcioletnich lub starszych pomocne jest wprowadzenie systemu nagród za suche noce (na przykład tablicy z gwiazdkami), ale musisz przy niej wytrwać przez 3–6 miesięcy. Niektórym malcom pomagają bajki lub kreskówki o moczeniu się. Oświetl drogę dziecka do łazienki, żeby łatwo mogło do niej trafić w nocy.

+ Trening wypróżniania pęcherza może pomóc nauczyć dziecko oddawania moczu tylko, gdy pęcherz jest pełny. Naucz je utrzymywać mocz dłużej, gdy czuje potrzebę skorzystania z toalety. Możesz nawet badać raz na tydzień robione postępy za pomocą słoika pomiarów (stosowanie tylko tej metody wyleczy 35% moczących się dzieci).

+ W niektórych przypadkach sprawdza się budzik. Dziecko jest budzone po 2–3 godzinach po zaśnięciu, żeby skorzystać z toalety, bez względu na to, czy jest mokre czy suche.

+ Pozostań przy nowych zwyczajach, dopóki dziecko nie jest zupełnie suche. Zajmie to miesiące, nie tygodnie.

+ Zawsze nakładaj ochronną powłokę na materac dziecka, dopóki moczenie się nie ustanie.

+ Terapie alternatywne, takie jak hipnoza, psychoterapia i akupunktura, można wypróbować, aczkolwiek badania wykazały, że ich skuteczność w leczeniu nocnego moczenia się jest niewielka.

+ Stosuj alarm wybudzeniowy. Jego skuteczność jest bardzo wysoka (wynosi 70%), ale najlepiej sprawdza się u dzieci do lat 8. Działa poprzez warunkowanie. Alarm jest przymocowany do majtek dziecka i włącza się, gdy rozpozna mocz. Dziecko budzi się wtedy i idzie do ubikacji. Po 3 kolejnych tygodniach suchych nocy można z niego zrezygnować. Przygotuj się na kilkakrotne wstawanie w nocy podczas jego stosowania i na to, że przez kilka pierwszych dni będziesz prawdopodobnie musiał dziecko budzić, gdy alarm się włączy. Najlepiej, żeby odpowiedzialność za korzystanie z alarmu spoczywała na dziecku. Niech sprawdza go przed każdym pójściem spać, wyłącza, gdy ten dzwoni, i ustawia ponownie.

+ Farmakoterapia moczenia nocnego (na przykład desmopresyną) jest zalecana wyłącznie w przypadku dzieci po 8. roku życia, u których żadne inne sposoby nie przynoszą efektów. Leki te zmniejszą ilość produkowanego moczu nocnego, ale niektóre dzieci po ich odstawieniu zaczną się ponownie moczyć. Farmaceutyki mogą być dobre do krótkotrwałego stosowania, na przykład na wycieczkę w weekend lub nocleg u znajomych.

+ Musisz dziecko motywować do włożenia odrobiny wysiłku w rozwiązanie problemu moczenia się.

DZIENNE MOCZENIE SIĘ

+ Dziecko musi koniecznie nauczyć się radzić sobie z problemem nie tylko ze względów estetycznych. Powstrzymywanie moczu spowoduje w końcu infekcję dróg moczowych.

+ Zacznij trening regularnego opróżniania pęcherza. Dziecko musi oddawać mocz co najmniej co 3 godziny. Sprawdzaj, czy poświęca wystarczającą ilość czasu na pełne opróżnienie pęcherza. Wypróbuj metodę podwójnego opróżniania się. Niech dziecko spróbuje ponownie oddać mocz, gdy zdaje mu się, że właśnie skończyło.

+ Nie dopuść, żeby dziecko miewało zaparcia. To sprawi, że będzie jeszcze bardziej powstrzymywać mocz.

+ Unikaj napojów gazowanych. Podrażniają pęcherz, podobnie jak niektóre soki. Najlepszym napojem jest zawsze woda.

+ Motywuj dziecko. System nagród skutecznie pomaga dzieciom, które moczą się w ciągu dnia.

PYTANIA i ODPOWIEDZI

Córka ma infekcję nerek, ale nie chcę, żeby przechodziła przez wiele badań szpitalnych. Czy są one rzeczywiście konieczne?

Odpowiedź brzmi „tak", zwłaszcza jeśli ma mniej niż 6 miesięcy. Należy koniecznie ustalić, czy dziecko nie cierpi na refluks pęcherzowo-moczowodowy. Jeżeli tego nie sprawdzisz, a córka będzie miewała nawracające infekcje dróg moczowych, nerki mogą ulec uszkodzeniu. Badania mogą również wykazać nieprawidłowość w budowie nerek. Infekcje nerek u małych dzieci, zwłaszcza niemowląt, należy traktować z wielką powagą. Jeżeli dziecko ma ponad rok, może wymagać jedynie wykonania USG. Jeżeli jednak badanie wykaże jakąkolwiek nieprawidłowość, będzie musiało przejść dodatkowe badania. Należą do nich między innymi cystouretrogram mikcyjny pęcherza i DSMA lub MAG3 nerek.

Córka przeszła kilka infekcji dróg moczowych. Czy spowodują one długotrwałe uszkodzenie nerek?

Zazwyczaj nie. Jeżeli infekcje były wywołane trudnościami z oddawaniem moczu i udało ci się to rozwiązać, prognoza jest bardzo optymistyczna. Nerki ani pęcherz najprawdopodobniej nie zostały uszkodzone. Jeśli jednak dziecko cierpi na refluks pęcherzowo-moczowodowy, sytuacja jest bardziej niepokojąca. Im wcześniej wykryjemy i zaczniemy leczyć refluks, tym większe szanse, że dziecko uniknie uszkodzenia nerek.

Największym zmartwieniem dotyczącym infekcji dróg moczowych jest fakt, że stan zapalny może pozostawić na nerkach blizny. Ryzyko, że tak się stanie, wynosi 10%. Oznacza to podwyższone ryzyko nadciśnienia, a nawet niewydolności nerek w dorosłym życiu. Jeśli prześwietlenie wykaże blizny na nerkach, dziecko będzie wymagało corocznego badania ciśnienia krwi przez resztę życia.

Co się stanie, jeżeli lekarze wykryją, że dziecko ma refluks z pęcherza?

Operacje korekcyjne refluksu pęcherzowo-moczowodowego są obecnie mniej popularne niż dawniej. Jest to spowodowane faktem, iż podawanie na noc antybiotyków równie skutecznie zapobiega pojawieniu się blizn na nerkach. Refluks zazwyczaj ustępuje samoistnie, o ile nie jest to ciężka postać wymagająca operacji.

DROGI MOCZOWE U NIEMOWLĄT

- Infekcje moczowe u niemowląt są bardzo niepokojące, ponieważ wiążą się z ryzykiem poważnej choroby. Należy natychmiast je podejrzewać, gdy dziecko w pierwszym roku życia ma temperaturę z niewyjaśnionych przyczyn.
- Skontaktuj się natychmiast z lekarzem w razie jakichkolwiek wątpliwości.

SYGNAŁY ALARMOWE

ZAPROWADŹ DZIECKO DO LEKARZA, JEŚLI:

ma mniej niż 2 lata, słaby apetyt i gorączkę z niewyjaśnionej przyczyny,

ma mniej niż 2 lata oraz gorączkę z nieokreślonej przyczyny, miewa regularnie niewyjaśnione stany gorączkowe,

strumień moczu jest słaby,

ma kilka innych klasycznych objawów infekcji układu moczowego (bóle kręgosłupa i brzucha, częstomocz i krew w moczu).

Część 2

Zdrowe dziecko

Czego się spodziewać, gdy twoje dziecko rośnie?

ROZDZIAŁ 21

„Panie doktorze, czy to normalne?" O co pytają świeżo upieczeni rodzice

Częste pytania

Rozpoznanie, co jest prawidłowe w rozwoju dziecka, jest niekiedy trudne, zwłaszcza w przypadku pierworodnego. Chcąc pomóc, wybrałem pytania, które najczęściej słyszę od rodziców w trakcie wizyt.

▪ **Mój nowo narodzony syn jest piękny i wygląda normalnie, ale skąd mam wiedzieć, że jest zdrowy?**

To być może najczęściej zadawane pytanie. Nowo narodzone dziecko zostaje w pełni przebadane, zanim opuści szpital. Przechodzi szybkie badanie tuż po urodzeniu i formalne badanie zwykle drugiego dnia po porodzie. Wszelkie nieprawidłowości powinny zostać wykryte, zanim ty i dziecko zostaniecie wypisani z placówki. Jeśli zostaną wykryte jakiekolwiek niepokojące objawy, zostaniesz o tym poinformowana.

Moim zdaniem najważniejsze badania szpitalne to badanie serca (osłuchanie pod kątem szmerów i wyczucie pulsacji), bioder (biodra mogą być luźne lub niestabilne) i oczu (katarakty, mimo że są rzadkie, mogą zostać wykryte). Badając noworodka, zawsze pytam, czy u bliskich członków rodziny nie wystąpił przypadek dysplazji biodra lub choroby serca u noworodków, gdyż oba powtarzają się w rodzinie.

Jeżeli w rodzinie są przypadki dysplazji biodra, dziecku wykonuje się badanie ultrasonograficzne albo rentgenowskie. Zarówno biodra, jak i serce są ponownie kontrolowane, zanim dziecko ukończy 6 tygodni. Zapewne się zdziwisz, słysząc że 3% noworodków rodzi się z jakimś problemem zdrowotnym. Są to na szczęście zazwyczaj rzeczy niewielkie. Najczęstszy problem to niezstępujące jądra, zajęcza warga lub rozszczep podniebienia, szmery w sercu, zniekształcenie stopy lub dysplazja bioder. Drobne przebarwienia, takie jak naczyniaki, są bardzo częste i bledną z czasem.

Jaka jest prawidłowa waga, obwód głowy i długość noworodka?

Ze względu na zdrowsze ciąże noworodki ważą i mierzą więcej niż 30 lat temu, więc dziadkowie mogą niekiedy być zaskoczeni.

Średnie wymiary dzieci tuż po porodzie są następujące:

- waga 3500 gram,
- długość 50 centymetrów,
- obwód głowy 35 centymetrów.

Prowadź własny dziennik z wymiarami i uzupełniaj go w miarę rozwoju dziecka. To bardzo pomocne w śledzeniu postępów maluszka.

Moje dziecko ma dużą głowę i jest z tego powodu monitorowane. Czy powinnam się martwić?

Odpowiedzialność za wielkość głowy spoczywa prawdopodobnie na ojcu, gdyż większość niemowląt z dużymi głowami dziedziczy tę cechę po ojcach. Bardzo ważne jest zmierzenie noworodkowi głowy po porodzie, a następnie śledzenie jej wzrostu (zalecam rodzicom prowadzenie również własnych dzienników). Jeśli głowa dziecka od początku była duża (na przykład miała 37–38 centymetrów obwodu przy urodzeniu) i wciąż znajduje się na jednej linii centylowej na wykresie, nie martwiłbym się. Należy jednak śledzić jej wielkość. Lekarz będzie również obserwował rozwój dziecka. Głowa powinna urosnąć o mniej więcej 12 centymetrów w 1. roku życia.

Często widzę dzieci z dużymi głowami, ale niepokoi mnie to wyłącznie wtedy, gdy:

- głowa miała normalny rozmiar przy porodzie, a teraz rośnie bardzo szybko, co znajduje odzwierciedlenie w tabelach wzrostu,

- ciemiączko przednie jest spuchnięte albo pulsujące,
- postęp rozwoju jest powolny,
- głowa jest przechylona w jedną stronę,
- dziecko ma zeza, którego wcześniej nie miało.

Mój lekarz właśnie mi powiedział, że dziecko ma niewielki szmer w sercu. Co to oznacza?

Szmery w sercu są bardzo częste i zazwyczaj nieszkodliwe. U małego dziecka tętno serca jest 2 razy szybsze niż u dorosłego i tak zwane szmery przepływowe są bardzo częste. Jest to spowodowane niewielką turbulencją, która ma miejsce, gdy krew przepływa szybko przez serce. Usłyszysz szmery przepływowe, kiedy dziecko gorączkuje, ma anemię lub małą liczbę krwinek i płytek krwi. Te szmery są bardzo ciche, nie powodują żadnych objawów, mogą pojawiać się i znikać. Nie wymagają leczenia ani podjęcia jakichkolwiek środków ostrożności.

Jeśli twoje dziecko cierpi na szmery serca, nie ma powodu do niepokoju. Mniej niż 1% dzieci ma wrodzoną wadę serca. Najczęściej jest ona spowodowana dziurką pomiędzy przedsionkami zwaną ubytkiem w przegrodzie międzyprzedsionkowej. W razie podejrzenia szmerów serca dziecko zostanie skierowane do kardiologa dziecięcego oraz na badanie USG lub echo serca. W dzisiejszych czasach coraz więcej problemów z sercem zostaje zdiagnozowanych w badaniach prenatalnych. Wrodzone wady serca są często rodzinne. Jeśli pierwsze dziecko ma daną wadę, ryzyko jej wystąpienia u kolejnego jest podwójne.

Czego powinienem się spodziewać po sześciotygodniowym dziecku?

Pierwsze 6 tygodni życia to bardzo ważny okres. W tak krótkim czasie następuje ogromny postęp. Możesz się spodziewać:

- pierwszego uśmiechu dziecka,
- patrzenia ci w oczy i śledzenia wzroku,
- odpowiadania (zaskoczeniem) na głośne dźwięki,
- wydawania miłego pomruku w odpowiedzi na twój głos,
- zaprzestania płaczu, gdy dziecko jest brane na ręce i gdy się do niego mówi,
- przybrania 800 gramów na wadze względem wagi przy urodzeniu.
- lepszej kontroli głowy.

Dziecko będzie spało do 18 godzin dziennie, chociaż bardziej nieregularnie. Niektóre niemowlęta śpią przez dłuższe odcinki czasu, inne często się budzą. Charakterki dzieci dają się poznać już od wczesnych tygodni życia – to, że pierwsze dziecko spało całymi dniami jak aniołek, nie oznacza, że drugie będzie równie cichutkie.

Okolice pępka dziecka są lepkie. Co mogłabym z tym zrobić?

To bardzo częste i zazwyczaj szybko się goi. Możesz przemywać to miejsce wacikiem nasączonym specjalnym płynem (dostępnym w aptece). Powinno się zagoić w ciągu tygodnia lub dwóch. Niekiedy w okolicy pępka może wystąpić niewielka narośl zwana ziarniniakiem. Będzie ona gęsta i lepka pomimo największych starań. W tej sytuacji będzie konieczna wizyta u lekarza, który delikatnie zaaplikuje substancję chemiczną o nazwie azotan srebra i zszyje narośl przy użyciu prostego szwu jedwabnego.

Tył głowy synka jest bardzo płaski. Słyszałam o specjalnych kaskach. Czy warto je wypróbować?

Kaski niemowlęce stały się bardzo popularne, szczególnie w Stanach Zjednoczonych, ale nie jestem ich zagorzałym zwolennikiem.

Kości czaszki dziecka nie zrosną się do 18.–24. miesiąca życia. Do tego czasu kształt głowy maluszka będzie się dostosowywał do ułożenia. Zawsze zalecam kładzenie dzieci na plecach, żeby zapobiec śmierci kołyskowej, dlatego nie dziwi fakt, że wiele niemowląt ma chwilowo spłaszczoną głowę. Powróci ona do normalnego kształtu bez żadnego leczenia. Niemowlęta miewają czasami plagiocefalię (skośnogłowie). Spójrz na czoło dziecka, a zauważysz, że jest bardziej wystające po jednej stronie). Przyczyną tego jest leżenie na jednym boku. Zniekształcenie to zniknie z czasem.

Radziłbym więc unikać kasków – to zbędny wydatek. Jeśli głowa niemowlęcia jest silnie zniekształcona od najwcześniejszych lat (tuż po porodzie), może to oznaczać, że szwy czaszkowe już się zrosły, ale zdarza się to rzadko. Skontaktuj się z lekarzem, jeżeli coś cię niepokoi.

Czy powinniśmy brać dziecko do łóżka? Martwię się trochę śmiercią łóżeczkową.

Bezpieczne miejsce do spania przez 6 pierwszych miesięcy to łóżeczko ustawione w waszej sypialni. Zapomnij jeszcze przez jakiś czas o pięknym pokoju dziecinnym. Naturalnie nie ma nic milszego niż przytulenie się do dziecka w łóżku i oboje możecie to bardzo lubić, gdy maluszek nie śpi. Pomijając kwestię bezpieczeństwa – jeżeli chcesz wprowadzić dobre nawyki snu, dziecko od najmłodszych lat powinno uczyć się spać samodzielnie we własnym łóżeczku. Dzielenie łóżka z niemowlęciem jest niebezpieczne, jeżeli jedno z was pali, piło alkohol lub przyjmuje leki powodujące senność. A jeszcze bardziej niebezpieczne jest sypianie z dzieckiem na kanapie lub w fotelu.

Liczne badania nad śmiercią łóżeczkową wykazały, że kładzenie dziecka na plecach znacznie zmniejsza ryzyko (wydaje się mniej blokować drogi oddechowe), podobnie jak odkrywanie jego głowy. Należy się upewnić, że dziecko nie zamotało się pod kocykiem. Najlepiej zawinąć jego brzegi pod materacykiem, a maluszka ułożyć w połowie łóżeczka, ze stopami u jego końca. Nie należy też dziecka przegrzewać.

Urządzenia do monitorowania bezdechów śródsennych są nieco kontrowersyjne, ponieważ żadne kontrolowane badania nie wykazały, że zapobiegają śmierci kołyskowej. Są jednak stosowane zapobiegawczo, gdy nie ma żadnego powodu do obaw.

Moje trzymiesięczne dziecko ma wilczy apetyt. Czy mogę już wprowadzić pokarmy stałe?

Nie zalecam podawania pokarmów stałych przed 4. miesiącem życia. Jeśli dziecko wydaje się być bardzo głodne (nadmierny płacz może mieć inne powody, włącznie z kolką), możesz rozważyć przejście początkowo na mleko na bazie kazeiny. Maluch będzie po nim bardziej syty. Lepiej nie podawać pokarmów stałych, jeśli przybiera normalnie na wadze. Co więcej, jeśli karmisz wyłącznie piersią, możesz nawet opóźnić wprowadzenie innego jedzenia do 6. miesiąca życia.

Moje dziecko ma od 2 miesięcy sklejone oko. Co powinnam zrobić?

Klejące się oczy są bardzo częste u dzieci i nie są groźne. Dzieje się tak dlatego, że mechanizmy łzawienia wciąż są niedojrzałe. Zauważysz u malucha co rano wydzielinę, a powieki mogą być trudne do oddzielenia. Najlepsze leczenie na klejące oczy to przemywanie ich bawełnianymi wacikami nasączonymi schłodzoną, przegotowaną wodą (z dodatkiem odrobiny soli) w kierunku od nosa do zewnątrz. Powtarzaj czynność 4 razy dziennie przez co najmniej 5 dni i w końcu nastąpi poprawa. Utrzymywanie się przez długi czas klejących oczu jest rzadkie i należy się wtedy skontaktować z okulistą.

Klejące oczy nie wymagają leczenia kroplami antybiotykowymi ani maściami. Wystarczające jest codzienne przemywanie, ale koniecznie zaprowadź dziecko do lekarza, jeżeli:

- wydzielina z oka jest gęsta, o konsystencji kremu, i utrzymuje się od urodzenia,
- zawiera krew,
- powieka jest bardzo spuchnięta.

Mój dwulatek zaczął niedawno chodzić, palce kieruje ku środkowi. Czy to normalne?

Dzieci dwu-, trzyletnie chodzą w wyjątkowy sposób. Kierowanie palców do wewnątrz (na wzór gołębi) jest bardzo powszechne i niegroźne. Przedstopie skierowane do wewnątrz nazywane jest stopą szpotawą. To powszechna dolegliwość, która ustępuje całkowicie bez leczenia, w najgorszym wypadku do 8. roku życia, ale często o wiele wcześniej. Dziecko nie będzie wymagało obuwia korekcyjnego, gdyż nie odegra ono większej roli.

Inny częsty widok to dziecko o chodzie kowboja. Zgięcie piszczela ma miejsce, gdy kości dolnej części nogi są nieznacznie zakrzywione. Również to schorzenie nie jest poważne i nie wymaga leczenia. Kowboj wyjdzie ostatecznie na prostą.

Niekiedy kość udowa jest wygięta w przód, co powoduje zagięcie do przodu całej dolnej kończyny, ale do 8. roku życia powinno się to skorygować.

Dziecko, które ma wklęsłe kolana, czyli skierowane do wewnątrz, będzie się regularnie przewracać przy szybkim biegu, ale wada ta nie jest niczym niezwykłym i nie wymaga żadnego leczenia.

Płaskostopie jest również bardzo powszechne. Najlepszą metodą jego leczenia jest noszenie obuwia korekcyjnego. Niektóre dzieci mają zagięte palce wchodzące jeden na drugi. I w tym wypadku potrzebne jest jedynie wygodne obuwie korekcyjne.

Moje dziecko ssie kciuk i obgryza paznokcie. Jak temu zaradzić?

Nawet jedna czwarta dzieci obgryza paznokcie lub ssie kciuk. Ssanie kciuka jest normalne u niemowląt i nie jest powodem do niepokoju, ale jeżeli dziecko ma ponad 3 lata i wciąż trzyma palec w buzi, może to wpłynąć na ustawienie zębów. Ssanie zwykle ustaje z czasem, lecz jeśli wolisz nie czekać, aż samo przejdzie, najlepszą strategią jest podanie dziecku zastępstwa, na przykład miłego w dotyku kocyka lub pluszowego misia.

Obgryzanie paznokci to powszechny, trudny do wytępienia nawyk. Żeby go wyeliminować, rodzice uciekają się ostatecznie do zastosowania lakieru do paznokci o gorzkim smaku. (Nadmierne obgryzanie paznokci może być u dziecka oznaką napięcia).

Kwestia ta rodzi również debatę na temat smoczka. Blisko połowa rodziców daje dzieciom smoczki. Pomagają one uspokoić maluszka, jeżeli karmienie w danym momencie jest niewykonalne, i zaspakajają chęć ssania. Istnieją nawet pewne dowody na to, że smoczki pomagają nieznacznie zmniejszyć ryzyko śmierci łóżeczkowej, ponieważ podnoszą poziom uwagi rodziców. Należy jednak dążyć do odstawienia smoczka, gdy tylko dziecko przekroczy 1. rok życia, gdyż dłuższe używanie go może wpłynąć na ustawienie zębów i skończyć się wizytą u ortodonty. Wpływ smoczka na rozwój mowy jest niejasny, ale z pewnością przeszkodzi on dziecku eksperymentować z dźwiękami tak, jak powinno. Najlepszym sposobem na zaprzestanie stosowania smoczka jest pozbycie się go raz na zawsze, ale dziecko będzie potrzebowało środka zastępczego, podobnie jak dzieci ssące kciuk.

Nigdy nie mocz smoczka w słodkich płynach, gdyż szkodzi to ogromnie zębom.

Zauważyłem, że dziecko ma na szyi guzki. Czy to poważne?

To bardzo częste zjawisko, które bardzo rodziców niepokoi, ale nie jest zazwyczaj groźne. Obrzęk węzłów chłonnych szyi jest najczęściej związany z przeziębieniem lub bólem gardła. Gruczoły walczą wtedy usilnie z infekcją. Jeśli dziecko przeszło zapalenie migdałów, gruczoły na przodzie szyi mogą być obrzękłe, ale po upływie 2–4 tygodni obrzęk powinien ustąpić. Mononukleoza zakaźna (gorączka gruczołowa) również może powodować obrzęk gruczołów szyi, ale dziecko odczuwa wtedy silne zmęczenie, jest apatyczne, może mieć wysoką temperaturę i opuchnięte pachwiny.

Jeżeli niepokoją cię zmiany na ciele dziecka, skontaktuj się z lekarzem. Guzki martwią mnie, gdy widzę następujące objawy:

- są twarde, nieruchome i bardzo duże (większe niż piłeczka do tenisa stołowego),
- dziecko poci się w nocy, ma gorączkę i straciło na wadze,
- guzki węzłów chłonnych znajdują się w innym miejscu, niż powinny,
- dziecko jest bardzo blade i anemiczne,
- na ciele znajdują się sińce.

Większość grudek na szyi to zwykły obrzęk węzłów chłonnych wywołany infekcją wirusową, który nie jest powodem do zmartwienia.

Mój syn ma półtora roku i jest bardzo blady. Czy to anemia?

Blisko 10% dzieci około 2. roku życia cierpi na niedokrwistość (ma niską zawartość czerwonych krwinek we krwi). Maluchy mające anemię są blade jak prześcieradło, chorowite, nie w formie.

W przeważającej większości przypadków przyczyną niedokrwistości jest niedobór żelaza wynikający z diety. Pamiętaj, że bez względu na tempo wzrostu dziecko może się nabawić anemii, jeśli pije zbyt dużo krowiego mleka. Wypełnia ono żołądek, pozostawiając mniej miejsca na wartościowe pokarmy. Badanie ilości krwinek potwierdzi u dziecka niedokrwistość.

Chorobę należy dostrzec odpowiednio wcześnie, ponieważ znaczny niedobór żelaza może wpłynąć na rozwój mózgu. Jeżeli dodatkowo zauważysz w stolcu dziecka krew, skontaktuj się z lekarzem (zob. s. 87–88).

Moje dziecko odczuwa ból w nogach. Znajomi mówią, że to tylko ból związany ze wzrostem. Czy mają rację?

Bóle kończyn są bardzo powszechne u dzieci i mają zazwyczaj niewiele wspólnego ze wzrostem. Najczęściej maluchy miewają skurcze w nocy (głównie w dolnej części nóg), które mogą być dość bolesne. Ból występuje równie intensywnie w obu nogach, ale nie sprawi, że dziecko będzie utykać. Jest to zazwyczaj oznaka wyjątkowo luźnych stawów i dużej aktywności dziecka. Intensywnie używane w ciągu dnia mięśnie stają się zmęczone i gdy maluch zatrzyma się, żeby odpocząć, przychodzą skurcze. Dolegliwość ta nosi nazwę nadmiernej ruchomości stawów i najlepszą metodą jej leczenia jest zwykły masaż. Stosowanie ciepłego termoforu na nogi oraz lekki środek przeciwbólowy załagodzą dolegliwości, jeśli malec odczuwa silny dyskomfort. Dzieci o nadmiernie ruchomych stawach są bardziej podatne na skurcze i dla niektórych jest to argument, żeby trzymać je z dala od sportów kontaktowych przed 10. rokiem życia.

Bóle kończyn niepokoją mnie wyłącznie w sytuacji, gdy towarzyszą im obrzęki stawów albo dziecko bardzo źle się czuje.

Syn zaczął ostatnio kuleć, nie wiem dlaczego. Czy powinienem się martwić?

Musisz zaprowadzić dziecko do lekarza. Utykanie, nawet najmniejsze, należy zbadać i obserwować. Być może stoi za nim skręcona kostka lub spuchnięta od uderzenia stopa, ale w przypadku braku jednoznacznej przyczyny należy się bliżej przyjrzeć dziecku.

Czy syn rozpoczął już szkołę? Jeżeli nie, a utykanie zaczęło się od bólu gardła lub przeziębienia, jest to najprawdopodobniej zapalenie wyściółki stawu biodrowego. Ustąpi ono wraz z innymi objawami w wyniku przyjmowania przez kilka dni środków przeciwbólowych.

W większości przypadków utykanie nie ma poważnych przyczyn i trwa tylko kilka dni. Należy jednak iść do lekarza, gdy:

- dziecko ma także wysoką gorączkę i jest wyraźnie chore,
- utykanie trwa dłużej niż kilka dni albo nawraca co kilka tygodni (może to być choroba Perthesa i dziecko będzie wymagało pomocy ortopedy),
- utykaniu towarzyszy obrzęk i ból stawów przez ponad 6 tygodni (może to być reumatoidalne zapalenie stawów u dzieci),

- dziecko jest w wieku dojrzewania i ma lekką nadwagę (wymaga pilnej pomocy ortopedy).

Moje dziecko ma dużo sińców na łydkach. Czy to normalne?

Sińce, zwłaszcza w okolicy kości piszczelowej (z przodu łydki), są najzupełniej normalne u aktywnego, ruchliwego dziecka. Jeśli jednak znajdują się także gdzie indziej, należy sprawdzić, czy dziecko ostatnio gdzieś nie upadło i czy tłumaczy to umiejscowienie stłuczenia.

Jeżeli sińców jest wiele albo pojawiły się po stosunkowo niegroźnym upadku, należy skontaktować się z lekarzem. Martwią mnie:

- świeże sińce, którym towarzyszą gorączka i krostki wielkości ukłucia igły, które nie znikają pod uciskiem (może to być zapalenie opon mózgowo-rdzeniowych),
- liczne sińce u bladego dziecka,
- sińce połączone z krwawieniem z nosa lub ust niewywołane żadnym konkretnym wypadkiem,
- sińce na tylnej stronie ud u dziecka, które dobrze się czuje, ale miewa skurcze w brzuchu i opuchnięte stawy,
- sińce w nietypowych miejscach (niestety mogą one oznaczać przemoc fizyczną).

Sińce są jednak najczęściej niegroźne i wynikają z aktywnego stylu życia.

Syn ma 6 lat i wciąż się przeziębia. Czy coś jest nie tak?

Prawdopodobnie nie. Pamiętaj, że dzieci przechodzą średnio do 8 przeziębień w ciągu roku, a kumulują się one w okresie zimowym. Jeśli dziecko zaczęło niedawno szkołę, przejdzie ich więcej niż kiedykolwiek. Przeziębienie powinno trwać 1–3 dni. Jeżeli syn ma niedobór żelaza, będzie bardziej podatny na przeziębienia, więc upewnij się, że zjada wystarczająco dużo bogatych w ten minerał produktów. Zaburzenia układu odpornościowego są wyjątkowo rzadkie (najczęstsze – niedobór IgA – dotyka 1 osobę na 400). Jeżeli objawy ulegną pogorszeniu albo pojawią się inne dolegliwości, skontaktuj się z lekarzem.

Mój dwuletni synek ma okropne napady histerii. Co powinienem z tym zrobić?

Niestety napady histerii są normalną częścią życia małych dzieci, zwłaszcza pomiędzy 18. a 36. miesiącem życia. Niektóre maluchy wstrzymują oddech w trakcie ataku histerii i jest to przerażające doświadczenie dla świadka zdarzenia. To bardzo trudne, ale należy zachować spokój. Najlepszą metodą jest danie dziecku chwili czasu w samotności: pozostawienie go na 5 minut, żeby ochłonęło. Musisz się jednak upewnić, że maluch nie wymknie się wcześniej i że oboje rodzice (a nawet dziadkowie) będą przestrzegać jednej metody. Konsekwencja jest kluczową sprawą i faza histerii w końcu minie. Bicie i gryzienie rówieśników też się zdarza, ale zazwyczaj jest krótkotrwałe. Pamiętaj, że napady histerii wynikają w większości z frustracji lub chęci zwrócenia na siebie uwagi. Staraj się nie nagradzać dziecka większą ilością uwagi, ale w miarę możliwości zduś frustrację w zarodku, zwłaszcza jeśli napady płaczu odbywają się według podobnego scenariusza.

Syn czasami się jąka. Czy powinno mnie to martwić?

Jąkanie się nie jest zjawiskiem rzadkim. Co 20 dziecko cierpi na to zaburzenie. Maluchy powtarzają zazwyczaj jeden dźwięk albo przestają mówić, a pauza zdaje się trwać w nieskończoność. W efekcie zaczynają unikać pewnych słów (które wywołały jąkanie) oraz zabierania głosu w klasie z obawy przed kompromitacją.

Jąkanie może stanowić ogromne źródło stresu, ale większość dzieci z niego wyrasta. Wiele z nich będzie się nieznacznie jąkać w momencie podekscytowania lub złości, zwykle powtarzając dźwięki albo słowa. Wszystko to stanowi część nauki mówienia; mowa staje się wyraźniejsza, gdy dziecko nabiera płynności.

Jeśli dziecko ma mniej niż 8 lat, radzę, żebyś nie kończył za niego zdań ani nie poprawiał go. U starszych dzieci stosuje się technikę zwaną mową o mierzonych sylabach, skuteczną metodę nauczaną w ramach intensywnych kursów.

Moje dziecko ma czwarte w tym roku zapalenie migdałów. Czy należałoby je usunąć?

Usunięcie migdałów wyszło obecnie z mody. Nie jest to drobna operacja, dlatego powinno się ją przeprowadzać w wyjątkowych przypadkach. Najpierw zawsze trzeba stwierdzić, że to rzeczywiście zapalenie migdałów. Czy dziecko ma wysoką gorączkę, silny ból gardła i czuje się ogólnie bardzo źle? Lekarz powinien za każdym razem znaleźć na migdałach białe plamki. Główne powody usuwania migdałów to obecnie:

- wrzód na migdale – zdarza się rzadko, ale jest wyjątkowo bolesny (za wszelką cenę zapragniesz tego uniknąć),
- przyleganie – znacznie powiększone migdały, które stykają się wewnątrz gardła, są często kojarzone z wielkimi naroślami adenoidalnymi (trzeci migdał); mogą one powodować nieregularne oddychanie w nocy

i głośne chrapanie (ten bezdech śródsenny jest powodem usunięcia zarówno migdałów, jak i narośli adenoidalnych),
- częste zapalenia migdałów potwierdzone przez lekarza.

Migdały spełniają u dziecka istotną rolę. Nie nalegaj więc na ich usunięcie, o ile nie jest to konieczne. Nawracające zapalenie migdałów nie powoduje u dziecka skłonności do przeziębień.

- **Powiedziano mi, że moje dziecko ma ankyloglossię i martwię się, że będzie ona źródłem problemów.**

Ankyloglossia jest dość powszechna u niemowląt i dzieci. Wędzidełko łączące język z dnem podniebienia jest krótkie albo napięte, dlatego ruchy języka są ograniczone. Wada ta nie wydaje się wpływać na prawidłowy rozwój mowy. Jeśli dziecko cierpi na ankyloglossię, ale wciąż może dotknąć dolnej wargi, operacja nie będzie konieczna.

ROZDZIAŁ 22

Prawidłowe fazy rozwoju

Tempo, w jakim niemowlęta nabywają nowe umiejętności, jest bardzo różne, nawet w obrębie jednej rodziny. Niektóre pomijają jakiś etap, czego klasycznym przykładem jest raczkowanie, jednak dziecko powinno osiągnąć poszczególne fazy rozwojowe w ciągu określonej, szerokiej skali czasowej.

Tempo rozwoju zależy od tego, jak szybko dojrzewa układ nerwowy, co jest w dużym stopniu motywowane genetycznie. Jest także związane z ilością bodźców otrzymywanych przez dziecko od ciebie albo innych opiekunów, zwłaszcza w pierwszych latach życia, gdy maluch chłonie informacje i doświadczenia jak gąbka.

Rodzice najbardziej martwią się zazwyczaj o rozwój ruchowy. Kiedy dziecko zacznie siedzieć? Kiedy zacznie chodzić? Jednak to precyzyjne ruchy (jak chwytanie i manipulacja) oraz mowa prawdopodobnie bardziej wpłyną na potencjał malucha.

W poniższym rozdziale przedstawiono w zarysie fazy prawidłowego rozwoju.

Noworodki

Nowo narodzone dziecko będzie bardzo wiotkie, ale jego ciało będzie reagowało w określony sposób. Gdy chwycisz je swoimi rękami pod brzuchem, głowa opadnie w dół, a ramiona i nogi będą lekko zgięte. Gdy pociągniesz je, żeby usiadło, głowa odchyli się do tyłu. Przytrzymaj je w pozycji siedzącej, a kręgosłup się zegnie, głowa opadnie do przodu. Gdy położysz je na brzuchu, zacznie poruszać głową na boki. Gdy położysz je na plecach, ramiona i nogi lekko się zegną, dość symetrycznie. Wszystko to jest najzupełniej normalne.

Dziecko będzie miało podstawowe odruchy, które są fascynujące. Odruch Moro jest chyba najbardziej znany. To odruch zaskoczenia: dziecko zareaguje na wrażenie upuszczenia lub nagły hałas natychmiastowym wyprostowaniem ramion i rozwarciem rąk. Następnie ręce malucha zbiegną się jak w objęciu. Od urodzenia dziecko będzie reagować zdziwieniem na głośny dźwięk, a jego oczy mogą się zwracać w kierunku, z którego dobiega głos.

Inne odruchy także są obecne od początku. Jeśli przytrzymasz dziecko, gdy stoi na twardej powierzchni, będzie próbowało niezdarnie podnosić stopy i wykonywać ruchy zbliżone do chodzenia. Odwracanie główki i ssanie również są instynktowne. Gdy potrzesz policzek dziecka, odwróci się, żeby znaleźć twój palec, a gdy włożysz mu go do buzi, zacznie ssać. W pierwszych 4–5 miesiącach maluszek odruchowo zaciska piąstki. Włóż palec w jego dłoń, a natychmiast go chwyci.

Nowo narodzone dziecko widzi i słyszy, a po kilku dniach od urodzenia jest świadome twojej obecności, gdy jest wybudzone. Śpi jednak nawet do 18 godzin.

ALE

Jeśli twój noworodek wydaje się wolno reagować, porozmawiaj z lekarzem.

Siadanie i chodzenie

Większość dzieci przechodzi przez te same fazy prowadzące do siadania i chodzenia, ale mogą one nastąpić w różnym wieku.

Brak okazji do ruchu jest nieraz problemem. Dziecko później zacznie siadać i chodzić, jeżeli nie będzie się mogło swobodnie poruszać. Czy nie jest zostawiane zbyt długo w łóżeczku lub wózku? Czy jest odpowiednio często zachęcane do aktywności? Paradoksalnie chodziki spowalniają rozwój chodu, gdyż dzieci są w nich pozostawiane zbyt długo.

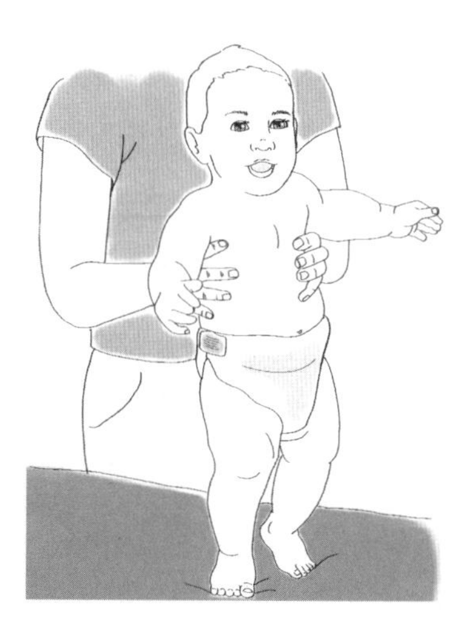

W 6. miesiącu dziecko opiera się na nogach, gdy jest trzymane pod pachami.

Ponad 90% niemowląt zaczyna siadać bez pomocy między 6. a 11. miesiącem, raczkować pomiędzy 6. a 12., chodzić przy meblach pomiędzy 8. a 13., a chodzić samodzielnie przed ukończeniem 18. miesiąca. Niewielki odsetek dzieci pomija fazę raczkowania i przechodzi bezpośrednio od siadania do wstawania oraz chodzenia. Dzieci te poruszają się na pupie i świetnie im to wychodzi. To nie problem, chociaż może opóźnić moment rozpoczęcia chodzenia (do 2. roku życia).

Twoja grupa etniczna może być przyczyną pewnych różnic. Przykładowo dzieci o pochodzeniu afrykańskim zaczynają chodzić wcześniej (wiele z nich już w 9. miesiącu). Jeśli dziecko ma silne bądź słabe napięcie mięśni, dokona kroków milowych rozwoju motorycznego odpowiednio szybciej lub wolniej.

ALE

Jeśli dziecko nie chodzi w wieku 18 miesięcy, zwróć się do lekarza.

Wzrok

Reakcje wzrokowe nie są u noworodków jednakowe. Zależą one często od ich naturalnej bystrości, choć istnieją pewne odruchy standardowe. Po kilku dniach od urodzenia dziecko, jeśli trzymasz je prosto, zwróci oczy w kierunku każdego większego źródła światła i zamknie je na widok nagłego, jasnego strumienia.

W 1. miesiącu życia będzie się wpatrywało w przedmioty będące blisko jego twarzy, wykazywało szczególne zainteresowanie waszymi buziami (źródłem jedzenia) i śledziło ich powolne ruchy. Ochronne mruganie pojawia się pomiędzy 4. a 6. tygodniem życia.

Do 6. tygodnia dziecko będzie się wpatrywało w twoją twarz i wodziło za nią oczami, jeśli będziesz wolno poruszać głową po jednej czwartej okręgu. Zez u kilkutygodniowych maluchów nie jest rzadkością, ale jeśli utrzymuje się u półrocznego dziecka, jest bez wątpienia nieprawidłowy.

Dziecko sześciomiesięczne będzie wpatrywać się w przedmiot wielkości 2,5 centymetra z odległości 30 centymetrów. Przed ukończeniem 9. miesiąca będzie widziało z tej samej odległości małe przedmioty (nawet okruchy) i próbowało po nie sięgnąć. Przed ukończeniem roku będzie wskazywało na przedmioty, które chce dostać, a na spacerze z dużym zainteresowaniem obserwowało ludzi i zwierzęta.

Badanie wzroku u dzieci do 3. roku życia jest trudne i powinna je wykonać odpowiednio przeszkolona osoba. U dzieci starszych staje się łatwiejsze.

ALE

Jeśli dziecko nie patrzy ci w twarz albo jego oczy wydają się rozbiegane do 6. tygodnia życia, porozmawiaj z lekarzem.

Precyzyjne ruchy

W 1. roku dziecko uczy się trzymać przedmioty. Początkowo poznaje, jak je chwytać w obie ręce. To bardzo prymitywny ruch, który malec opanuje zazwyczaj w 6. miesiącu życia. Będzie również w stanie przekładać przedmiot z ręki do ręki, a następnie doskonalić ruchy, dopóki nie nauczy się chwytu pęsetowego. Wówczas koniuszkiem kciuka i palcem wskazującym zdoła podnieść okruszek. Przed ukończeniem 15 miesięcy dziecko będzie potrafiło zbudować wieżę z dwóch klocków.

W wieku 3 lat dziecko potrafi przerysować kółko i literę V.

Przed ukończeniem 3. roku większość dzieci potrafi utrzymać ołówek między palcem wskazującym, środkowym i kciukiem w chętniej wybieranej ręce. Prawo- lub leworęczność uwidacznia się około 18. miesiąca. Naturalnie praworęcznych jest 80% dzieci.

Rozwijać powinno się także samodzielne jedzenie. W 1. roku dziecko powinno umieć pić z małego kubeczka z twoją niewielką pomocą, trzymać łyżeczkę i próbować jej używać do jedzenia. Przed ukończeniem 2. roku powinno podnieść kubek i wypić z niego bez wylewania, a w przeciągu kolejnych miesięcy zacząć jeść łyżką, a nawet widelcem.

ALE

Jeśli dziecko wolno uczy się chwytać i trzymać przedmioty, powiedz o tym lekarzowi.

Słuch

Dwunastomiesięczne dziecko reaguje natychmiast na swoje imię.

Od samego początku dziecko będzie zwracać uwagę na głośne dźwięki i patrzeć w kierunku źródła hałasu. Przed 4. miesiącem będzie się odwracać w stronę dochodzącego z bliska dźwięku. Przed 6., 7. miesiącem natychmiast spojrzy na ciebie, gdy coś do niego powiesz, przed 9. – usłyszy ciche dźwięki pochodzące z niewidocznego źródła i będzie usilnie próbowało je zlokalizować.

W Polsce każde niemowlę przechodzi badanie słuchu najpóźniej 3 doby po narodzinach. Otoemisja akustyczna (OAE) jest bezbolesna i wykonywana najczęściej w czasie snu. Jeśli wykaże ona jakiekolwiek zaburzenia, dziecko zostanie dokładniej zbadane.

ALE

Jeśli niepokoi cię, że dziecko nie słyszy dobrze, porozmawiaj z lekarzem, zwłaszcza jeśli maluch nie reaguje na głośne hałasy albo wydaje się zaskoczony twoim pojawieniem się przy jego łóżeczku. Jeśli w rodzinie są przypadki głuchoty, wspomnij o tym.

„Wiek, w którym dziecko wypowie pierwsze zrozumiałe słowo, może być różny, nawet w obrębie tej samej rodziny".

(M. D. Sheridan, pionierka rozwoju dziecięcego i autorka książki *From Birth to Five Years* [*Od urodzenia do pięciu lat*])

Mowa

Pomiędzy 6. a 8. tygodniem życia dziecka usłyszysz pierwsze próby użycia języka: miłe dźwięki, które tak kochamy. Niedługo potem dźwięki te staną się bardziej złożone, aż zaczniesz odróżniać samogłoski i spółgłoski. Około 4. miesiąca dziecko zaczyna gaworzyć i wydawać dźwięki przypominające śmiech. Następnie gaworzenie staje się coraz bardziej złożone i (pod koniec 1. roku) zaczynasz słyszeć połączenia pojedynczych sylab, takich jak „mama" czy „tata". Pomiędzy 6. a 9. miesiącem dziecko zacznie kojarzyć pojedyncze słowa z przedmiotami albo rozpoznawać proste wyrażenia, jak „pa, pa" albo „siusiu".

Pomiędzy 10. a 14. miesiącem dziecko zaczyna wyrażać swoje myśli: używać prymitywnych słów do okazania zadowolenia i niezadowolenia, a także wskazania własnych potrzeb. Wypowiada też proste sylaby, takie jak „do", „da", „na". Stopniowo gaworzenie, sylaby i gesty zamienią się w rozpoznawalny język mówiony.

Wiek, w którym dziecko po raz pierwszy wypowie prawdziwe słowo, to kwestia indywidualna (nie porównuj go ze starszym rodzeństwem). Często pierwszym słowem jest „tata", ku niezadowoleniu oddanych matek. Słowo „tata" jest po prostu łatwiejsze do wypowiedzenia niż „mama".

Przed ukończeniem 1. roku większość dzieci bez wskazówek rozpoznaje nazwy niektórych przedmiotów codziennego użytku, a w 2. roku szybko poszerza słownictwo. Przed ukończeniem 2 lat maluch będzie zazwyczaj wypowiadał krótkie zdania złożone z 2 słów (10% dzieci rozwija się wolniej w tym zakresie i może nie dojść do wypowiadania zdań przed ukończeniem 3 lat). Do 3. roku dzieci formułują już krótkie zdania, a do 4. są w stanie powtórzyć krótką historię. Mowa dziecka powinna być już zrozumiała także dla obcych.

„Chociaż brak mowy u dziecka jest najbardziej oczywistym powodem obaw, jego zdolność do interakcji, gestykulacji, wyobraźni lub udawania i rozumienia języka to bardziej istotne wskazówki".

(M. D. Sheridan, pionierka rozwoju dziecięcego i autorka książki *From Birth to Five Years [Od urodzenia do pięciu lat*])

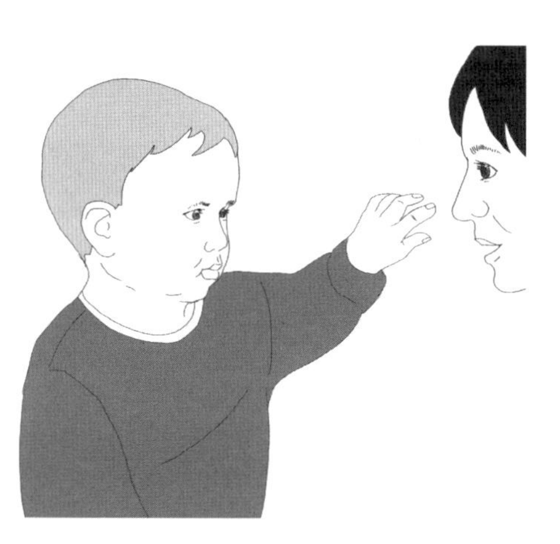

W wieku 18 miesięcy dziecko potrafi wskazać nos, gdy się je o to poprosi.

ALE

Jeśli wydaje ci się, że dziecko jest silnie opóźnione w fazach rozwoju mowy, porozmawiaj z lekarzem.

Społeczne zachowania i zabawa

W ciągu kilku dni od urodzenia dziecko będzie świadome obecności twojej lub innego opiekuna. Spojrzy na ciebie i jego wyraz twarzy się zmieni. Te pierwsze próby komunikacji są fascynujące. Dziecko nie zacznie się jednak uśmiechać przed upływem 6 bądź 8 tygodni (wszelkie wcześniejsze uśmiechy to po prostu grymasy).

W okresie pomiędzy 4. a 6. tygodniem, jeśli weźmiesz malucha na ręce i zaczniesz do niego mówić, przestanie płakać i zwróci ku tobie twarz.

W wieku 5 lat dziecko stoi na jednej nodze i krzyżuje ramiona.

W 3. miesiącu zacznie wpatrywać się, nie mrużąc oczu, w twoją twarz podczas karmienia. Zacznie też lubić miłe łaskotanie i śmieszne dźwięki, które będziesz wydawać, a przed ukończeniem 6 miesięcy będzie zachwycone zabawą z tobą. W tym okresie nie będzie zachowywało się inaczej wobec nieznajomych, ale może się martwić, gdy znikasz z pola widzenia.

Począwszy od 9. miesiąca dziecko będzie rozpoznawać, kto jest obcy, i zachowa wielką ostrożność wobec prób kontaktu. Będzie się bawiło w „a kuku" i naśladowało twoje klaskanie. Do 1. roku szybko zacznie szukać i znajdować ukrytą zabawkę. Nie będzie jednak chciało, żebyś ty (bądź inne znane mu osoby) znikały z jego pola widzenia ani zasięgu głosu.

Zanim dziecko ukończy 15 miesięcy, będzie w stanie popchnąć dużą zabawkę na kółkach z rączką i nosić lalki (trzymając je za rączki lub włosy!). To wtedy zaczyna się niebezpieczny wiek, odkrywanie świata, i nie możesz zostawiać malucha samego, choć ciągłe pilnowanie jest niezwykle wyczerpujące.

Teraz jego zabawa staje się bardziej kreatywna. W wieku 18 miesięcy maluch będzie chętnie bawił się samodzielnie, ale wciąż lubił przebywać blisko znajomej osoby dorosłej lub starszego rodzeństwa. Następnie przed 2. rokiem zauważysz u dziecka zabawę w udawanie (piękną do oglądania). Będzie bawiło się blisko innych, ale nie z nimi. Do 3. roku dziecko będzie lubiło bawić się z innymi dziećmi w zabawy polegające na naśladowaniu. Przed 5. rokiem będziesz świadkiem jego skomplikowanych, opartych na wyobraźni gier z przyjaciółmi.

W sytuacji, gdy zabawa dziecka jest bardzo monotonna albo dziecko nie odpowiada na podejmowane przez ciebie próby zainteresowania go czymś, możesz zasięgnąć porady lekarza.

To fascynująca podróż, która cię zaczaruje, więc ciesz się nią!

ROZDZIAŁ 23

Bezpieczne dziecko i sześć najczęstszych przyczyn urazów

Książka ta opowiada o chorobach dziecięcych. Jednak podejmując temat zdrowia dziecka, nie możemy pominąć kwestii wypadków. Prawda jest bowiem taka, że więcej dzieci traci zdrowie w wypadkach w domu i poza nim, niż z powodu jakichkolwiek chorób.

Poniższe wskazówki mają na celu zniwelowanie tej przewagi. Korzystając z doświadczeń pediatrów z całej Europy, którzy na co dzień stykają się z urazami u dzieci, pisaliśmy ten rozdział z myślą o tym, by pomóc ci zadbać o bezpieczeństwo dziecka.

Wypadki drogowe

PROBLEM: **POWAŻNE URAZY SPOWODOWANE WYPADKIEM SAMOCHODOWYM LUB ROWEROWYM**

RATUNEK: **SZELKI DZIECIĘCIE, FOTELIKI SAMOCHODOWE I KASKI ROWEROWE**

Wypadki samochodowe zajmują pierwsze miejsce na liście przyczyn zgonu oraz poważnych urazów u dzieci. Kiedy dziecko jest w foteliku samochodowym lub szelkach, ryzyko urazu zmniejsza się o 90–95%, jeśli siedzi tyłem do kierunku jazdy, i o 60%, jeśli siedzi przodem do kierunku jazdy – pod warunkiem, że jest odpowiednio przypięte. Producenci samochodów być może będą montować pasy dziecięce w samochodach, tak by były równie łatwe w użyciu, co pasy dla dorosłych.

Jeśli dziecko jeździ na rowerze, kask obniża ryzyko urazu głowy i uszkodzenia mózgu o co najmniej dwie trzecie, ale tylko pod warunkiem, że jest odpowiednio założony.

Warto skontaktować się z władzami samorządowymi w miejscu twojego zamieszkania i spróbować przekonać ich, by wprowadzili rozwiązania spowalniające ruch uliczny w okolicach waszego domu, jeśli to możliwe. Może to uchronić wiele dzieci od potrąceń przez przejeżdżające samochody. Elementy spowalniające ruch uliczny w strefach ograniczenia prędkości do 30 kilometrów na godzinę ograniczyły liczbę wypadków drogowych o 60%!

Wpływ prędkości pojazdu na prawdopodobieństwo śmierci pieszego w wypadku drogowym

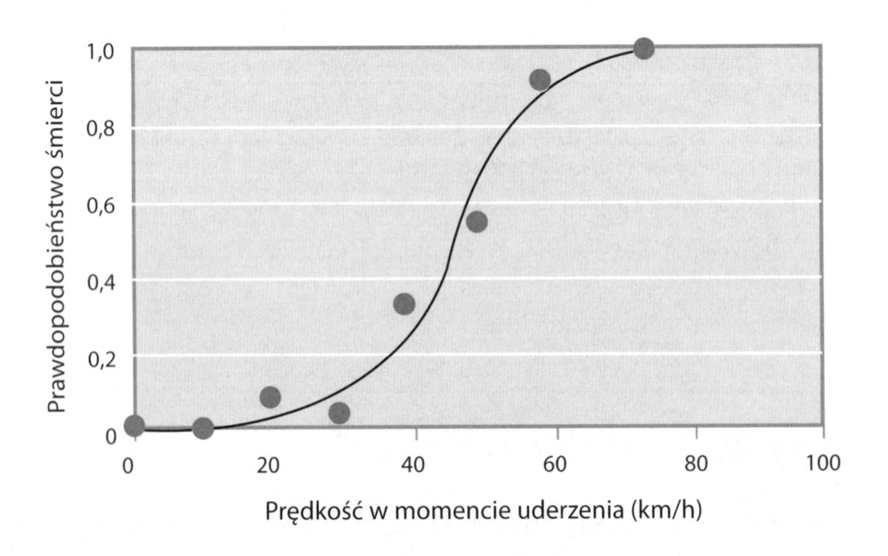

Utonięcia

PROBLEM: WYPADKI PRZY PŁYWANIU NA ŁÓDCE
RATUNEK: ZAWSZE NALEŻY MIEĆ NA SOBIE KAMIZELKĘ RATUNKOWĄ

Każdego roku można by zapobiec 85% utonięć, gdyby ofiara miała na sobie kamizelkę ratunkową. Utonięcia zajmują 2. miejsce na liście najczęstszych przyczyn śmierci w Europie. Niestety najbardziej narażeni są mali chłopcy (stanowią ponad 70% wszystkich ofiar) w wieku 1–4 lata. Co dziecko ma na sobie, bawiąc się w starej łódce?

PROBLEM: UTONIĘCIA NA BASENACH
RATUNEK: OGRODZENIA ODGRANICZAJĄCE BASENY

Jeśli spędzasz wakacje w hotelu z basenem – lub należysz do szczęśliwców, którzy mają własny – pamiętaj, że powinien on być całkowicie otoczony ogrodzeniem z samozatrzaskującą się furtką. Ogrodzenie prywatnego basenu daje 95-procentowe zabezpieczenie przed utonięciem. Żadne ogrodzenia nie zastąpią jednak nadzoru rodzicielskiego! Ustal z dzieckiem jasne zasadny korzystania z jakichkolwiek zbiorników wodnych. Uważaj też na sadzawki ogrodowe – nawet najpłytsza sadzawka może być niebezpieczna, jeśli wpadnie do niej małe dziecko.

Od małego ucz dzieci pływać. Mogą zacząć naukę w wieku 2 lat. Zawsze jednak miej oczy i uszy otwarte, gdy maluch bawi się nad wodą.

SYGNAŁY ALARMOWE

PIERWSZA POMOC W PRZYPADKU UTONIECIA

Dziecku trzeba jak najszybciej przywrócić oddech.

Jeśli przestanie oddychać, natychmiast rozpocznij sztuczne oddychanie metodą usta-usta.

Jeśli ktoś jest w pobliżu, niech wezwie pomoc, ty zaś nie przerywaj sztucznego oddychania.

Wykonuj je tak długo, jak dasz radę. Oddech może powrócić nawet po godzinie.

RESUSCYTACJA

- Odchyl głowę dziecka do tyłu (tak, żebyś widział jego nozdrza) i zatkaj jego nos.
- Weź głęboki oddech i szczelnie przyciśnij swoje usta wokół ust dziecka. Wypuść powietrze do jego ust. Zacznij od 5 takich oddechów.
- Następnie wykonaj 30 ucisków klatki piersiowej: ułóż dłoń (nie palce!) na środku klatki piersiowej dziecka, na mostku, nieco powyżej miejsca, gdzie łączą się dolne żebra.
- Teraz wykonuj na przemian 2 oddechy i 30 ucisków do momentu aż maluch zacznie oddychać.
- Jeśli ratujesz niemowlę, przy wykonywaniu sztucznego oddychania obejmij swoimi ustami usta i nos dziecka, a masaż serca wykonuj 2 palcami. Uważaj też, by nie odchylić główki a bardzo do tyłu – to bardzo ważne.

Oparzenia

Dziecko w wieku 1–2 lat jest na nie narażone najbardziej. Czy dzieci znają podstawowe zasady przeciwpożarowe? Najlepiej je zapamiętają, jeśli zobaczą ich zastosowanie – miejscowa straż pożarna może być w tej kwestii bardzo pomocna.

PROBLEM: ZAPALNICZKI I PAPIEROSY
RATUNEK: ZAPALNICZKI Z ZABEZPIECZENIEM

Jeśli w waszym domu ktoś pali, niech używa zapalniczek z zabezpieczeniem przeciwko użyciu przez dzieci. Zostały one opracowane i z sukcesem przetestowane, są już nawet samogaszące się papierosy. W Stanach Zjednoczonych liczba zgonów w pożarach wywołanych zapalniczką spadła o 43%, odkąd wprowadzono tego rodzaju zapalniczki.

PROBLEM: BARDZO GORĄCA WODA W KRANACH I GORĄCE NAPOJE
RATUNEK: ZAPROGRAMOWANIE BOILERA NA ODPOWIEDNIĄ TEMPERATURĘ WODY. UWAGA NA GORĄCĄ KAWĘ!

Domowy bojler powinien być ustawiony na temperaturę poniżej 54°C. Jest to najpewniejszy sposób, żeby wykluczyć poparzenia wodą z kranu. Do gorącej herbaty czy kawy najlepiej od razu dodać trochę zimnego mleka.

Nigdy nie pij gorącej kawy, gdy trzymasz dziecko na kolanach. Najlepiej też mieć w kuchni czajnik elektryczny z krótkim kablem.

PROBLEM: POŻARY W DOMACH
RATUNEK: ALARMY PRZECIWPOŻAROWE

Alarmy przeciwpożarowe to niezbędny element wyposażenia każdego domu. Alarmy te szybko ostrzegają mieszkańców o zagrożeniu i pomagają zmniejszyć liczbę pożarów w domach o 71%, ich montaż może więc niebawem być wymogiem prawnym, zarówno w nowym budownictwie, jak i starszych budynkach. Alarmy muszą jednak być poprawnie zainstalowane, a baterie należy regularnie sprawdzać (nie wyjmuj baterii tylko dlatego, że toster często przypala chleb). W domach z kominkiem w salonie koniecznością jest osłona kominkowa.

PROBLEM: ŁATWOPALNE PIŻAMY I KAPCIE
RATUNEK: KUPUJ PIŻAMY I KAPCIE Z NIEPALNYCH MATERIAŁÓW

W Stanach Zjednoczonych prawo okazało się bardzo skuteczne – od 1972 roku, kiedy wprowadzono nowe przepisy, zanotowano 75-procentowy spadek liczby pacjentów przyjmowanych do szpitala z oparzeniami, których przyczyną były łatwopalne piżamy i kapcie.

PROBLEM: FAJERWERKI
RATUNEK: TRZYMAJ SIĘ OD NICH Z DALA!

Urazy spowodowane sztucznymi ogniami mogą być bardzo poważne i oszpecające, a jedynym sposobem, żeby się uchronić, jest wprowadzenie całkowitego zakazu ich używania – począwszy od własnego domu.

SYGNAŁY ALARMOWE

PIERWSZA POMOC W PRZYPADKU OPARZEŃ

Natychmiast włóż dziecko pod kran z zimną (ale nie lodowatą) wodą. Przez co najmniej 10 minut obficie polewaj nią oparzoną skórę (ale uważaj, by ciśnienie nie było za duże), żeby dobrze schłodzić skórę.

Zdejmij dziecku ubrania, które nie przylegają do skóry. Nie odrywaj jednak na siłę materiału, który przyległ na dobre. Zdejmij skarpetki, rękawiczki, ozdoby, jeśli poparzona jest ręka lub stopa. Poparzona skóra może spuchnąć.

Po schłodzeniu zimną wodą załóż na poparzone miejsce opatrunek. Użyj do tego czystego materiału (bez puszku) namoczonego zimną wodą. Uszkodzona skóra będzie wtedy lepiej ochroniona, dzięki czemu ryzyko infekcji będzie mniejsze.

Zadzwoń po karetkę lub sam zabierz dziecko do szpitala.

Pod żadnym pozorem nie przekłuwaj pęcherzy.

Oparzeń nie wolno smarować masłem ani żadną inną tłustą substancją – zdecydowanie żadnych maści! Musiałbyś je usunąć, zanim lekarz będzie mógł opatrzyć ranę.

Upadki

PROBLEM: UPADKI ZE SCHODÓW
RATUNEK: BRAMKI NA SCHODACH I ZAMKI NA OKNACH NA PIĘTRZE

Około 50% urazów jedno- i dwulatków wynika z upadków. Upadkowi ze schodów można zapobiec, montując bramki, najlepiej jedną u góry, a drugą na dole schodów. Okna stanowią wielkie niebezpieczeństwo: większość dzieci, które doznały poważnego lub śmiertelnego urazu w wyniku wypadku, wypadło z otwartego okna na piętrze.

Upadki z balkonu na szczęście nie zdarzają się tak często, trzeba jednak bardzo uważać na wakacjach. Uważaj też na chodziki – wykazano, że są one niebezpieczne, gdyż dzieci często spadają w nich ze schodów; w rozpędzonym chodziku mogą też wpaść do ognia. Na szczęście place zabaw są dzisiaj bezpieczne i bardzo rzadko zdarza się, by dziecko nabawiło się na nich poważnego urazu z powodu upadku, a wszystko dzięki miękkim nawierzchniom i bezpieczniejszym sprzętom.

SYGNAŁY ALARMOWE

PIERWSZA POMOC W RAZIE UPADKU:

Najpierw sprawdź najważniejsze kwestie: czy dziecko jest przytomne, czy oddycha i czy krwawi.

Jeśli nie oddycha, rozpocznij sztuczne oddychanie metodą usta-usta (zob. s. 268) i sprowadź pomoc.

Jeśli dziecko jest nieprzytomne lub ma zawroty głowy, ułóż je w pozycji bocznej ustalonej.

Jeśli masz podejrzenia, że dziecko coś złamało lub ma urazy wewnętrzne, nie ruszaj go z miejsca, chyba że nie masz wyboru.

W przypadku poważnego urazu, zadzwoń na pogotowie (112) i czekaj na przyjazd karetki.

Jeśli dziecko ma zawroty głowy, kuleje, jest blade (albo wymiotuje i jest oszołomione), natychmiast udajcie się do lekarza lub szpitala.

Zakrztuszenia, uduszenia

Winowajcami prawie zawsze są małe, atrakcyjnie wyglądające przedmioty: fragmenty zabawek, baloniki, kawałki jedzenia, choć sprzęty domowe także mogą doprowadzić do zakrztuszenia.

PROBLEM: SZCZEBELKI, ŁÓŻECZKA I INNE SPRZĘTY, W KTÓRYCH DZIECKO MOŻE SIĘ ZAKLINOWAĆ
RATUNEK: PRZEMYŚLANY WYBÓR KUPOWANEGO SPRZĘTU

Bezpieczne sprzęty domowe (a przepisy zmuszają producentów do uwzględniania bezpieczeństwa w projektowaniu) lepiej zapobiegają zakrztuszeniom niż nawet najbardziej czujny rodzic. Spójrz na wózek dziecięcy i łóżeczko pod tym kątem i sprawdź, czy zostały wyprodukowane zgodnie z przepisami bezpieczeństwa.

PROBLEM: PRZEDMIOTY STWARZAJĄCE WYSOKIE RYZYKO ZAKRZTUSZENIA, UDUSZENIA, TAKIE JAK:

- balony,
- niejadalne elementy w jedzeniu,
- wiszące sznurki (na przykład przy żaluzjach),
- sznurki przy ubrankach dziecka

RATUNEK: W OGÓLE NIE TRZYMAJ ICH W DOMU

To właśnie one są najczęściej przyczyną tragedii. Są pomysły, żeby je w ogóle wycofać z rynku, a ty w międzyczasie wycofaj je ze swojego domu.

SYGNAŁY ALARMOWE

PIERWSZA POMOC W PRZYPADKU ZAKRZTUSZENIA, UDUSZENIA

Nie marnuj cennego czasu, próbując wyjąć dziecku z buzi przedmiot, którym się teraz krztusi, chyba że łatwo możesz go dosięgnąć. Zazwyczaj jednak jest zbyt głęboko.

Niemowlęta i małe dzieci należy chwycić do góry nogami za obie nogi, a następnie zdecydowanym ruchem uderzyć dziecko dłonią między łopatkami. Jeśli przedmiot nie wypadnie, zrób to jeszcze raz. Gdy dziecko jest zbyt duże, żeby je chwycić do góry nogami, połóż ja na brzuchu na swoich kolanach.

Nie stosuj techniki Heimlicha w przypadku małych dzieci. Może to wywołać wymioty i uszkodzić organy wewnętrzne.

Zatrucia

Dzieci do 2. roku życia połkną wszystko, co im wpadnie w ręce – one więc najczęściej trafiają do lekarzy z powodu zatrucia. W 90% przypadków do zatrucia dochodzi w domu.

PROBLEM: **PRODUKTY OBECNE W NIEMAL KAŻDYM DOMU, TAKIE JAK:**

- środki czystości,
- alkohol,
- pestycydy,
- leki,
- kosmetyki

RATUNEK: **PRZECHOWUJ JE W MIEJSCU NIEDOSTĘPNYM DLA DZIECKA W SZAFKACH Z ZAMONTOWANYMI ZAMKAMI**

SYGNAŁY ALARMOWE

PIERWSZA POMOC W PRZYPADKU ZATRUCIA

Podaj dziecku wodę do picia, ale nie wywołuj wymiotów.

Niekiedy trudno stwierdzić, czy dziecko faktycznie coś połknęło – zawsze lepiej, żeby zbadał je lekarz.

Zabierz ze sobą do lekarza czy szpitala próbkę substancji, którą dziecko połknęło (razem z opakowaniem). Jeśli dziecko zwymiotuje, weź też próbkę wymiocin.

ROZDZIAŁ 24

Rozwój prawidłowego uzębienia

Zęby to kwestia zdrowotna, chociaż są często pomijane w początkowych, ważnych latach życia dziecka. Jeśli chcesz, żeby twoje maleństwo miało zdrowy uśmiech w dorosłości, zadbaj o jego zęby. Niestety zanim dziecko odwiedzi po raz pierwszy dentystę, szkód może być już wiele.

Pamiętaj, że:

- ubytków próchniczych można uniknąć,
- częstym problemem jest próchnica spowodowana karmieniem z butelki,
- główną przyczyną próchnicy są słodzone napoje,
- lakowanie zębów może zmniejszyć ryzyko próchnicy nawet o 80%.

Zawsze zalecam zaprowadzenie dziecka do dentysty, zanim zaczną się problemy z zębami, ponieważ później może być za późno. A jeżeli do 2. urodzin nie pojawią się jeszcze żadne zęby, dziecko z pewnością wymaga kontroli dentystycznej.

Wyrzynanie się zębów

Niemowlęta rodzą się bez zębów (z rzadkimi wyjątkami). Moment wyrzynania się zębów mlecznych jest kwestią indywidualną, ale dolne zęby przednie pojawiają się zazwyczaj jako pierwsze, pomiędzy 6. a 9. miesiącem. Do 15. miesiąca dziecko będzie miało wszystkie 8 siekaczy, a pełne uzębienie mleczne, to jest 20 zębów, wyrośnie przed ukończeniem przez malucha 3 lat.

Później rozpocznie się okres chowania zębów mlecznych pod poduszkę. Dziecko zacznie tracić mleczaki w wieku 6 lat i będą one wypadać (i ostatecznie zostaną zastąpione zębami stałymi) do około 12. roku życia. Kiedy proces ten się zakończy, dziecko będzie miało 32 zęby stałe. Zęby na obu szczękach są bardzo twarde (zewnętrzna emalia jest najtwardszą zmineralizowaną tkanką w całym ciele ludzkim). Muszą takie być.

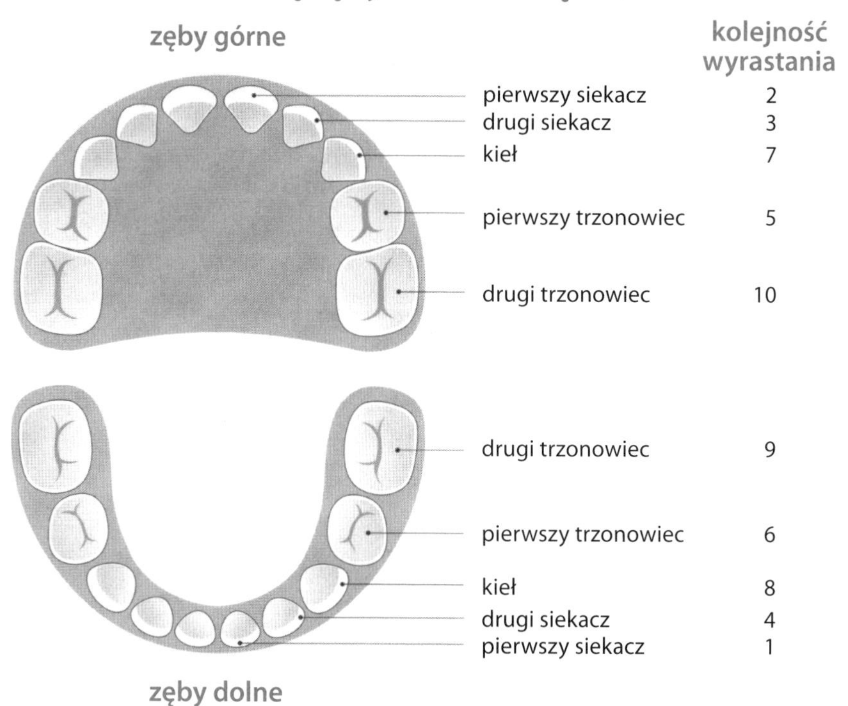

Zęby mleczne wymagają równie dużo opieki, co zęby stałe. Zewnętrzna emalia jest na nich cieńsza niż na zębach stałych, dlatego są podatne na próchnicę, gdy tylko się pojawią. Jeśli dziecko utraci któryś z zębów mlecznych zbyt wcześnie, pozostałe zęby przesuną się, żeby wypełnić wolne miejsce, co oznacza konieczność wizyt u ortodonty w przyszłości.

W czasie wyrzynania się zębów dziecko będzie w złym humorze, ale w najgorszym wypadku będzie odczuwało umiarkowany dyskomfort. Dziecko będzie miało następujące objawy:

- czerwone policzki,
- będzie się ślinić bardziej niż zwykle,
- będzie gryzło i żuło wszystko, co znajdzie w zasięgu ręki,
- kupki będą bardziej wodniste niż zazwyczaj.

LECZENIE **W DOMU**

Gdy już ząb przebije się przez dziąsło, wszelkie objawy związane z wyrzynaniem się znikną. To po prostu kwestia czasu, ale jak pomóc dziecku zanim to nastąpi?

Każda rodzina ma swój pomysł, co dać dziecku do gryzienia, gdy ząbkuje. Możesz spróbować następujących metod:

- gryzaków,
- zimnej łyżki,
- zamrożonego chleba,
- surowej, schłodzonej marchewki,
- żelu do dziąseł,
- zimnego, zmoczonego ręcznika do twarzy.

Środki te będą miłą rozrywką i dziecko będzie je chętnie gryzło, chociaż żadne badania nie potwierdziły jeszcze, że gryzienie czegokolwiek poprawia sprawę. Czasami pocieranie dziąsła dziecka (czystym) palcem może pomóc. Nie zaleca się specjalnych ciastek na ząbkowanie, gdyż mogą zawierać cukier i szybko miękną. W miarę możliwości staraj się unikać paracetamolu.

Ostrzeżenie: wyrzynanie się zębów nie wywołuje u dzieci wysokiej temperatury, dlatego jeśli maluch ma gorączkę, szukaj innej przyczyny.

Wypadki

Jeśli dziecko upadnie i wybije sobie ząb, to występuje sytuacja awaryjna, zwłaszcza jeżeli to ząb stały. Musisz szybko ponownie włożyć ząb w to samo miejsce, najpóźniej godzinę po wypadku. Im dłuższa zwłoka, tym mniejsza szansa, że ząb się utrzyma.

Nikogo nie zdziwi, gdy powiem, że najwięcej wypadków z wybiciem zębów zaliczają dwu-, trzylatki. Najczęściej urazowi ulegają siekacze. Należy również monitorować starsze dzieci uprawiające sporty kontaktowe. Bez ochraniacza na twarz ryzyko uszkodzenia zębów jest sześciokrotnie wyższe (ochraniacze na miarę są w tym wypadku najlepsze).

LECZENIE **W DOMU**

Gdy dziecko wybije sobie przez przypadek ząb, zawieź je pilnie do dentysty.

- Jeśli to stały ząb, umyj go delikatnie czystą wodą (żeby usunąć wszelkie zanieczyszczenia) i włóż z powrotem w dziąsło. Nie dotykaj korzenia! Postaraj się włożyć go w to samo miejsce.
- Jeżeli nie da się zęba włożyć z powrotem, zanurz go w mleku i zanieś do dentysty.
- Jeśli to ząb mleczny, nie wkładaj go do dziąsła. Może zaszkodzić zębowi stałemu, który rośnie za nim. Pozwól dentyście przebadać uzębienie dziecka.

Na korzeniu zęba znajdują się żywe komórki, które pomogą mu się zagoić, ale wymierają one szybko, dlatego nie zwlekaj z zastąpieniem stałego zęba.

Próchnica i erozja szkliwa

Próchnica zębów jest w dużym stopniu możliwa do uniknięcia, jednak 50% dzieci przed 12. rokiem życia będzie miało jakieś ubytki. Niekiedy wizyta u dentysty następuje zbyt późno i jedynym rozwiązaniem jest usunięcie zęba. Gdzie tkwił błąd?

Próchnica wynika głównie z diety. Próchnica nazębna jest spowodowana chorobą (bakterią *streptococcus mutans*), ale dieta zaostrza problem. Bakterie rozkładają sacharozę znalezioną na zębach i wytwarzają kwasy, które niszczą szkliwo, usuwając niezbędne minerały. Ponieważ mechanizmy obronne maluchów są wciąż nierozwinięte, bakterie mogą działać szybciej.

Napoje słodzone (włącznie z sokami owocowymi) są główną przyczyną próchnicy zębów. Prawdziwy problem to dziecko, które kładzie się co wieczór do łóżka z butelką wypełnioną sokiem, czego nieprzyjemną konsekwencją jest znana dentystom próchnica „od butelki z mlekiem". Dziecko produkuje w nocy mniej śliny (czyniąc zęby bardziej podatnymi na próchnicę) i jeśli zasypia z butelką w ustach, zęby nasiąkną cukrem, co podniesie ilość wyprodukowanego kwasu. Gdy dziecko je, wytwarza więcej śliny, która chroni zęby,

„Zęby dziecka są podatne na próchnicę tuż po wyrośnięciu".

(Amerykańskie Stowarzyszenie Dentystów, 2000)

„Warto mieć na uwadze, że niektóre produkty niemowlęce poddane obróbce zawierają duże ilości cukru".

(Brytyjska Fundacja Zdrowych Zębów, 2005)

dlatego napoje i słodkości powinny być dodatkiem do posiłku. Umożliwia to również ślinie działać pomiędzy atakami.

Erozja jest równie istotnym problemem co próchnica. Podczas gdy bakterie powodują próchnicę zębów, związki chemiczne zawarte w pokarmach i napojach ścierają szkliwo. Najwięksi winowajcy to znów soki owocowe oraz słodkie napoje gazowane. U starszych dzieci problem stanowią słodzone napoje energetyczne i gazowane napoje dietetyczne. Dzieci pijące sok owocowy częściej niż raz dziennie są trzykrotnie bardziej narażone na erozję zębów.

LECZENIE **W DOMU**

„Wielu rodziców nie zdaje sobie sprawy z faktu, że pozornie zdrowe napoje, na przykład soki owocowe lub wody mineralne o smaku owocowym, mogą powodować próchnicę. Ryzyko jest jeszcze wyższe, jeśli dziecko ma do nich nieograniczony dostęp".

(dr B. Harrington-Barry, Irlandzkie Stowarzyszenie Dentystów, 2008)

Możesz zapobiec próchnicy zębów lub erozji szkliwa.

+ Jedyny płyn, który dziecko powinno pić z butelki, to mleko lub woda (nigdy napoje słodzone lub soki owocowe).
+ Nie pozwalaj dziecku zasypiać z butelką, chyba że wody. Nie dokarmiaj go mlekiem, gdy leży w łóżeczku.
+ Przestań karmić dziecko z butelki w ciągu dnia, gdy skończy rok. Naucz je w zamian pić z kubka.
+ Gdy pojawią się mleczne zęby, myj je co najmniej raz dziennie, ale nie używaj przy tym pasty do zębów, zanim dziecko nie ukończy 2 lat.
+ Ogranicz napoje słodzone i soki owocowe do minimum i nigdy nie podawaj ich dziecku pomiędzy posiłkami. Nie wyrządzą mu krzywdy, jeśli pije je wyłącznie w trakcie posiłków. Picie przez słomkę zmniejszy kontakt płynów z zębami.
+ Zachęć dziecko do wypijania napojów od razu, a nie małymi łykami.
+ Słodzone pokarmy powinno się jeść wyłącznie w trakcie posiłków, a nie jako przekąski. I nigdy w ramach nagrody.
+ Najlepszym napojem pomiędzy posiłkami jest woda.

Jeśli dziecko korzysta ze smoczka, postaraj się go odstawić przed pierwszymi urodzinami. W przeciwnym razie poskutkuje to krzywymi zębami.

Fluor i lakowanie zębów

Niektórzy ludzie są przeciwni dodawaniu fluoru do wody pitnej. Czy jest to dla dziecka bezpieczne? Precyzyjne badania naukowe dowiodły, że poziom fluoru w stężeniu jedna cząsteczka fluoru na milion cząsteczek wody jest najzupełniej bezpieczny. Dla pewności możesz skonsultować się z miejscowym przedsiębiorstwem wodociągowym.

Nie ma wątpliwości, że fluor ochroni zęby dziecka (spójrz na zęby jakiejkolwiek populacji, która rutynowo dodaje fluor do wody). Fluor to pierwiastek, który występuje w przyrodzie w skałach i ziemi. Jest wchłaniany w kryształ emalii nazębnej, utrudniając jej rozpuszczanie i czyniąc mniej podatną na ścieranie. Spowalnia również fermentację bakteryjną cukru na zębach. Aplikacja fluoru bezpośrednio na zęby jest jeszcze bardziej skuteczna, dlatego też stosuje się pasty z fluorem. Nie będziesz potrzebował tabletek fluorowych (nawet jeśli dziecko jest karmione piersią), chyba że do wody pitnej w zamieszkiwanym przez ciebie miejscu nie jest dodawany fluor.

Fluoroza wzbudza niewielkie kontrowersje, ale można jej uniknąć i jest to problem głównie kosmetyczny. Wysokie dawki fluoru prowadzą do nieprawidłowego rozwoju szkliwa, czego wynikiem są białe kropki lub plamy na zębach. W istocie blisko 90% przypadków fluorozy jest zauważalnych wyłącznie w szczegółowym badaniu dentystycznym.

Lakowanie zębów jest jednym z najdoskonalszych dostępnych środków chroniących zęby. Dziwi fakt, że nie jest powszechnie stosowane. Podczas gdy biały fluor chroni gładkie powierzchnie zębów, środek lakujący trzyma pokarmy z dala od pęknięć i zagłębień zębów. To warstwa laku, którą lekarz nakłada na stałe zęby (zazwyczaj tylne, które biorą udział w żuciu) tuż po ich wyrośnięciu.

PYTANIA i ODPOWIEDZI

Kiedy powinienem po raz pierwszy zaprowadzić dziecko do dentysty?

Pierwsza wizyta u dentysty powinna mieć miejsce, jak tylko pojawią się pierwsze zęby, mniej więcej pomiędzy 6. a 12. miesiącem życia. Jak ujęła to Amerykańska Akademia Stomatologii Dziecięcej: „pierwsza wizyta przed pierwszymi urodzinami". Problemy mogą rozpocząć się wcześnie i największym zmartwieniem jest zawsze próchnica spowodowana karmieniem z butelki.

„Liczne badania wykazały, że dzieci, które miały próchnicę na zębach mlecznych, będą ją miały także na zębach stałych".

(B. Dye, Centrum Kontroli i Profilaktyki Chorób, USA, 2007)

Dobrze jest też przyzwyczaić dziecko do gabinetu dentystycznego, gdy jest jeszcze małe, dzięki czemu nie będzie się tak bało stomatologa w późniejszym życiu.

Kiedy należy zacząć dziecku myć zęby?

Zęby powinny być utrzymane w czystości jak tylko się pojawią, począwszy od zębów mlecznych, żeby zapobiec próchnicy. Można w tym celu używać wilgotnego ręczniczka do twarzy albo dziecięcej szczoteczki do zębów, ale nie należy stosować pasty do zębów u dzieci do 2 lat. Zawsze pamiętaj, żeby szczotkować zarówno zęby, jak i dziąsła, a także by nie pomijać tyłu zębów. Dobrym pomysłem jest też delikatne czyszczenie nitką dentystyczną co kilka dni lub częściej, jeśli to możliwe. Wypatruj na zębach dziecka brązowych lub białych jak kreda kropek, gdyż mogą one oznaczać próchnicę.

„Zęby są w stanie odeprzeć do 4 ataków kwasów dziennie. Jednakże jeśli dziecko wciąż przegryza słodycze, nie mają szansy się obronić".

(dr L. Convery, były doradca ds. stomatologii dziecięcej przy Szpitalu Dentystycznym w Dublinie, 1994)

Co to jest płytka nazębna?

Szczotkuj zęby 2 razy dziennie, żeby mieć zdrowe dziąsła i usunąć płytkę nazębną. Ta ostatnia to lepki biały osad, który odkłada się na zębach: połączenie jedzenia, śliny i milionów żerujących bakterii. Usuwa się ją, szczotkując zęby i czyszcząc je nitką dentystyczną. Jeśli jej nie usuniesz, dziecko prawdopodobnie dostanie próchnicy, choroby dziąseł lub obu na raz. Jeśli chcesz wiedzieć, jak dobrze radzisz sobie z płytką nazębną, wypróbuj zestaw do jej wykrywania. Barwi on osad płytki nazębnej, pokazując, w których miejscach należy dokładniej szczotkować zęby.

Ślina zmywa płytkę nazębną i neutralizuje kwasy, ale jeśli dziecko wciąż ma w buzi coś słodkiego, ślina ma niewielką szansę na spełnienie swojej funkcji.

Dlaczego dziąsła dziecka krwawią, gdy szczotkuję mu zęby?

Szczotkuj zęby dokładnie, ale nie na tyle mocno, żeby spowodować krwawienie dziąseł. Jeśli nie naciskasz zbyt silnie na dziąsła, a mimo to krwawią, może to być zapalenie dziąseł, bardzo częste u dzieci. Dziąsła będą wtedy zwykle niebiesko-czerwone i opuchnięte, ale nie będą boleć. Jeśli masz dostęp do testu wykrywającego płytkę nazębną, dostrzeżesz przyczynę problemu, czyli odkładanie się płytki między zębami, która powstaje wskutek nieprawidłowej higieny, więc sprawdź, jak dziecko myje zęby.

Dlaczego niektóre zęby dziecka są przebarwione?

Plamy nazębne są dość częste u dzieci. Zazwyczaj powodują je bakterie znajdujące się w płytce nazębnej. Dokładniejsze szczotkowanie powinno rozwiązać problem. Jednak wiele pokarmów (na przykład suplementów diety zawierających żelazo) może także doprowadzić do powierzchniowych przebarwień. Jeśli do tego dojdzie, dentysta będzie w stanie usunąć plamy. U dziecka, które chorowało, gdy wyżynały się zęby, choroba także mogła spowodować przebarwienia. Jeśli ząb został uszkodzony w wypadku, mógł w rezultacie sczernieć. Niekiedy przyczyną plam nazębnych jest nadmiar fluoru. Przebarwienia są wtedy białe i nie wymagają leczenia. Dzieciom poniżej 8 lat nie podaje się już antybiotyku o nazwie tetracyklina, gdyż rosnące zęby wchłaniają lek, co może spowodować zmianę ich zabarwienia.

ROZDZIAŁ 25

Domowa apteczka

Leki, które należy mieć w domu

Domowa apteczka nie musi być wielkich rozmiarów, ale istnieją pewne leki, potrzebne zarówno codziennie, jak i w razie nagłego wypadku, które powinna zawierać.

Paracetamol lub **ibuprofen** dla dzieci w syropie i tabletkach.

Doustny roztwór nawadniający na wirusy żołądkowe (odwodnienie jest niebezpieczne, zwłaszcza w przypadku małych dzieci).

Termometr. Rodzaj termometru nie jest tak ważny, jak umiejętność korzystania z niego (zachowaj instrukcję obsługi). W przypadku termometrów elektronicznych powinieneś posiadać dwie sztuki oraz zapasowe baterie.

Antyhistaminy w syropie dla dzieci, a także w tabletkach oraz maści. Łagodzą swędzenie spowodowane alergią, wysypką czy ukąszeniem owadów.

Kalaminę w postaci nasączonej gazy lub lotionu. Przynosi ulgę w swędzeniu skóry wywołanemu egzemą, wysypką czy poparzeniem słonecznym.

Środek udrażniający drogi oddechowe w kapsułkach albo inhalatorze do stosowania donosowego. Jeśli dziecko ma katar sienny, miej też w zanadrzu doustne środki udrażniające drogi oddechowe, które możesz podać w okresie najsilniejszych dolegliwości.

Krem albo **płyn dezynfekujący** na drobne skaleczenia.

Krem lub **puder przeciwgrzybiczy** na grzybicę stóp, zwłaszcza w okresie letnim lub jeśli domownicy uprawiają sporty.

Emulsje nawadniające skórę. Krem nawilżający na suchą skórę.

Krem z filtrem UV. Dzieciom zaleca się krem będący blokerem, czyli z filtrem UV powyżej SPF 30.

Lek na usuwanie wszy oraz specjalny grzebień z drobnymi zębami na ich wyczesywanie (jeśli zastosujesz tę metodę tuż po pojawieniu się pasożytów, unikniesz opuszczania przez dziecko szkoły).

Krem hydrokortyzonowy na ukąszenia owadów.

Krem ochronny na wysypkę w okolicach pupy.

Plastry i bandaże. Przechowuj różne rodzaje plastrów. Dobrze jest też posiadać sporą rolkę bandażu elastycznego z zapinkami na wypadek urazu.

Sterylne opatrunki na większe rany.

Watę. Przechowuj ją w słoiku lub zaklejonej torebce, żeby nie uległa zabrudzeniu.

Nożyczki.

Zasady bezpieczeństwa

Zalecam następujące zasady bezpieczeństwa dotyczące leków:

- Przechowuj leki z dala od dzieci, na tyle wysoko, żeby dziecko nie mogło do nich sięgnąć, stojąc na blacie kuchennym.
- Załóż zamek bezpieczeństwa na drzwiczkach szafki z lekami.
- Nie przechowuj przeterminowanych leków.
- Zawsze czytaj (i zachowaj) ulotkę informacyjną.

Korzystanie z termometru

Najdokładniejszy pomiar temperatury to pomiar odbytniczy, ale możesz mierzyć gorączkę, wkładając termometr do ust, pod pachę lub do ucha, jeśli będziesz przestrzegać odpowiednich metod.

Odradzam jednak korzystanie z samoprzylepnych plastykowych pasków lub termometrów czołowych (ciekłokrystalicznych), ponieważ nie są wystarczająco dokładne. Szklane termometry rtęciowe również nie są obecnie zalecane ze względu na ryzyko promieniowania rtęciowego w razie stłuczenia.

Temperaturę wynoszącą powyżej 38°C uznaje się zazwyczaj za gorączkę. Jeśli używasz termometru elektronicznego, zaopatrz się w dodatkowe baterie i pamiętaj, żeby go włączyć!

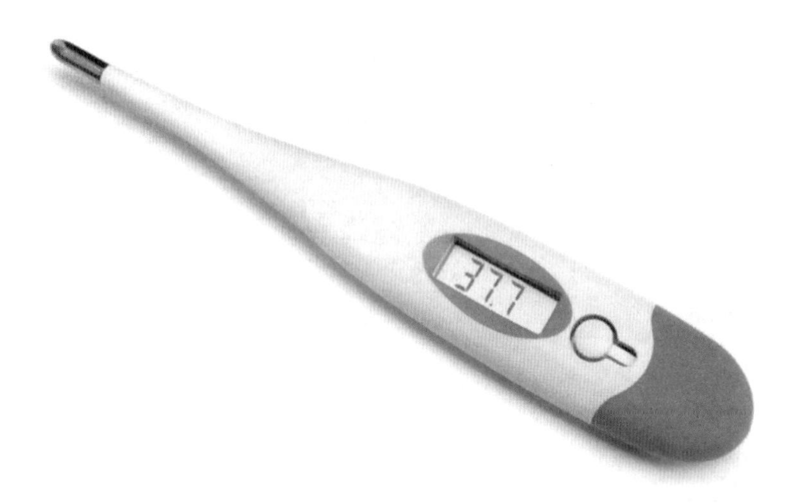

POMIAR DOUSTNY

Zalecany wyłącznie u dzieci mających ponad 5 lat.

- Zacznij od umycia termometru chłodną wodą z mydłem. Następnie dobrze go spłucz.
- Włóż koniec urządzenia pod tylną część języka. Dziecko może go trzymać pomiędzy wargami (a nie zębami).
- Trzymaj w tej pozycji, dopóki nie zacznie pikać. Pomiar temperatury przy użyciu większości termometrów elektronicznych trwa poniżej minuty.
- Jeśli dziecko jadło lub piło w ciągu ostatnich 30 minut, wpłynie to na odczyt. Wtedy należy zmierzyć temperaturę pod pachą lub w uchu.
- Nie pozostawiaj dziecka bez nadzoru, gdy trzyma termometr w buzi.

POMIAR POD PACHĄ

Odczyt będzie trochę mniej dokładny, o mniej więcej 0,6°C niższy niż temperatura ciała.

- Włóż koniec termometru pod pachę dziecka (sprawdź wcześniej, czy jest sucha).
- Trzymaj termometr w miejscu przez 5 minut. Dziecko powinno przycisnąć łokieć do klatki piersiowej.

POMIAR DOUSZNY

Możesz go używać u dzieci powyżej 6 miesięcy. U dzieci młodszych nie jest on wiarygodny.

- Odchyl małżowinę ucha, a następnie włóż termometr do ucha dziecka.
- Przytrzymaj urządzenie w uchu przez 2 sekundy.
- Jednorazowe nakładki należy wymieniać po każdym użyciu.
- Jeśli dziecko wróciło z dworu w zimny dzień, odczekaj około 15 minut, zanim rozpoczniesz pomiar.

ROZDZIAŁ 26

Terapie naturalne

Każdy rodzic chce jak najlepiej dla własnego dziecka, dlatego ze względów bezpieczeństwa często preferuje naturalne sposoby leczenia. Wybór jest obecnie szeroki i obejmuje medycynę Chin, Wschodnich Indii oraz Ameryki Północnej. Możesz też leczyć dziecko minerałami, witaminami, środkami roślinnymi i zwierzęcymi.

Popularność medycyny alternatywnej opiera się w dużym stopniu na obawach dotyczących bezpieczeństwa stosowania środków farmakologicznych. To trend tworzony przez pacjentów. Sympatyzuję z rodzicami, którzy z niego korzystają i próbują odnaleźć się w świecie medycyny. Jednak jak każdy produkt zdrowotny, czy to syntetyczny, czy naturalny, produkty naturalne także mają wpływ na organizm dziecka. Musisz dobrze wiedzieć, dlaczego z nich korzystasz.

Medycyna tradycyjna znajduje się w trudnym położeniu. Wolno akceptuje wszelkie produkty zdrowotne, dopóki nie zostaną przebadane równie rygorystycznie jak pozostałe. Jest także oskarżana o przyjmowanie pozycji obronnej, a nawet o zamykanie się. W gruncie rzeczy, jako że tradycyjny system zdrowotny powstał na Zachodzie, to on zajmuje w naszej kulturze pozycję dominującą. Oczywiście to, co postrzegane jest na Zachodzie jako nowość (medycyna naturalna), jest uważane za tradycyjne w innych częściach świata.

Mam dość praktyczne podejście do tej kwestii. Jeśli skuteczność i bezpieczeństwo naturalnej terapii potwierdzono badaniami, zalecam jej stosowanie. W przeciwnym razie radzę ostrożność. Osoby znające angielski mogą zajrzeć do pożytecznego poradnika internetowego dla rodziców Medline Plus (www.medlineplus.gov). To strona opracowana przez Amerykańską Krajową Bibliotekę Medycyny i Krajowy Instytut Zdrowia, oferująca najnowsze informacje na temat naturalnych produktów oraz wyniki badań klinicznych. Warto również zajrzeć na stronę Medycyny Uzupełniającej i Alternatywnej w Pediatrii (www. pedcam. ca).

Niektóre naturalne produkty uzyskały dobre wyniki w badaniach, na przykład wstępne testy wykazały, że zielona herbata pomaga w chorobach takich jak zapalenie stawów, zapobiega przeziębieniom i grypie, chociaż jeszcze za wcześnie, by stwierdzić to z całą pewnością. Wyniki dotyczące kapsułek z oleju rybnego w profilaktyce chorób serca są bardzo obiecujące, mimo że obawy dotyczące obecności związków metylortęciowych w tych olejach wykluczają podawanie ich dzieciom.

Zaleca się ostrożność, gdyż wiele naturalnych produktów nie przeszło do tej pory testów równie rygorystycznych jak leki tradycyjne. Co więcej, niestety niektóre z przeprowadzonych badań były zbyt wąskie. Nagietek jest często używany w leczeniu drobnych ran skórnych, ale dowód jego zdolności gojenia ran opiera się na badaniach na zwierzętach (nie przetestowano go jak dotąd na ludziach). W przypadkach niektórych środków, które były tematem badań klinicznych, uwidoczniły się pewne problemy. Przykładowo badania potwierdziły, że dziurawiec zwyczajny pomaga na umiarkowaną postać depresji, ale wiemy także, że może wchodzić w niebezpieczne interakcje z lekami dostępnymi na receptę lub innymi lekami ziołowymi.

Kanadyjskie Towarzystwo Pediatryczne podaje kilka bardzo rozsądnych rad na temat naturalnych produktów leczniczych. Najlepiej zastosować ogólne zasady, których w swojej pracy przestrzegają lekarze.

- Po pierwsze nie szkodzić.
- Nie odwlekaj leczenia poważnej choroby, którą da się skutecznie zwalczyć sprawdzonymi sposobami.
- Jeśli naturalna terapia stwarza niewielkie ryzyko, rozważ jej zastosowanie i uważnie śledź efekty.
- Jeśli terapia wiąże się z poważnym ryzykiem uszczerbku na zdrowiu, uprzedź pacjenta i uważnie monitoruj rozwój sytuacji.
- W miarę możliwości dokonaj wyboru terapii na podstawie wyników badań.
- W razie braku naukowych dowodów zachowaj otwarte i wyważone podejście.

„Leczenie naturalne, jak każda inna metoda medyczna, niesie ze sobą potencjalne działania niepożądane. Powinno być regulowane odgórnie, podobnie jak podanie tradycyjnych leków".

(The Lancet, 2006)

„Uważa się, że niektóre ziołowe leki chińskie są hepatotoksyczne".

(Krajowy Instytut Zdrowia i Badań Klinicznych, Wielka Brytania, 2007)

„Amerykański Urząd Kontroli Żywności i Leków nie nadzoruje ściśle ziół i suplementów diety. Nie ma gwarancji co do siły działania, czystości i bezpieczeństwa produktów, a ich skuteczność może być różna".

(Medline Plus, usługa w ramach Amerykańskiej Krajowej Biblioteki i Krajowych Instytutów Zdrowia, 2008)

Warto pamiętać o kilku faktach:

NATURALNE ŚRODKI LECZNICZE NIE PRZECHODZĄ RÓWNIE RYGORYSTYCZNYCH BADAŃ, CO LEKI FARMACEUTYCZNE. Jeśli produkt jest oznaczony jako suplement diety, nie jest wymagane, aby przed wprowadzeniem na rynek przeszedł obowiązkowe dla leków farmaceutycznych testy pod względem bezpieczeństwa i skuteczności.

NATURALNE PRODUKTY MAJĄ RÓŻNE STĘŻENIA I SIŁĘ. Kontaminacja stanowi problem: niektóre środki oferowane przez medycynę chińską spowodowały zatrucia metalami ciężkimi. Urzędnicy od spraw kontroli produktów rynkowych ostrzegają w raporcie z 2006 roku, że te ziołowe środki lecznicze mogą zawierać arszenik, rtęć i azbest.

ILOŚĆ SUBSTANCJI CZYNNEJ znajdującej się w naturalnych produktach wynosi od 0 do 200% zalecanej dawki.

TRUCIZNA TKWI W DAWCE. Dzieci nie są małymi dorosłymi. Są mniejsze, ich ciała wciąż rosną i są niedojrzałe, dlatego każdy lek, czy to naturalny, czy konwencjonalny, wpłynie na organizm w inny sposób (na przykład niedojrzałość bariery krew–mózg u małych dzieci może dopuścić substancje do centralnego układu nerwowego). Mniej niż 30% leków autoryzowanych przez Amerykański Urząd Kontroli Żywności i Leków jest bezpiecznych także dla dzieci. Dawki każdego leku dziecięcego powinny być ostrożnie wyważone i podawane przez osobę posiadającą uprawnienia pediatryczne.

IM WIĘCEJ LEKÓW ZAŻYWASZ, TYM WIĘKSZE PRAWDOPODOBIEŃSTWO WYSTĄPIENIA REAKCJI NIEPOŻĄDANYCH. Rodzice często nie wspominają lekarzowi o naturalnych środkach, które dziecko przyjmuje, podczas gdy mieszanie leków może powodować niepożądane reakcje. Pacjenci z ciężką lub przewlekłą chorobą często stosują naturalne środki, a także leki na receptę.

LEKI FARMACEUTYCZNE TO CZYSTA POSTAĆ NATURALNYCH ŚRODKÓW. Ponad jedna trzecia nowoczesnych leków farmaceutycznych bazuje na roślinach. Pozostałe otrzymuje się syntetycznie w laboratorium. Składniki roślinne są oczyszczane, substancja dobroczynna jest destylowana w celu ograniczenia ryzyka działań niepożądanych.

EFEKT PLACEBO JEST BARDZO SILNY. Wielu pacjentów cierpiących na mniejsze dolegliwości (albo samoistnie ustępujące wirusy) odczuje poprawę dlatego, że wierzą, że dany środek im pomoże.

Moja rada dla rodziców brzmi:

NIE ZAKŁADAJ, ŻE NATURALNE PRODUKTY SĄ BEZPIECZNIEJSZE. Szukaj wyników obiektywnych badań klinicznych zrandomizowanych z grupą kontrolną, zanim zaczniesz leczyć dziecko. Czy w badaniu wzięła udział wystarczająca liczba uczestników, żeby zagwarantować jego wiarygodność? Czy do interpretacji wyników badań zastosowano standardową metodologię?

CZY JESTEŚ PRZEKONANY co do tego, że lek jest skuteczniejszy od leku farmaceutycznego?

NIE MIESZAJ LEKÓW. Powiedz lekarzowi, jeśli dziecko zażywa naturalne środki. Mogą one wchodzić w reakcje z lekami na receptę. Poinformuj go także o wystąpieniu jakichkolwiek nieprawidłowych reakcji.

ALE

Pamiętaj, że naturalny nie zawsze oznacza bezpieczny.

Część 3

TABELE I WYKRESY

Pomocne materiały

ROZDZIAŁ 27

Tabele prawidłowego wzrostu i wagi

Tabele wzrostu umożliwiają porównanie wzrostu dziecka do normalnego na jego wiek zakresu. Zaznacz wzrost na każdym wykresie zwyczajną kropką, a następnie połącz kropki kolejnych pomiarów, żeby uzyskać krzywą wzrostu dziecka i dowiedzieć się, na której lub poniżej której linii percentylowej się znajduje. Porozmawiaj z lekarzem, jeśli wzrost wydaje się wychodzić poza normę albo jego tempo spadło. Przed 18. rokiem życia (u dziewczynek 16.) wzrost zazwyczaj przestaje się zmieniać. W 1. roku lekarz lub pielęgniarka w przychodni powinni regularnie mierzyć dziecko.

Zawsze mierz dziecko, gdy jest w skarpetkach. Pomiary muszą być bardzo dokładne.

Poniższe tabele są oparte na danych opublikowanych przez Fundację Wzrostu Dziecka.

Śledź wzrost dziecka

Percentyle

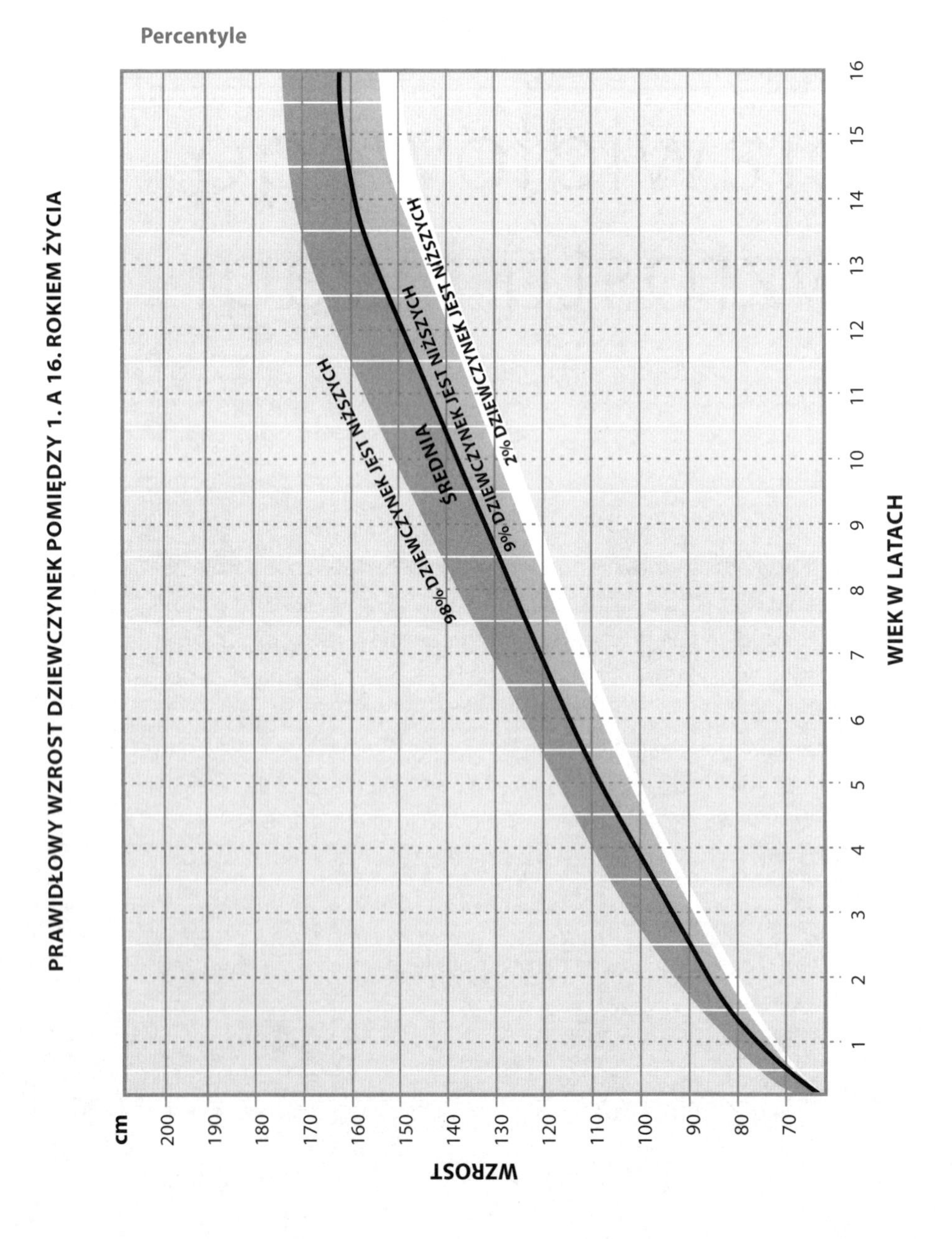

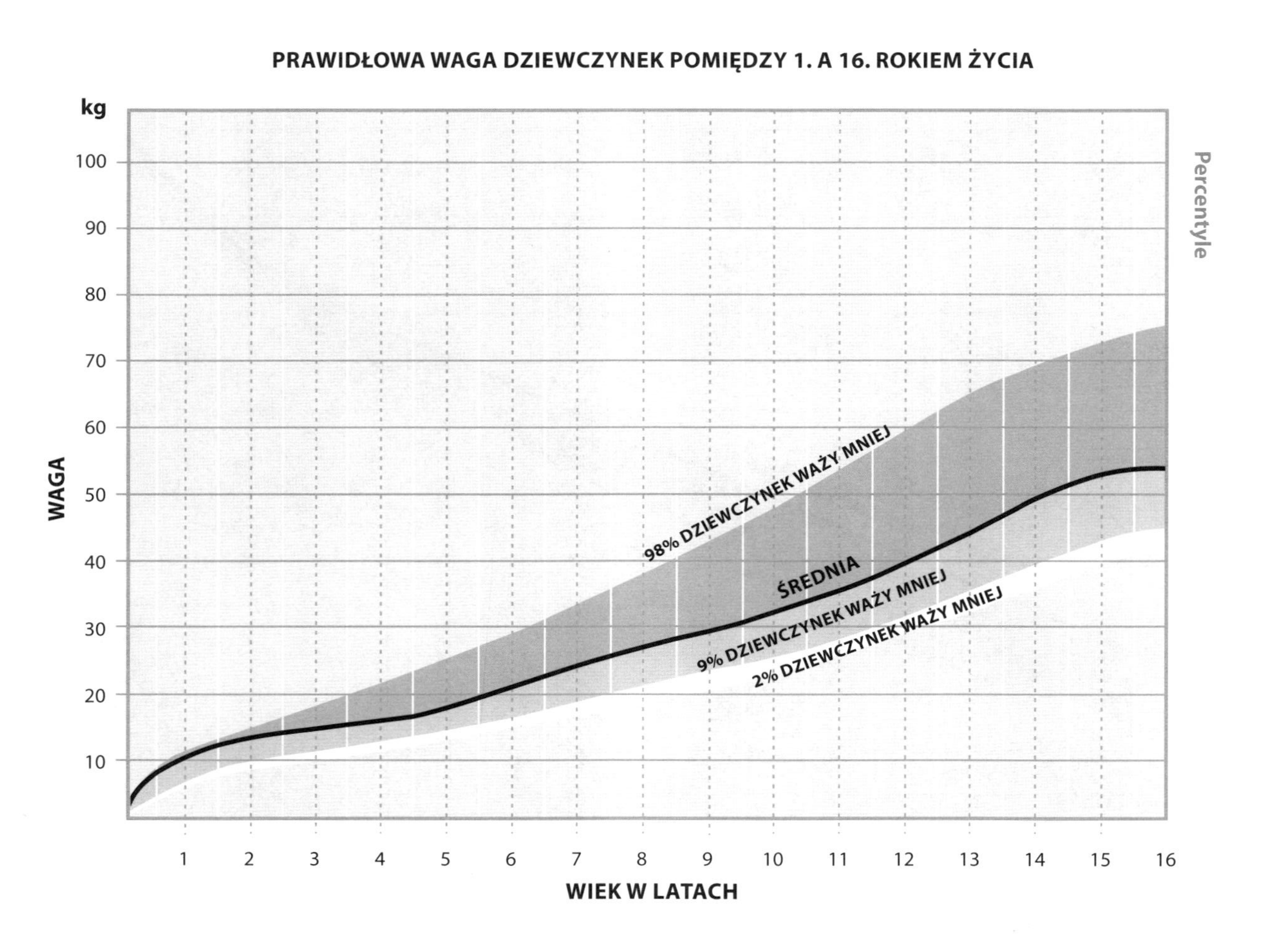
PRAWIDŁOWA WAGA DZIEWCZYNEK POMIĘDZY 1. A 16. ROKIEM ŻYCIA
kg
WAGA
100
90
80
70
60
50
40
30
20
10
1
2
3
4
5
6
7
8
9
10
11
12
13
14
15
16
WIEK W LATACH
Percentyle
98% DZIEWCZYNEK WAŻY MNIEJ
ŚREDNIA
9% DZIEWCZYNEK WAŻY MNIEJ
2% DZIEWCZYNEK WAŻY MNIEJ

Percentyle

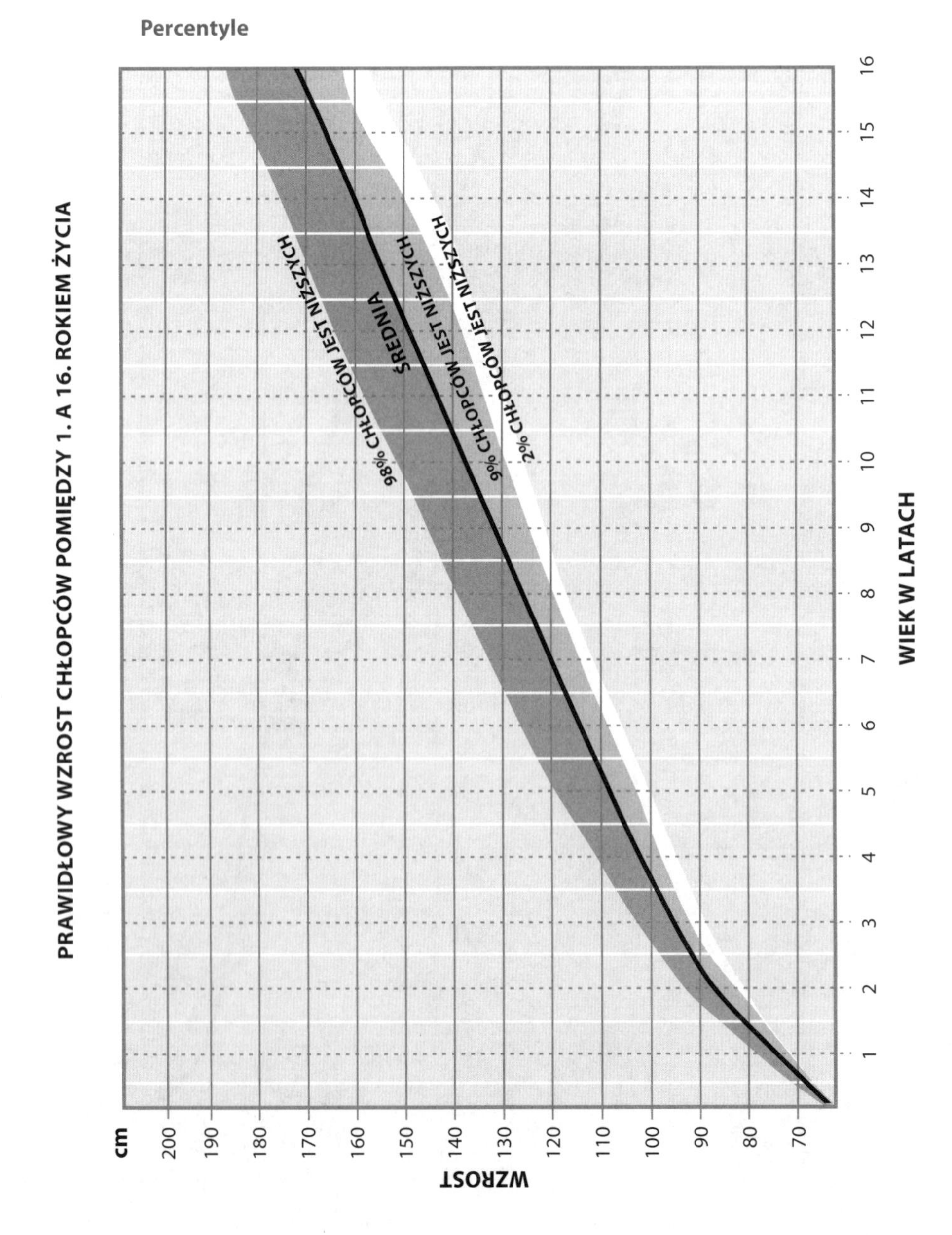

PRAWIDŁOWY WZROST CHŁOPCÓW POMIĘDZY 1. A 16. ROKIEM ŻYCIA
98% CHŁOPCÓW JEST NIŻSZYCH
ŚREDNIA
9% CHŁOPCÓW JEST NIŻSZYCH
2% CHŁOPCÓW JEST NIŻSZYCH
WZROST
cm
200 190 180 170 160 150 140 130 120 110 100 90 80 70
1 2 3 4 5 6 7 8 9 10 11 12 13 14 15 16
WIEK W LATACH

PRAWIDŁOWA WAGA CHŁOPCÓW POMIĘDZY 1. A 16. ROKIEM ŻYCIA

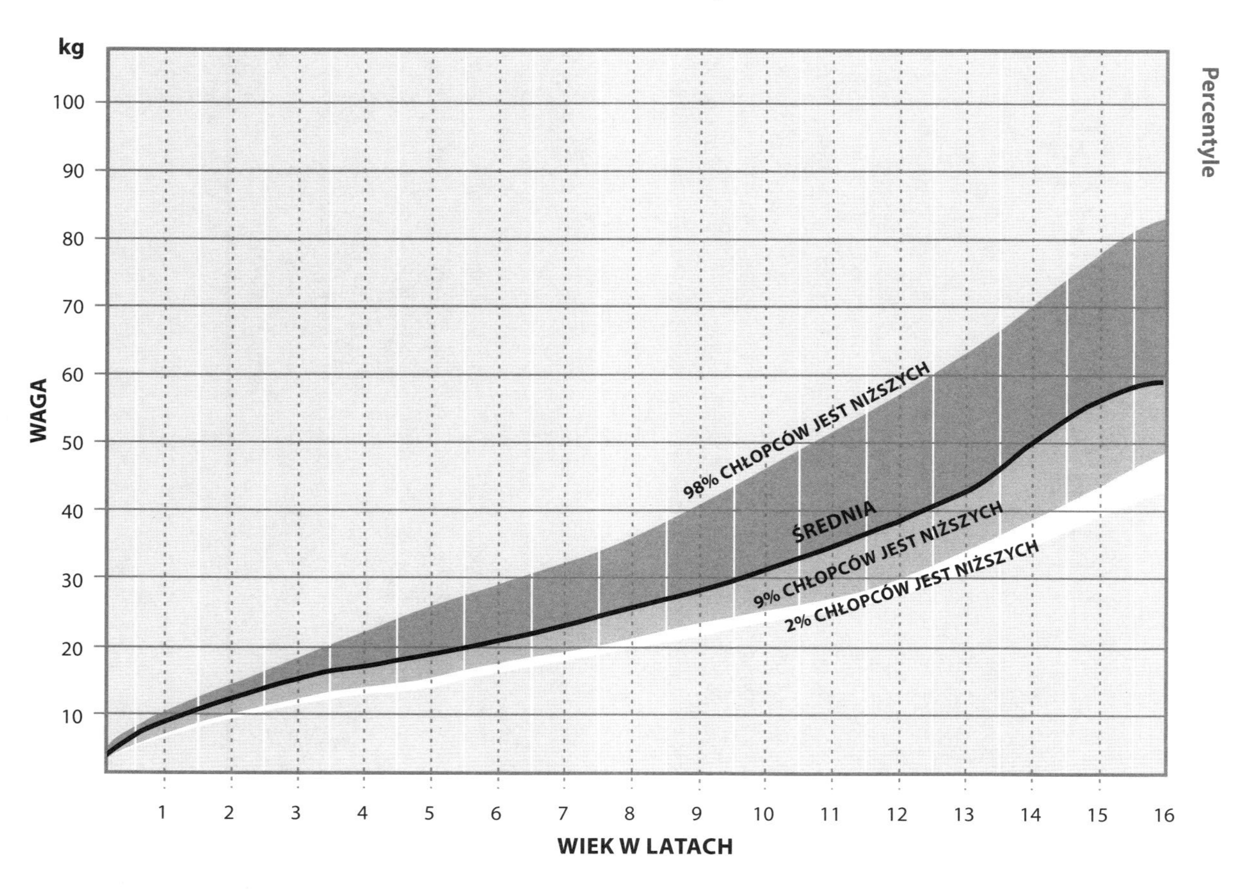

ROZDZIAŁ 28

Wskaźniki masy ciała

Wskaźniki masy ciała (BMI) są najbardziej praktyczną miarą otyłości. Wykresy te wskazują granicę otyłości i nadwagi u dzieci na podstawie zaleceń Międzynarodowej Organizacji Zwalczania Otyłości (International Obesity Force). Musisz być ostrożny w ich interpretacji, bo BMI dziecka może się zmieniać podczas prawidłowego procesu wzrostu. Porozmawiaj z lekarzem, jeżeli wskaźnik znajduje się na obszarze oznaczającym nieprawidłową wagę.

Ustalenie wskaźnika masy ciała dziecka na wykresie to proste obliczenie. Zmierz dziecko, podnieś wynik w metrach do kwadratu, a następnie podziel wagę dziecka przez uzyskany wynik.

$$\textbf{BMI} = \frac{\textbf{waga w kilogramach}}{\textbf{wysokość w metrach}^2}$$

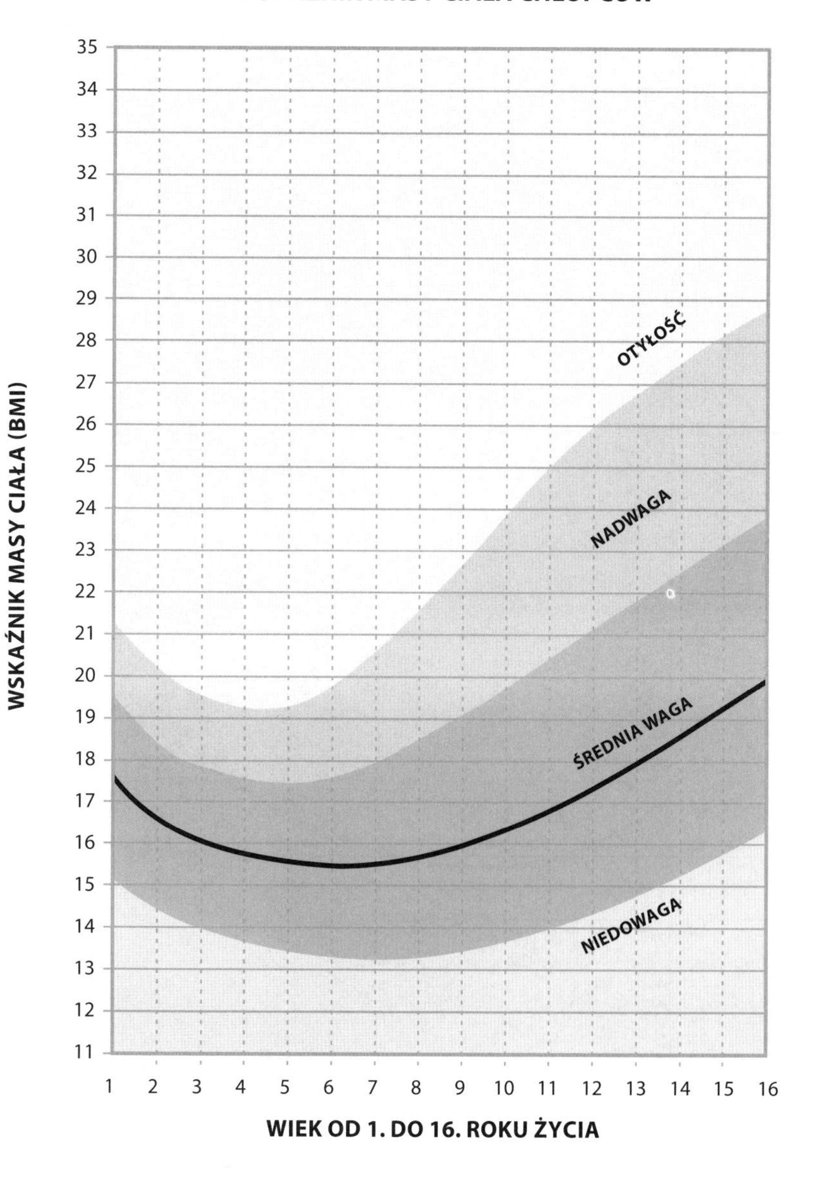

Wykresy Międzynarodowej Organizacji Zwalczania Otyłości International Obesity Force. Oparte na danych krzywej BMI dla Wielkiej Brytanii, 1990. (T. J. Cole, J. V. Freeman i M. A. Preece) *Arch Dis Child* 1995, 73: 25–9. Źródło: *British Medical Journal*, 2000 oraz Fundacja Wzrostu Dziecka Child Growth Foundation.

WSKAŹNIK MASY CIAŁA DZIEWCZYNEK

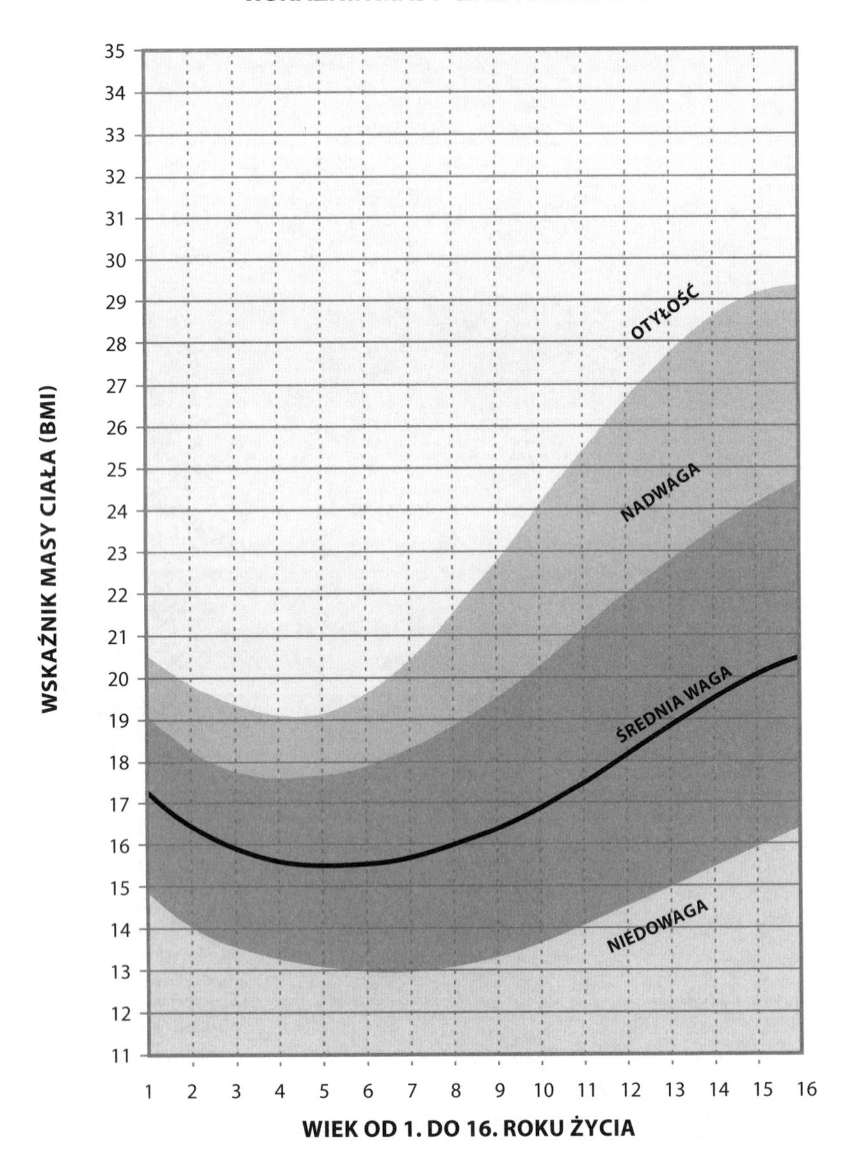

Wykresy Międzynarodowej Organizacji Zwalczania Otyłości International Obesity Force. Oparte na danych krzywej BMI dla Wielkiej Brytanii, 1990. (T. J. Cole, J. V. Freeman i M. A. Preece) *Arch Dis Child* 1995, 73: 25–9. Źródło: *British Medical Journal*, 2000 oraz Fundacja Wzrostu Dziecka Child Growth Foundation.

ROZDZIAŁ 29

Jak korzystać z inhalatorów na astmę?

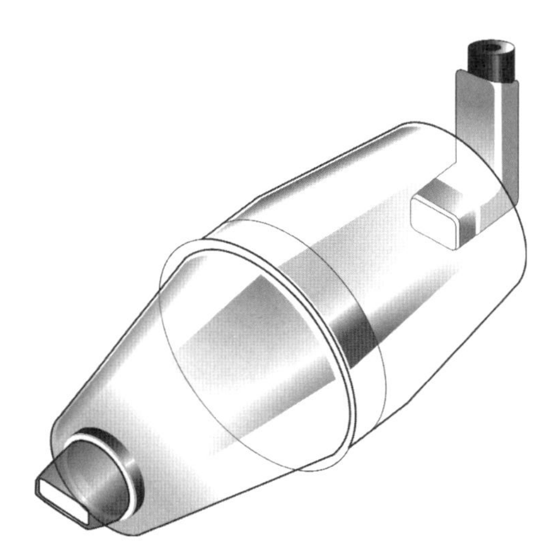

Inhalator z komorą przedłużającą (spejserem)

- Usuń zatyczkę.
- Potrząśnij inhalatorem i załóż spejser.
- Włóż ustnik spejsera do ust.
- Dziecko powinno wziąć wdech i wydech powoli i delikatnie. Powinieneś usłyszeć kliknięcie (gdy zawór otwiera się i zamyka).

- Gdy dziecko zacznie oddychać regularnie, przyciśnij pojemnik inhalatora jeden raz (trzymając inhalator w tej samej pozycji). Dziecko powinno wziąć kilka, tym razem głębszych, oddechów.
- Wyjmij ustnik z ust dziecka. Odczekaj 30 sekund i powtórz dawkę.

Inhalator z komorą inhalacyjną aerochamber

- Usuń zatyczkę inhalatora.
- Sprawdź, czy maska jest dokładnie założona.
- Włóż inhalator (skierowany do góry) do komory inhalacyjnej.
- Trzymając komorę i inhalator, potrząśnij nimi 2, 3 razy.
- Nałóż maskę na twarz tak, aby przykrywała usta i nos dziecka (przylegając ściśle do twarzy).
- Przyciśnij raz zbiornik inhalatora. Przytrzymaj maskę na twarzy dziecka przez okres do 6 oddechów albo tak długo, jak dziecko wytrzyma.
- W razie konieczności powtórz dawkę.

Dziecko może protestować przeciwko nakładaniu mu na twarz maski, ale jeśli przytrzymasz ją odrobinę dalej od twarzy, dawka będzie znacznie niższa. Możesz także aplikować lek, gdy dziecko śpi.

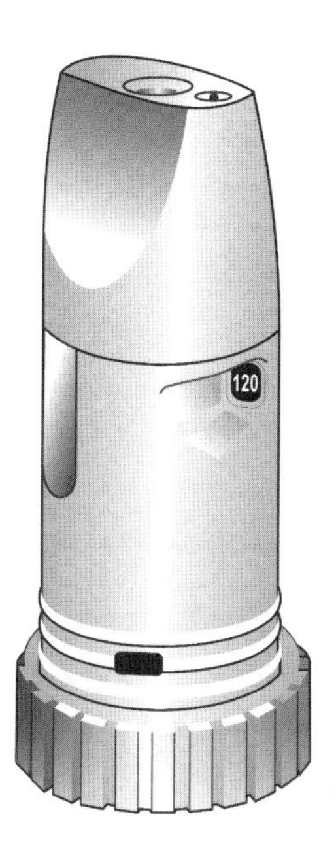

Turbuhaler

- Odkręć i zdejmij białą pokrywę.
- Trzymaj inhalator pionowo. Przekręć czerwoną podstawę inhalatora tak daleko, jak to możliwe, najpierw w jedną, potem w drugą stronę, dopóki nie usłyszysz kliknięcia.
- Poproś dziecko, żeby zrobiło wydech (z dala od ustnika).
- Trzymaj ustnik w ustach dziecka i poproś o wzięcie jak najgłębszego wdechu.
- Odsuń turbuhaler i poproś dziecko o wydech.
- Powtórz czynność przy drugiej dawce.
- Zawsze zmieniaj białą pokrywę.
- Dozownik zmieni tło z białego na czerwone, gdy w okienku pojawi się liczba 20. Gdy 0 na czerwonym tle dotrze do połowy okienka, oznacza to, że inhalator jest pusty.

Zanim użyjesz po raz pierwszy turbuhalera, zastosuj całą instrukcję, ale powtórz 2. krok dla przetestowania urządzenia.

Dane oparte na zaleceniach Krajowego Centrum Treningu Oddechowego.

ROZDZIAŁ 30

Czy to odra? Choroby, które stały się rzadkie dzięki szczepionkom

Dzięki szczepieniom choroby te są dzisiaj rzadkie, ale jeśli podejrzewasz, że dziecko się którąś zaraziło, lekarz powinien je zbadać.

Sprawdź występowanie następujących objawów.

Odra

- Rozpoczyna się od wodnistego kataru, bólu głowy i kaszlu.
- Gorączka może niekiedy być wysoka i utrzymywać się co najmniej 4 dni.
- Zauważysz białe krostki w ustach i na policzkach dziecka.
- Oczy będą zaczerwienione i podrażnione.
- Następnie pojawi się płaska czerwona lub brązowa wysypka, najpierw za uszami, później na twarzy oraz reszcie ciała.
- Krosty są początkowo oddzielone od siebie, ale później zlewają się, sprawiając, że skóra jest plamista.

Problem z odrą polega na tym, że może prowadzić do powikłań: 1 osoba na 25 zachoruje na zapalenie płuc, 1 na 1000 na zapalenie mózgu.

Świnka

- Początki świnki objawiają się gorączką, bólem głowy i suchością w ustach.
- Następnie węzły chłonne na szyi puchną i zaczynają boleć. Twarz staje się obrzękła po jednej lub obu stronach.
- U chłopców może dojść do obrzęku i bolesności jąder.
- Świnka może prowadzić do poważnych powikłań, zwłaszcza dotyczących jąder. Zanim opracowano szczepionkę, była to jedna z głównych przyczyn odbiorczego uszkodzenia słuchu u dzieci.

Krztusiec (koklusz)

- Jego początki są identyczne jak w przypadku przeziębienia: kaszel, katar i lekka temperatura.
- Następnie pojawia się kaszel. Dziecko będzie miało długie ataki, przy których będzie wydawało dźwięki, jakby się krztusiło, może też wymiotować. Mogą wystąpić kilkusekundowe bezdechy.
- To długotrwała i męcząca choroba, której konsekwencje są najpoważniejsze dla dzieci poniżej 6 miesięcy.

Zapalenie opon mózgowo-rdzeniowych

- Gorączka.
- Płaska, plamista wysypka, która nie blednie na skutek ucisku.
- Nietypowa senność.
- Nieoczekiwane ataki płaczu.
- Wymioty.
- Zimne ręce oraz stopy, bóle w nogach i zmiana kolorytu skóry.
- U starszych dzieci ból głowy, sztywność szyi, nadwrażliwość na światło.

Wysypka przy zapaleniu opon mózgowo-rdzeniowych nie blednie, gdy przyciśniesz dno szklanki do skóry. Niekiedy jednak nie występuje wcale. Jeśli dziecko ma kilka z wymienionych objawów, należy natychmiast wezwać lekarza lub zawieść malucha do szpitala.

Różyczka

- Może pojawić się lekka gorączka.
- Wysypka w postaci małych różowych lub czerwonych krostek, początkowo za uszami, następnie na czole, a w końcu na całym ciele.
- Krostki zlewają się w jedno w miarę rozprzestrzeniania się wysypki.
- Węzły chłonne z tyłu szyi będą obrzękłe.

Największe zagrożenie choroby to jej wyniszczający wpływ na płód, jeśli zarazi się kobieta ciężarna. Wirus może spowodować poważne wady płodu. Szczepionka jest istotnym środkiem ochronnym.

Skontaktuj się natychmiast z lekarzem, jeżeli sądzisz, że dziecko mogło się zarazić którąkolwiek z tych chorób. Nie zabieraj dziecka od razu do przychodni – najpierw zadzwoń.

ROZDZIAŁ 31

Debata wokół szczepionek

Czy szczepić dziecko?

Gdy nadejdzie czas (zazwyczaj dotyczy to pierwszej serii szczepionek), podjęcie decyzji jest trudne dla każdego rodzica. Czy powinnam szczepić dziecko? Sytuację pogarszają jeszcze media, opisując przypadki powikłań poszczepiennych. Fakty są trochę mniej ekscytujące, a potwierdzają je ogólnie szanowane instytuty naukowe.

Tak, należy dziecko szczepić.

- Jeśli zachoruje na którąś z chorób objętych szczepieniami, istnieje ryzyko poważnych powikłań, a nawet śmierci.
- Ryzyko to jest o wiele, wiele wyższe niż jakikolwiek problem, który szczepionka może spowodować.
- Nie możesz po prostu zastosować kuracji antybiotykowej, gdy dziecko zarazi się jedną z tych chorób.
- Szczepionki od momentu pierwszego zastosowania ocaliły miliony osób. Niemal zupełnie wypleniły choroby, które niegdyś dręczyły świat.
- Niektóre z tych chorób obecnie powracają ze względu na spadek liczby szczepień. Szczepienia ochronią dziecko.
- Jeśli zadasz lekarzowi rodzinnemu pytanie: „Czy zaszczepiłby doktor własne dziecko? ", odpowiedź zawsze będzie ta sama: „Tak".

Jak działa szczepionka?

To nie homeopatia, ale działa podobnie. Dziecku zostanie podana mała dawka zarazków choroby (całych mikroorganizmów lub tylko ich fragmentów wywołujących infekcję) i organizm zacznie się przed nimi bronić. Walczy z nim tak, jak gdyby był w pełni zarażony, ale z niewielkim lub żadnym ryzykiem dla dziecka. To sztuczna odporność, ale działa i jest o wiele bezpieczniejsza niż naturalna reakcja.

WPŁYW SZCZEPIEŃ NA WYSTĘPOWANIE NIEGDYŚ POWSZECHNYCH CHORÓB

Choroba	Średnia roczna liczba przypadków w XX wieku	Przypadki w 1998 (po zaszczepieniu)	Procent spadku liczby przypadków
Ospa wietrzna	48,164	0	100
Błonica	175,885	1	100
Krztusiec (Koklusz)	147,271	7,405	95
Tężec	1,314	41	97
Polio	16,316	1	100*
Odra	503,282	100	100*
Świnka	152,209	666	>99
Różyczka	47,745	364	>99

* Liczba zaokrąglona do najbliższej dziesiątki

Źródło: Red Book 2000, raport Komitetu Chorób Zakaźnych, Amerykańska Akademia Pediatrii.

Dlaczego niektórzy rodzice nie szczepią dzieci?

WIĘKSZOŚĆ CHORÓB ZOSTAŁA JUŻ WYPLENIONA, WIĘC PO CO SOBIE ZAWRACAĆ GŁOWĘ?

Choroby te nie zostały wyplenione, tylko niemal zupełnie wytępione dzięki programom szczepień. Aby nie pojawiały się wciąż nowe ogniska chorób, ponad 95% ludności danego kraju powinno być zaszczepione. Na tym poziomie mówimy o odporności populacji. Każdy inny wynik pod tą granicą oznacza, że choroba może niepostrzeżenie powrócić. Wiele krajów zbliża się do granicy zagrożenia lub już ją osiągnęło. Ogniska chorób w różnych częściach Europy są alarmujące i coraz częstsze. Niedawno w Rosji miała miejsce jedna z najpoważniejszych epidemii chorób zakaźnych.

Pamiętaj zawsze, że poza wirusem ospy wietrznej zarazki wciąż istnieją. A w razie wybuchu choroby najbezpieczniej jest być zaszczepionym.

MOŻESZ OTRZYMAĆ ZŁĄ PARTIĘ SZCZEPIONKI

Nie ma żadnych dowodów na to, aby pojedyncze serie szczepionek różniły się stopniem bezpieczeństwa. Wszystkie szczepionki są licencjonowane i sprawdzane zarówno przed, jak i po wypuszczeniu na rynek.

PODAWANIE NIEMOWLĘCIU KILKU SZCZEPIONEK JEDNOCZEŚNIE JEST NIEBEZPIECZNE

Cały sens szczepień to wzmocnienie układu odpornościowego niemowlęcia, a nie jego osłabienie. Istnieją 24 antygeny w szczepionce MMR (chroniącej przed odrą, świnką i różyczką). To bardzo niewiele w porównaniu do liczby antygenów, z którymi układ odpornościowy dziecka jest w stanie sobie poradzić (około 100 miliardów). Program szczepień został przebadany bardzo dokładnie, zwłaszcza szczepionka „6 w 1". Każde badanie wykazało, że działa i jest bezpieczna. Daje ona dziecku odporność od najwcześniejszego etapu, a szczepienie skojarzone (jedno kłucie) oznacza mniejszy stres dla dziecka.

Nigdzie na świecie nie zaleca się pojedynczych szczepień. W Japonii podaje się pojedyncze szczepienia na odrę i różyczkę, a nie szczepi się wcale na świnkę, ale w kraju tym rośnie liczba zgonów spowodowanych odrą.

DZIECKA NIE TRZEBA SZCZEPIĆ, PONIEWAŻ DZIĘKI LEPSZYM WARUNKOM ŻYCIA WIĘKSZOŚĆ TYCH CHORÓB ZANIKŁO

Usłyszysz często to zdanie. Naturalnie, lepsze warunki życia znacznie zmniejszyły rozprzestrzenianie się chorób, ale to nie komfortowi, a szczepionkom zawdzięczamy pozbycie się chorób. Szczepionka przeciw pałeczkom Hib jest tego dobrym przykładem. Zakażenie *Haemophilus influenzae* typu b stanowiło do niedawna zagrożenie pomimo nowoczesnych standardów życia, ale od kiedy wprowadzono szczepienia, choroba znikła niemal całkowicie.

W Rosji zaś pojawiła się poważna epidemia błonicy nie ze względu na pogorszenie warunków życia, ale dlatego, że liczba szczepień jest niska.

WIĘKSZOŚĆ OSÓB, KTÓRE ZACHOROWAŁY NA TE CHOROBY, PRZESZŁO SZCZEPIENIA

To prawda. Gdy pojawia się epidemia, osoby zaszczepione niejednokrotnie chorują częściej niż niezaszczepione. Jeśli się nad tym zastanowić, ma to sens. W krajach rozwiniętych większość osób została zapewne zaszczepiona, a mały odsetek nie wykształcił odporności. Dzieje się tak dlatego, że zarazki choroby podawane w szczepionkach są osłabione, a przez to wywołana przez nie infekcja jest bezpieczniejsza niż prawdziwe zakażenie. Żadna szczepionka nie jest w 100% pozbawiona wad, ale nadal pozostaje najlepszą możliwą ochroną dla dziecka.

W czasie epidemii osoby zaszczepione przechodzą zwykle łagodniejszą postać choroby, a rzadko zdarza się, by szczepionka nie zadziałała po tym, jak dziecko przyjmie drugą dawkę.

SZCZEPIONKA NA ODRĘ, ŚWINKĘ I RÓŻYCZKĘ W JEDNYM MOŻE POWODOWAĆ POWAŻNE PROBLEMY ZDROWOTNE, TAKIE JAK AUTYZM I CHOROBĘ CROHNA

Bardzo rzadko szczepionka MMR może wywoływać działania niepożądane, a badania przeprowadzone w 1990 roku, łączące ją z autyzmem i chorobą Crohna, zostały teraz zdyskredytowane.

Obawy pojawiły się wraz z hipotezą autorstwa dr. Wakefielda z londyńskiego szpitala Royal Free Hospital, według której szczepienie MMR może mieć związek z autyzmem. Jednak żadne późniejsze badania (mimo że przeprowadzono je niezwykle skrupulatnie) nie potwierdziły istnienia tej zależności. Świat medycyny akceptuje teraz fakt, że szczepionka MMR nie powoduje autyzmu.

W 1993 roku dr Wakefield zasugerował również istnienie związku między szczepionką a chorobą Crohna, gdyż wydawało się, że wirus odry znajdował się w jelitach pacjentów cierpiących na tę chorobę. Jednak po przeprowadzeniu bardziej wnikliwych badań dr Wakefield stwierdził, że u pacjentów tych nie znaleziono wirusa odry. Od tamtej pory wykonano szeroko zakrojone badania, które udowodniły, że nie ma powiązania pomiędzy chorobą Crohna a szczepionką MMR.

Faktyczne czynniki ryzyka związane ze szczepionką MMR są następujące:

- 1 na 1000 dzieci może dostać drgawek gorączkowych,
- mniej niż 1 dziecko na 10 000 przypadków może zachorować na zapalenie opon mózgowo-rdzeniowych,
- 1 dziecko na 22 000 przypadków może zachorować na małopłytkowość samoistną (małą liczbę płytek krwi),
- u 1 dziecka na 100 000 przypadków może wystąpić szok anafilaktyczny.

Czy to powód, aby nie zaszczepić dziecka? Nie, jeżeli przypomnisz sobie, że ryzyko wystąpienia tych powikłań w wyniku choroby jest wyższe. Przykładowo; jeśli dziecko zachoruje na odrę lub świnkę, ryzyko zachorowania na zapalenie opon mózgowo-rdzeniowych wynosi 1 : 1000; w przypadku odry ryzyko śmierci wynosi 1–2 na 1000 przypadków zachorowań. Nikt nie umiera od szczepień.

Szczepionka MMR jest stosowana od przeszło 30 lat. Przed pierwszym wypuszczeniem w obieg została szczegółowo przebadana. Po kilku dekadach jej stosowania i dalszych badań Światowa Organizacja Zdrowia potwierdziła, że jest ona jedną z najbezpieczniejszych szczepionek, jakie kiedykolwiek wyprodukowano. Po podaniu 500 milionów dawek na całym świecie sprawdziła się. Nie ma lepszego potwierdzenia.

Podanie drugiej dawki szczepionki MMR nie wiążę się z podwyższonym ryzykiem powikłań (z wyjątkiem reakcji alergicznej).

SZCZEPIONKA PRZECIW KRZTUŚCOWI (KOKLUSZOWI) MOŻE SPOWODOWAĆ TRWAŁE USZKODZENIE MÓZGU

W latach 70. XX w. szczepionka ta zyskała złą sławę z powodu doniesień, że szczepienia spowodowały uszkodzenia mózgu i inne komplikacje. Gdy badacze zgłębili tę kwestię (a badania były bardzo szczegółowe), okazało się jednak, że teza ta nie znalazła potwierdzenia. Nie ma żadnych dowodów na to, że szczepionka na krztusiec powoduje jakiekolwiek uszkodzenie mózgu. Wszelkie ryzyko z nią związane jest niewielkie, podczas gdy niebezpieczeństwo wynikające z zachorowania na koklusz (włącznie z uszkodzeniem mózgu) – o wiele wyższe.

NIE ROZUMIEM. CZY TO SZCZEPIONKA „6 W 1", CZY „3 W 1"?

Obecnie stosuje się szczepionkę „6 w 1", która chroni dziecko przed sześcioma poważnymi chorobami: błonicą, kokluszem, tężcem, pałeczkami Hib, polio i zapaleniem wątroby typu B. Kombinacja „3 w 1" została wycofana.

Jedna dawka nie jest wystarczająca, żeby dziecko uodpornić. Dziecko otrzyma szczepionkę skojarzoną „6 w 1" w trzech dawkach przed ukończeniem roku. W tym samym czasie może zostać zaszczepione także przeciw pneumokokom i rotawirusom. Polityka szczepień różni się w poszczególnych krajach.

NIE JESTEM ZWOLENNIKIEM ROBIENIA ZASTRZYKÓW TAKIEMU MAŁEMU DZIECKU. DLACZEGO NALEŻY SZCZEPIĆ DZIECKO NA MMR, GDY MA 15 MIESIĘCY?

Najprawdopodobniej dziecko miało przeciwciała w organizmie po urodzeniu, gdyż matka była zapewne zaszczepiona przeciw odrze, śwince i różyczce albo zaraziła się nimi w którymś momencie życia. Przeciwciała pozostały w krwi matki, zostały w sposób naturalny przekazane dziecku i uodporniły je. Jednak pomiędzy 6. a 12. miesiącem życia liczba przeciwciał (a tym samym odporność) maleje. Jeżeli zaszczepimy dziecko wcześniej, kiedy w krwi dziecka będą jeszcze przeciwciała, szczepionka nie zadziała.

JEŻELI INNE DZIECI NIE ZOSTANĄ ZASZCZEPIONE, DLACZEGO MAM SZCZEPIĆ MOJĄ CÓRKĘ? PRZECIEŻ I TAK SIĘ ZARAZI

Jeśli chcesz ochronić dziecko, zaszczep je. Większość osób w krajach rozwiniętych wciąż się szczepi (ponad 90% populacji w większości krajów Unii Europejskiej), choć niektóre państwa zeszły już poniżej bezpiecznej granicy. Bez szczepionki dziecko jest bardziej narażone na zachorowanie.

CO SIĘ STANIE, JEŚLI PRZESTANIEMY SZCZEPIĆ DZIECI?

To pokolenie miało wielkie szczęście. Niewiele ludzi będzie świadkiem spustoszenia, jakie wywołają choroby zakaźne, takie jak odra czy krztusiec, gdy wymkną się spod kontroli. Niestety w naszych szpitalach wciąż widzimy dzieci, które bardzo cierpią, a nawet umierają, ponieważ rodzicie ich nie zaszczepili.

- Prawdopodobieństwo, że dziecko z odrą trafi do szpitala, wynosi 1 : 10.
- Świnka jest jedną z najczęstszych przyczyn głuchoty u dzieci.
- Różyczka jest bardzo niebezpieczna dla płodu. Może powodować poważną niepełnosprawność i wady serca.
- Krztuścem zarazi się 80% dzieci, które nie zostały zaszczepione.
- W krajach rozwijających się (gdzie szczepionki są mało dostępne) co piąte dziecko umrze przed ukończeniem roku z powodu chorób zakaźnych.

Jeśli rzeczywiście chcesz się przestraszyć, spójrz na niektóre fotografie sprzed lat: oddziały polio, na których dzieci podłączone do respiratora spędzają lata; dzieci przychodzące na świat zupełnie sztywne, z zaciśniętymi szczękami; dzieci duszące się od błonicy i inne umierające na skutek degeneracji mózgu wywołanej odrą.

Pamiętaj, że zarazki nie zniknęły. Wciąż są wokół nas.

ROZDZIAŁ 32

Jak uczyć dziecko korzystać z nocnika

Nie należy dziecka ponaglać do korzystania z toalety, nawet gdy miejsce w przedszkolu jest uzależnione od rezygnacji z pieluszek. Dziecko zacznie korzystać z WC, gdy będzie na to gotowe, a nie wtedy, gdy chcą tego dziadkowie lub opiekunki w przedszkolu.

Możesz jednak pomóc maluchowi w zdobyciu tej umiejętności. Większość dzieci nauczy się załatwiać do nocnika przed ukończeniem 3. roku, ale kiedy dokładnie, to w dużej mierze kwestia indywidualna. Chłopcom zajmuje to zwykle więcej czasu niż dziewczynkom.

- Nie zaczynaj zbyt wcześnie, nie pospieszaj dziecka i nie rób z tego walki. Niech atmosfera będzie jak najbardziej luźna.
- Najwcześniejszy moment do rozpoczęcia nauki korzystania z nocnika to między 18. a 24. miesiącem życia.
- Pierwszym krokiem jest zachęcenie dziecka, żeby w ogóle usiadło na nocniku lub klozecie.
- Szukaj u dziecka oznak chęci załatwienia się, na przykład nieznacznej zmiany postawy, wyrazu twarzy, koloru skóry albo zdenerwowania. Dziecko może się wydawać niespokojne. Posadź je wtedy na nocnik lub ubikację i niech wypróżnienie przebiegnie jak zabawa. Jeśli dziecku uda się załatwić, pochwal je – wtedy chętniej to powtórzy. Sukces najłatwiej odnieść około 20 minut po posiłku, więc przełącz się wtedy na tryb czuwania.

- Dziecko musi opanować sztukę siedzenia na desce klozetowej albo nocniku, zanim nauczy się, jak się na nich załatwić. Zacznij od regularnego sadzania malucha na klozecie, ale staraj się, żeby był to moment relaksu: rozmowy czy lektury. W końcu nadejdzie wielki dzień, gdy dziecko się załatwi nie dlatego, że je posadziłeś odpowiednio wcześnie. Natychmiast pochwal malucha i zadzwoń albo wyślij esemesa do wszystkich zainteresowanych – może to i lekka przesada, ale dla dziecka to dodatkowa nagroda.
- Może się zdarzyć, że dziecko później niż inne nauczy się korzystania z toalety, najczęściej z powodu strachu przed siadaniem na desce klozetowej. Bądź cierpliwy i nie nalegaj. Najlepiej podchodzić do tego bez zbędnego napięcia.
- Jeśli dziecko ma zatwardzenie, odłóż treningi, dopóki problem nie minie.
- Nie wyznaczaj dziecku terminów, w przeciwnym razie pewnie się rozczarujesz. Daj mu czas na naukę tej umiejętności.

Przede wszystkim unikaj konfliktów. Wszystko przecież zależy od dziecka.

Pomocne materiały i dodatkowe lektury

Jednym z najlepszych źródeł aktualnych informacji oraz poglądów z dziedziny medycyny pediatrycznej są czasopisma medyczne. Mam jednak nadzieję, że lista książek wymienionych w tym poradniku okaże się pomocna.

Boznański A. (red.). (2003). *Choroby alergiczne wieku rozwojowego*. Warszawa: Wydawnictwo Lekarskie PZWL.

Bręborowicz A., Emeryk A., Lis G. (2010). *Astma i choroby obturacyjne oskrzeli u dzieci*. Wrocław: Urban i Partnek.

Chrąściel K. (2011). *Dziecko z ADHD w młodszym wieku szkolnym. Poradnik i scenariusze spotkań terapeutycznych. Poznać – zrozumieć – zaakceptować*. Gdańsk: Wydawnictwo Harmonia.

El Habbal M. H., Marks S. D., Smith P. K., Spitz L., Strobel S. (2010). *Choroby wieku dziecięcego*. Warszawa: Wydawnictwo Lekarskie PZWL.

Górnicka J. (2011). *Zdrowie twojego dziecka*. Janki: Agencja Wydawnicza Jerzy Mostowski.

Green Ch., Chee K. Y. (2009). *Zrozumieć ADHD*. Warszawa: Laurum.

Grenda R., Jakubowska-Winecka A. (2009). *Przewlekłe choroby nerek*. Warszawa: Wydawnictwo Lekarskie PZWL.

Grygalewicz J. (red.). (2009). *Gorączka u dzieci*. Warszawa: Wydawnictwo Lekarskie PZWL.

Isaacs D. (2010). *Choroby infekcyjne u dzieci*. Warszawa: Medipage.
Jarosz M., Dzieniszewski J. (2005). *Alergie pokarmowe. Porady lekarzy i dietetyków*. Warszawa: Wydawnictwo Lekarskie PZWL.
Jegier A. (red.). (2009). *Moje dziecko w przedszkolu. Poradnik dla rodziców*. Gdańsk: Wydawnictwo Harmonia.
Jegier A. (red.). (2010). *Mały uczeń w szkole*. Gdańsk: Wydawnictwo Harmonia.
Kacprzak-Bergman I., Szenborn L. (2006). *Atlas chorób zakaźnych dzieci*. Wrocław: Urban & Partner.
Kamińska M. (2010). *Zrozumieć dziecko z ADHD i pomoc mu*. Gdańsk: Wydawnictwo Harmonia.
Kawczyński M. (2008). *Żywienie dzieci w zdrowiu i chorobie*. Kraków: Help-Med Wydawnictwa Medyczne.
Koneberg L., Förder G. (2009). *Kinezjologia dla dzieci. Jak uwolnić się od blokad w uczeniu się*. Gdańsk: Wydawnictwo Harmonia.
Kulus M. (red.). (2010). *Choroby układu oddechowego u dzieci*. Warszawa: Wolters Kluwer Polska.
Kunze P., Keudel H. (2010). *Jak nauczyć dziecko spać*. Gdańsk: Wydawnictwo Harmonia.
Kurzawa R., Wanat-Krzak M., Widerska-Kurzawa A. (2009). *Atopowe zapalenie skóry. Poradnik dla lekarzy*. Kraków: Help-Med Wydawnictwa Medyczne.
Lee C. K., Siberry G. K., McMillan J. A., Dick J. D. (2011). *Leczenie chorób infekcyjnych u dzieci*. Wrocław: Urban & Partner.
Mikler-Chwastek A. (2011). *Sprawdzian rozwoju psychoruchowego niemowląt*. Gdańsk: Harmonia Universalis.
Mosetter K., Mosetter R. (2006). *Nowa metoda leczenia ADHD*. Łódź: Wydawnictwo Feeria.
Ryżko J. (2008). *Biegunki i zaparcia*. Warszawa: Wydawnictwo Lekarskie PZWL.
Stelmach I. (red.). (2007). *Astma dziecięca. Wybrane zagadnienia*. Warszawa: Wydawnictwo Lekarskie PZWL.
Tounian P. (red.). (2008). *Otyłość u dzieci*. Warszawa: Wydawnictwo Lekarskie PZWL.
Tylżanowska J. (2007). *Choroby wieku dziecięcego*. Gliwice: Septem.
Voorman Ch., Dandekar G. (2010). *Masaż niemowląt*. Gdańsk: Wydawnictwo Harmonia.
Zajdel K. (2010). *Wychowanie dziecka*. Gdańsk: Wydawnictwo Harmonia.

Notatki

Polecamy

Są to książki łączące wiersze lub piosenki z masażykami – prostymi gestami wykonywanymi na ciele dziecka. Wspólne spędzanie czasu przyniesie i dzieciom, i rodzicom wiele satysfakcji, a w przypadku dzieci pozwoli także uspokoić i rozluźnić się przed snem. To gwarancja dobrych relacji między maluchem a dorosłym, który delikatnym dotykiem zapewnia o swojej miłości.

Do książek, które zawierają piosenki, załączono płyty CD, aby rodzice, którzy niepewnie czują się, śpiewając, mogli posłużyć się gotowymi nagraniami, zaś wiersze z „Przytulanek" można wysłuchać w interpretacji Piotra Fronczewskiego.

Te trzy pozycje pomogą rodzicom poradzić sobie z niektórymi problemami w pierwszych latach życia dziecka. „Jak nauczyć dziecko sprać" wskazuje proste i skuteczne metody nauki zasypiania. Opisuje też, jak zorganizować miejsce do spania dla maluszka, kiedy nakarmić dziecko i dlaczego warto tworzyć wieczorne rytuały. „Masaż niemowląt" to pozycja doskonała dla rodziców, którzy delikatnym dotykiem chcą wspierać rozwój dziecka. Autorzy tłumaczą, jak masować, czego używać i dlaczego warto to robić. „Noś swoje dziecko" z kolei to książka dla tych rodziców, którzy chcą być blisko dziecka. Chusta z powodzeniem zastąpi wózek na spacerze, może też pomóc zwalczyć niektóre dolegliwości maluszka, na przykład kolkę. Autorka krótko przedstawia historię noszenia, a następnie omawia jego zalety, opisuje różne nosidła i co ważne – sytuacje, kiedy nosić nie można.

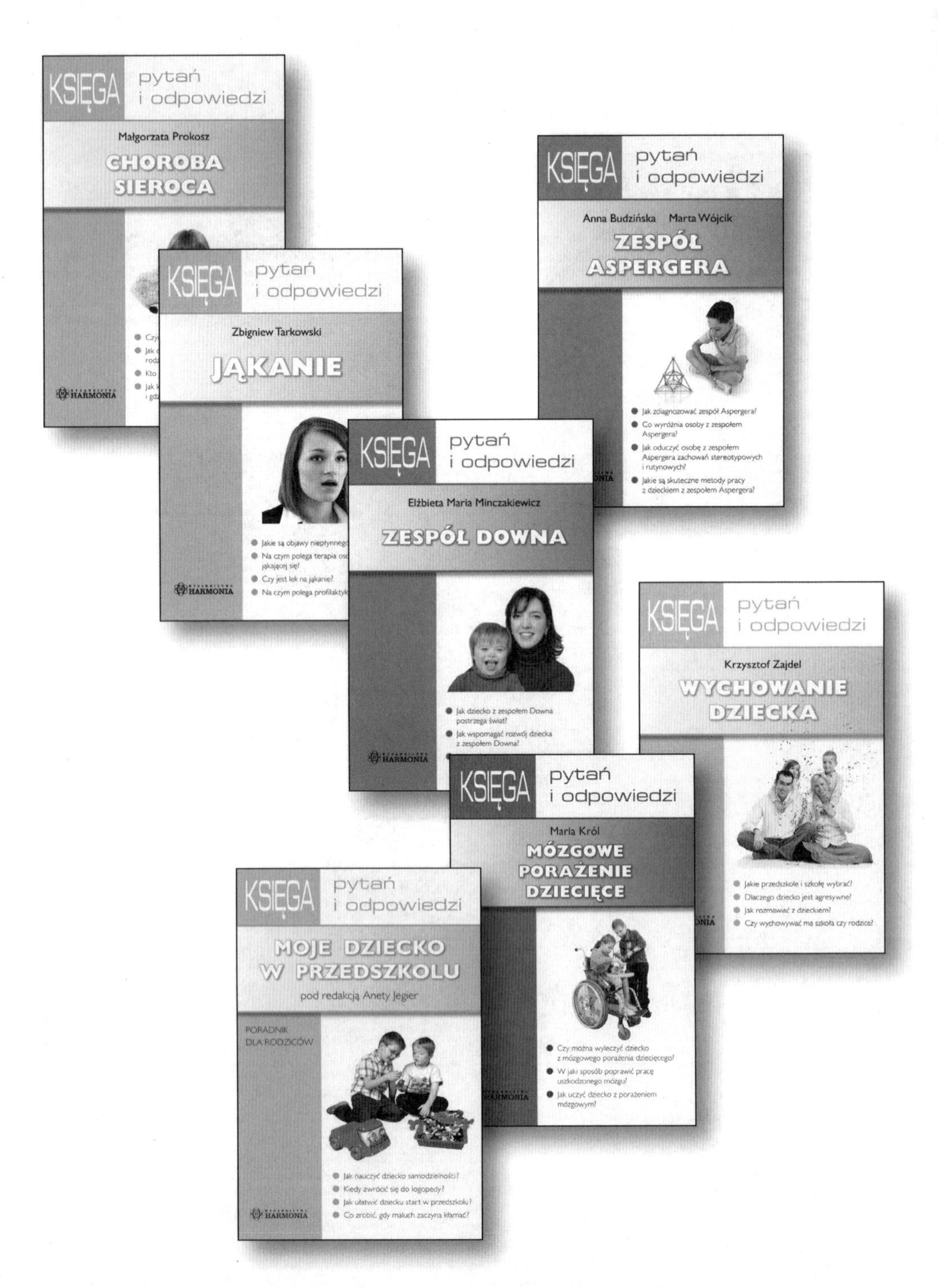

Wychowując dziecko, rodzice napotykają najróżniejsze problemy. Kiedy maluch jest zdrowy, pytań o jego rozwój i wychowanie jest wiele, ale kiedy choruje lub rozwija się nieharmonijnie, tych pytań jest o wiele więcej. W książkach z serii „Księga pytań i odpowiedzi" autorzy w prosty i możliwie najszerszy sposób odpowiadają na wątpliwości, które najczęściej dręczą rodziców.